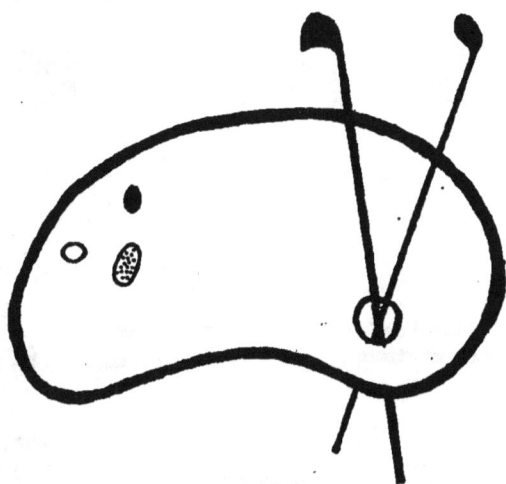

DEBUT D'UNE SERIE DE DOCUMENTS
EN COULEUR

PUBLIÉ SOUS LA DIRECTION
DE LA
SECTION HISTORIQUE DE L'ÉTAT-MAJOR DE L'ARMÉE

MÉMOIRES

SUR LA

CAMPAGNE DE 1796

EN ITALIE

PAR

G. FABRY

CAPITAINE AU 104ᵉ RÉGIMENT D'INFANTERIE
DÉTACHÉ À LA SECTION HISTORIQUE DE L'ÉTAT-MAJOR GÉNÉRAL DE L'ARMÉE

PARIS
LIBRAIRIE MILITAIRE R. CHAPELOT & Cⁱᵉ
IMPRIMEURS-ÉDITEURS
30, Rue et Passage Dauphine, 30
—
1905
Tous droits réservés

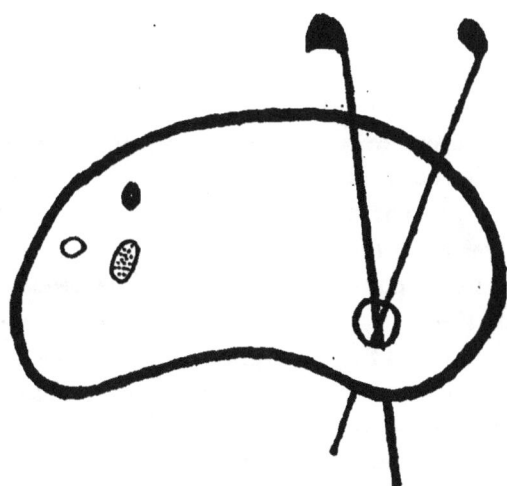

FIN D'UNE SERIE DE DOCUMENTS
EN COULEUR

PRÉFACE

Le Ministre ayant décidé de faire paraître une histoire de la campagne de 1796, en Italie, la Section historique de l'Etat-major de l'armée a jugé préférable de réunir dans une publication séparée toute une série de mémoires qui sont relatifs aux combats de la première partie de cette campagne.

Les cinq premiers sont l'œuvre des ingénieurs géographes ; ils étaient destinés à accompagner *la carte des champs de bataille du Piémont*, levée par eux, et à lui servir d'explication. Ils sont conservés aux archives historiques du ministère de la guerre.

Le sixième a pour auteur M. de Malaussena ; il provient des archives de Breil.

Le septième est une conférence de M. de Costa, faite aux officiers de l'état-major piémontais en 1798 ; ce document est réuni avec plusieurs autres dans un registre actuellement conservé à Paris aux archives de la guerre.

Onze cartes sont jointes à cette publication :

Champ de bataille de Cosseria et Millesimo. Archives des cartes, L. II, 488.

Champ de bataille de Mondovi, L. II, 498.

Carte des champs de bataille du Piémont, 4 feuilles, L. III, 433. Par suite de la difficulté de reproduire photographiquement des planches de cette dimension, on a été forcé de scinder en deux les originaux. Les autres feuilles de cette carte paraîtront avec l'histoire de la campagne (1).

Reconnaissance du col de Cadibone. Archives du génie.

---

(1) Pour tout ce qui est relatif à l'histoire de ces cartes, voir Berthaut : *Les ingénieurs géographes,* tome I, pages 411-431.

MÉMOIRES

SUR LA

CAMPAGNE DE 1796

EN ITALIE

PUBLIÉ SOUS LA DIRECTION

DE LA

SECTION HISTORIQUE DE L'ÉTAT-MAJOR DE L'ARMÉE

MÉMOIRES

SUR LA

CAMPAGNE DE 1796

EN ITALIE

PAR

G. FABRY

CAPITAINE AU 101ᵉ RÉGIMENT D'INFANTERIE
DÉTACHÉ A LA SECTION HISTORIQUE DE L'ÉTAT-MAJOR GÉNÉRAL DE L'ARMÉE

PARIS

LIBRAIRIE MILITAIRE R. CHAPELOT & Cⁱᵉ

IMPRIMEURS-ÉDITEURS

30, Rue et Passage Dauphine, 30

—

1905

MÉMOIRES SUR LA CAMPAGNE DE 1796

I

Mémoire sur les affaires de Montenotte et Monte-Negino

Disposition topographique et aperçu général sur cette position. — Les Apennins, cette barrière naturelle qui paraissait placée entre la Ligurie et le Piémont (1) pour les séparer à jamais, si un génie, qui n'a pas d'égal, n'avait été destiné à réunir ces deux états, et à faire, pour ainsi dire, disparaître ces limites ; les Apennins, dis-je, courent sur ce point du sud-ouest au nord-est, paraissent rentrer vers le sud pour former les sources de l'Erro, et présentent une chaîne continue, sans routes commodes, mais qui cependant est accessible sur une infinité de points. Les chemins étaient partout, à l'époque de la guerre de la révolution, et sont encore maintenant tellement difficiles qu'un petit corps de troupes suffisait toujours à défendre les points sur lesquels on pouvait arriver sur cette grande barrière. Cette chaîne est assez rapprochée de la Méditerranée. Ses versants du côté du Piémont se prolongent, par des pentes plus douces, couvertes de châtaigniers, et çà et là de quelques prairies ; tandis que ceux du côté de la mer sont plus rapides, plus rocailleux, et n'offrent généralement que quelques parties cultivées dans le bas. Mais le plus grand nombre est couvert de bruyères, ou de bois de

----

(1) On les suppose commencer, avec plusieurs anciens, à la rive droite du Tanaro, cette division paraissant plus naturelle ; quelques-uns cependant les font commencer au Mont Apio ou Monte Alto au dessus de Vado, et font finir là les Alpes-Maritimes.

1

peu de valeur. On cultive les sommités çà et là, en défrichant quelques-unes des parties de bois qui les recouvrent; on fait du charbon avec le tronc des arbres, et on brûle sur le sol les branches les moins considérables. On voit sur les sommités, après cette espèce d'écobuage, de très beaux blés ; mais l'année suivante ce champ fertile redevient un taillis (cela a surtout lieu pour le noisetier qui paraît ne pas en souffrir), quoique plusieurs souches aient été réellement réduites à l'état de charbon par ce procédé qui nuit beaucoup à leur reproduction. Cette fécondité n'est donc, comme on le voit, que de l'instant, et n'est produite que par la petite quantité de cendres qui a couvert le sol, et le peu de terre végétale, formée par destruction des feuilles de la forêt. Il n'y existe que peu de bétail, et le petit nombre qui s'y trouve, erre tout le jour, sous les broussailles où il broute çà et là quelques brins d'herbe dans les endroits les plus découverts ; il n'y a par conséquent pas de moyens d'engrais.

Les Apennins donnent la source à une partie des rivières qui arrosent l'Italie ; elles coulent dans des rocs de nature bien différente que les rivières des Alpes ; aussi leur marche y est profondément gravée, et on trouve presque sur les berges de chaque rivière, et de chaque torrent, des marques nouvelles de leur corrosion. Les rivières n'y sont point poissonneuses ; le peu de poissons qui y naît chaque année, est englouti dans la vase que roule chaque affluent au moment des crues considérables qu'occasionnent les pluies ou la fonte des neiges.

Cette chaîne de montagnes qui, dans sa plus grande hauteur, a rarement la moitié de celle des Alpes (près de 1.200 mètres), en a quelquefois moins de 500. Elle est sillonnée au sud, dans le bas, par le chemin de la Corniche, où quelques écrivains nous assurent, sans preuve, que passa autrefois Hercule. Il n'est pas rare de voir les contreforts de la chaîne, soit d'un côté soit de l'autre, plus élevés que la grande chaîne elle-même ; ce qui donne assez de peine à la suivre, si on n'a déjà le coup d'œil très exercé. C'est ce qui a lieu dans la partie que nous considérons plus particulièrement dans ce mémoire savoir à Monte Negino, et surtout au Castellazzo, où les Apennins donnent naissance au Letimbro, à la Sansobia, et à la petite rivière d'Erro. C'est à la source des deux premiers que les Apennins, moins élevés que les deux flancs du bassin de l'Erro, donnent naissance à un contrefort très escarpé, avec des versants ravinés ; la crête n'y a pas un mètre de largeur. Celui-ci se relève en s'éloignant de son point de départ. La cime sur laquelle fut construite la plus grande redoute, a 710 mètres d'élévation, et ce contrefort a depuis la grande

chaîne à la mer, plus de dix à douze kilomètres. Cette description
suffit pour faire concevoir comment l'armée française, qui était
établie au commencement de la campagne de 1796 (en l'an IV)
sur la crête aux sources de l'Erro, se maintint, après la première
attaque, sur la pointe de Monte Negino. Sans cette explication, il eut
paru que Monte Negino devait par la nature même du site être
un des avant-postes des troupes alliées, mais à chaque pas les montagnes présentent de ces structures singulières, dont l'officier d'état-
major, qui a le coup d'œil militaire, profite avec avantage pour
établir l'armée à laquelle il est attaché.

Description particulière de Montenotte. — La partie des Apennins,
qui prend plus précisément le nom de montagne de Montenotte, est
la sommité du bassin de l'Erro, qui domine deux hameaux du
même nom. On pourrait assez justement comparer cette partie des
Apennins à une courtine, dont le reste de la grande chaîne à droite,
et plus au sud, forme comme le flanc du bastion droit ; et le contrefort de Monte Negino, celui du bastion gauche. C'est sous ce point
de vue qu'eût dû le considérer le général d'Argenteau. Il y eût été
forcé de même, sans doute ; mais il y eût pu combattre avec bien
plus de succès, et il eût ainsi évité cette déroute honteuse qu'il
essuya, faute d'avoir su voir sa position, comme l'eût dû faire un
militaire exercé.

L'Erro est d'abord encaissé sur la droite par la grande chaîne
elle-même, courant dans la direction nord-est ; elle en fournit les
premiers affluents qui sont en grand nombre. Le plus marquant des
contreforts de droite est celui qui sépare le petit ruisseau de Zovo
des sources de l'Erro. Sur la gauche, au contraire, il se détache
d'abord un contrefort très saillant, qui commence au bric des Tra-
versines, et va terminer sur le hameau de Montenotte inférieur. C'est
là où l'Erro se grossit du ruisseau considérable du Garbazo, autrement dit de la Ferriéra. Ce contrefort court dans la direction nord-
est. Ce contrefort se détache lui-même d'un bien plus considérable,
qui reçoit tous les affluents de la Valla qu'il sépare de l'Erro et de
la Bormida de Cairo jusqu'à ce que les deux premières aient perdu
leur nom et leur existence, dans cette même Bormida. Le bric
d'Oviotti à la droite du bassin de l'Erro, faisant partie de la grande
chaîne, est élevé de 863 mètres. Celui du Castellazzo, à la gauche,
l'est de 869. Le col de Montenotte qui se trouve entre ces deux points
n'est élevé que de 684 mètres (1) ; là toutes les crêtes sont couvertes de

_____

(1) La hauteur de ce point a été calculée par MM. les ingénieurs des ponts
et chaussées.

bois dont la plus grande partie est taillis de châtaigniers non entés, de noisetiers, de hêtres et de quelques charmes.

On peut arriver de la Ligurie sur les montagnes de Montenotte, par plusieurs routes ; les parties, même les plus élevées, telles que le Castellazzo, sont accessibles sur tous les points. Les deux principaux chemins qui y conduisent sont : 1° celui qui, de la route de Savone à l'Altare vient aboutir au col de Montenotte par la crête des Apennins ; celui-ci conduit par diverses bifurcations, dans le vallon de l'Erro, ou dans le petit vallon de la Ferriéra. Enfin celui qui, de la Madona de Savone, vient passer sur le versant ouest de Monte Negino et aboutit à Ca di Ferro sur le revers septentrional, et de là pénètre en Piémont.

Quatre chemins bien distincts servent de même à y parvenir depuis le Piémont. L'un est celui qui y arrive par la crête du Castellazzo ; l'autre par le fond de la vallée de l'Erro ; le troisième par la crête même des Apennins ; le quatrième enfin, celui qui, de Dego et de la Rocchetta Cairo, vient par la crête de Cianla passer au sud du Castellazzo. Tous sont mauvais, très rapides, et il faut presque des chevaux habitués à la montagne, ou des mulets, pour parcourir autrement qu'à pied ces sentiers difficiles.

Ce point de la chaîne des Apennins paraît la réunion des brouillards du Pô et de ceux de la Méditerranée ; aussi sont-ils très fréquents sur ces sommités, fort épais, surtout en automne et quelquefois au printemps.

L'Erro et aperçu sur les positions militaires qui se trouvent sur son cours ou dont la liaison peut avoir quelque rapport à la défense de cette vallée. — L'Erro prend sa source tout près de la sommité de la chaîne ; il commence dans un petit vallon dit delle Meuje, et va grossir la Bormida, vis-à-vis de Terzo à 3 kilomètres 500 à l'ouest d'Acqui ; il coule généralement au nord ; cependant, vers sa source, et vers son embouchure, sa direction est plutôt nord-est. Son cours est très tortueux. La vallée est tellement étroite, que la route n'en suit pas le fond ; de Montenotte à Ponte Invrea, elle passe par la crête du contrefort de gauche, et depuis là, il existe quelques sentiers difficiles, qui traversent, tantôt à droite, tantôt à gauche de la rivière, sur laquelle on ne trouve pas de pont. La largeur du bassin, vers la source de cette rivière, est d'un peu plus de deux kilomètres. Son cours en ligne droite, de Montenotte supérieur à Terzo, est d'environ trente-deux. Il arrose les deux hameaux de Montenotte (1), Ponte

(1) Ces deux hameaux sont éloignés l'un de l'autre de près de trois kilomètres, habités par sept familles, vivant presque toute l'année des châtaignes qui

Invrea, Cartosio et Mélazzo. L'Erro qui, près du hameau de Montenotte, n'est encore qu'à 4 kilomètres 500 environ de sa source,
n'est déjà plus qu'à 581 mètres 66 au-dessus du niveau de la mer ; il
reçoit, par la droite, les petits torrents de Zovo et de Miseria. Sa profondeur commune est de trois à quatre décimètres ; et le point le
plus bas de ceux mesurés par les ingénieurs géographes, sur la crête
des Apennins, vers l'endroit où il prend sa source, est le bric Sineur,
élevé de 726 mètres. Mais on a dit plus haut qu'il en existe un qui ne
l'est que de 684 mètres. On peut prendre par là une idée approxima-
tive de la pente de cette rivière. Son lit, jusqu'à Ponte Invrea, a
huit ou dix mètres de large, et ses rives sont boisées jusque-là ; mais
depuis ce village, son lit s'élargit ; ses bords deviennent déchirés, nus
et souvent escarpés. Les crues de cette rivière torrentueuse sont fré-
quentes et très considérables ; les orages suivis de pluie, la fonte des
neiges, tout le rend, d'un moment à l'autre, formidable ; et ces variations sont si rapides qu'il arrive de se trouver sur une de ses rives et
de ne plus pouvoir, quelques heures après, repasser sur celle opposée. Il conduit alors de très gros cailloux ; il n'y a pas, sur ces bords,
de marais. Jusqu'à la hauteur de Giusvalla il est extrêmement rapide,
mais la place de son cours est constante. Depuis là, au contraire, il
coule avec moins de célérité, et toujours dans une place fixe jusqu'à
Melazzo ; mais depuis ce village, il change fréquemment de lit, et
fait beaucoup de mal. Il y a quelques planches sur ce torrent, mais
pas de pont fixe. Les points de Castel-val-d'Erro et de Monte Cres-
cente paraissent destinés, par la nature, à barrer les vallées de Bormida et d'Erro, et à servir de point de ralliement à des troupes qui
auraient à s'opposer à un ennemi qui tenterait de pénétrer par le
sommet de la crête L'armée Austro-Sarde avait employé Pareto en
1796 (an IV) comme point de réserve pour la défense ; (en avant de
ce village se trouvent des buttes avantageuses à occuper). Cette
position était déjà connue par le gouvernement sarde, parce qu'en
1746, à la fin d'août, le roi marchant sur Savone, par la vallée de
la grande Bormida, la gauche de son armée suivit cette crête et
campa à Pareto. Au débouché de l'Erro se trouve encore la belle
position de Terzo. Je n'ai jamais eu occasion de parcourir la crête
droite qui encaisse cette rivière. je ne l'ai vue qu'à Ponzone, poste
militaire avantageux, mais je n'ai point pu, sur ce simple aperçu,
concevoir un système de défense pour la rive droite de l'Erro.

y croissent. Le peu d'argent que se procurent les habitants de cette vallée
leur vient d'une petite quantité de charbon et de foin qu'ils portent à Savone ;
ces deux hameaux sont environ à 14 kilomètres 1/2 de Cairo, dont ils font
partie. Montenotte inférieur fait aussi partie de la commune de Pareto.

Dans la vallée de la grande Bormida, et sur ses flancs, jusqu'à l'instant où l'Erro vient mêler ses eaux, il est quelques points qui méritent d'être considérés, sous les rapports militaires ; tels que : Cosseria, Cairo, Dego, Sta Giulia, la Madona del Todoc, Spigno, Roccaverano, Pareto, Denice, Montechiaro et Castelletto-val-d'Erro, où se joignent les deux Bormida. Depuis là, le passage de ces deux rivières réunies forme un système de défense différent pour ces vallées. Pour bien entendre les affaires de Montenotte et de Monte Negino, il est encore important de bien comprendre le contrefort sur lequel fut construite la redoute dite de Monte Negino.

Description particulière de Monte Negino. — Ce contrefort se détache des Apennins, au bric de Variolassa élevé de 851 mètres au-dessus du niveau de la mer, se bifurque au bric de Pogetto ou redoute des Espagnols ; c'est à ce point où prend sa source le petit torrent d'Acqua Bona. Le contrefort du couchant vient à l'Ouest terminer sur la rive gauche du Letimbro, et celui au levant à la mer, entre Albissola et Savone. On conçoit que cette position, s'adossant par sa gauche à la chaîne des Apennins, et par sa droite à la mer où elle est appuyée encore de la forteresse de Savone (qui ne pouvait jamais être totalement neutre, lorsqu'une armée occupait le pays qui l'entoure), doit faire nombre parmi les positions importantes de la rivière du Ponent parmi lesquelles on distingue celle de Borghetto et celle de Vintimille. Les reliefs de Monte Negino sont baignés à l'orient, par la Sansobia, et à l'occident par le Letimbro, soit la Fraciosa déjà grossie du torrent d'Acqua bona. Généralement cette crète est très aigüe, les pentes très déchirées et très peu accessibles Les sommités les plus marquantes de cette crète sont : Monte Negino élevé de 720 mètres au-dessus du niveau de la mer ; le Castellazzo, autrement dit Il Priocco, de 569. On assure que, très anciennement, il y eut des bâtiments ou des fortifications sur le bric Castellazzo. Les habitants d'Ellera veulent, on ne sait trop pourquoi, qu'ils datent de l'instant de l'invasion des Sarrazins ; Cairo prétend aussi que les vestiges des murs qu'on découvre sur l'autre sommité de même nom, qui est au nord-ouest, très près de la grande chaîne, et sur laquelle ont eu lieu les principaux faits d'armes de la bataille de Montenotte, sont des restes de murailles élevées par ces mêmes peuples, et s'appuient sur un ancien manuscrit qui existe dans les archives de ce village ; le Pilon de la Madonetta, élevé de 373 mètres ; et Monte Cucco, pointe très saillante, de 442.

Un sentier difficile part d'Albissola, monte par cette crète et va au col de Montenotte. Un autre partant d'Ellera, vient aussi aboutir au dessus de la crète.

Un chemin très praticable aux voitures de Savone jusqu'à la Madona, part de cette ville maritime, suit le Letimbro jusqu'au sanctuaire, de là devient mauvais, monte, passant à Ca dei Barbiéri, par la pente occidentale de Monte Negino, jusqu'au col de Montenotte et va à Cairo.

Une route, allant de Cadibona à la Madona de Savone, fut ouverte pour de l'artillerie par le roi de Sardaigne, pour porter des forces sur Savone, pendant qu'il la posséda. Je douterais encore de ce fait, quoiqu'on me l'ait assuré sur les lieux, parce que je ne l'ai vu rapporté dans aucun mémoire militaire de cette époque, quoique j'en aie lu plusieurs, si les habitants ne m'avaient assuré que les voitures suivaient alors cette route. Au reste, elle est maintenant presque détruite, et, comme on l'a dit, devenue difficile. On y aperçoit cependant les vestiges d'une belle route (elle passait par la crête située entre le Letimbro et la Lavvanestra).

On ne parle point ici de quelques sentiers, à la vérité plus difficiles encore, mais ayant le même but, et passant sur divers points de la pente de Monte Negino, qui facilitent conséquemment les moyens d'entourer cette redoute.

La redoute principale, et située le plus au nord, élevée de 710 mètres au-dessus du niveau de la mer, est construite à la naissance des petits ruisseaux de Pocapaglia, de Rezzo et delle Liggie ; c'est un pentagone de cinquante pas de circonférence, fort irrégulier, sans bastion et sans fossés au midi. Les avenues en sont presque innaccessibles, si on en excepte la crête aiguë par où on y arrive et sur laquelle il est impossible, en bien des endroits, que quatre hommes abordent de front. Elle se présente aux regards de l'ennemi absolument comme le saillant d'une demi-lune. En avant de celle-ci, sont deux petits redans, sans compter un fossé qui l'entoure sur trois de ses faces, ce qui y donne comme deux rangs de feu. Un autre très petit retranchement à l'est, dont à peine on aperçoit encore les formes, et capable au plus de dix à douze hommes, s'observe sur le contrefort de la cassine Pocapaglia, et est attenant à celle-ci. La grande redoute était encore entourée de petites ouvertures, propres à mettre un homme à l'abri, ce qui faisait sortir la mort de tous les points de cette butte fulminante. On eut pu aisément tirer un parti avantageux des deux contreforts qui paraissent suivre la construction de la redoute, en rangeant des hommes à l'abri de ceux-ci et leur ménageant du repos sur cette pente raide. Ils eussent ainsi flanqué l'ouvrage dont on vient de faire mention, mais il ne paraît pas qu'on eût rien fait pour les destiner à cet usage. Plus au sud, à plus de 200 mètres de distance, est une autre petite redoute fermée, de 45 pas de circonférence, et élevée de 684 mètres au-dessus du niveau de la mer. Elle était destinée à empêcher l'ennemi de trop avancer de la redoute principale ; elle était entourée de fossés, mais il ne semble pas qu'ils eussent d'autre but que de rendre son enceinte plus inaccessible, à l'exception, peut-être, de celui placé au sud. Celui au nord était éloigné de la redoute de deux mètres et demi ; il y avait entre la redoute et lui comme un chemin qui n'était cependant point un chemin couvert ; cette construction était conséquemment mal entendue. Cette dernière redoute était fort accessible au sud, en raison d'un roc qui en couvrait les approches jusqu'à la portée du pistolet. La grande, au contraire, était inabordable au midi, et c'était elle qui faisait la grande force de la petite ; elle avait une sortie au centre de la face méridionale. Les troupes étaient campées entre les deux redoutes. Toutes les pentes sont très raides ; elles deviennent plus accidentées encore dans le bas, près du Rian d'Acqua Bona. Ces travaux, généralement bien entendus, tels qu'on les voit sur la carte, et maintenant encore sur le terrain, ont été faits et réparés depuis, en grande partie, par les ordres du général de brigade Gardanne, dont les connaissances militaires égalent la bravoure et l'aménité. Mais il n'y avait, le jour où combattit le brave Rampon avec les 1.200 braves qui ont peut-être décidé du sort de la campagne de l'an IV, que les deux redoutes, et le redan le plus avancé ; les premières, même, n'étaient point en état, et étaient sans artillerie. Ces trois ouvrages étaient au plus susceptibles de retirer 400 hommes, ne voulant pas les entasser inutilement les uns sur les autres. Quelques broussailles de hêtres, éparses et très peu considérables, sont sur les pentes de Monte Prato ; elles semblent n'avoir jamais été plus touffues. Le chemin, qui paraît entourer la redoute à l'ouest, aurait bien pu servir à l'attaquer ; mais l'ennemi y était si exposé qu'il aurait tiré de là des coups mal ajustés. En avant de cette position, à 1.900 mètres plus au nord, est le point culminant de la Variolassa, dont on a parlé plus haut, sur lequel était une flèche disposée de manière à bien prouver que les Français l'avaient construite pour y placer une avant-garde. Ces deux positions, sur la même crête, se liaient par la redoute espagnole placée au point d'embranchement des deux contreforts qui encaissent le Rian d'Acqua Bona.

Aperçu sur les deux armées, sur leurs positions respectives ; époque où elles se mirent en présence. — Les neiges, cette année-là, commencèrent à découvrir le sol plus tard que de coutume ; le froid fut surtout très vif les premiers jours de mars. Les Français avaient paru, dans les commencements, vouloir faire quelques mouvements sur les quartiers d'hiver des Austro-Sardes, mais la neige survenue s'opposa sans doute à ce projet. Les généraux avaient été changés dans les deux armées. Bonaparte, jeune encore, avait acquis à la reprise de Toulon la réputation de militaire instruit ; mais il n'avait encore obtenu aucun de ces grands succès qui donnent un avantage réel à un homme de guerre, qui prend le commandement d'une armée. Il venait remplacer Schérer, vainqueur des Pyrénées, qui, l'année précédente, avait eu des succès très décidés sur les Austro-Sardes, dans la vallée du Tanaro. Bonaparte ne jouissait, dans l'armée ennemie, que de l'opinion d'être un jeune homme ardent, et le représentant du peuple Saliceti qui l'accompagnait, passait pour ne l'être pas moins que lui ; mais on y riait de leurs projets de conquête, parce qu'on ne connaissait à l'armée française aucun grand magasin, et qu'on la savait dépourvue sous tous les rapports. On se berçait d'ailleurs de l'idée que les Français n'oseraient pas pénétrer en Italie parce que, disait-on, elle leur avait toujours servi de tombeau ; parce qu'ils savaient qu'une ancienne haine nationale tenait ces peuples éloignés de leur système, et que d'ailleurs le clergé, tout-puissant alors par son influence, ne négligeait pas de les peindre comme irréligieux, et c'était encore à cette époque auprès des peuples d'Italie une raison bien puissante.

L'armée piémontaise avait été confiée au général Colli qui avait montré à cette même armée beaucoup de fermeté à la retraite de la vallée du Tanaro le 23 novembre 1795 ; et qui avait eu avec elle, l'année précédente, quelques légers succès dans le comté de Nice ; pour laquelle enfin il avait témoigné moins de mépris que ses collègues, les généraux autrichiens. Beaulieu, son ami, qui jouissait de l'estime des militaires, depuis sa campagne des Pays-Bas, où il avait commandé à la vérité en sous ordre, avait obtenu le commandement en chef de l'armée autrichienne en Italie, et remplaçait le général de Vins, général habile sans doute, mais antagoniste décidé du baron Colli. Le Piémont espérait plus de Beaulieu que de celui-là en raison de l'amitié qui régnait entre eux.

L'Autriche, Naples, Rome, la Sardaigne semblaient vouloir faire tout de bon la guerre contre la France. Parme, Modène et la Toscane paraissaient neutres et aidaient de leurs vœux, si ce n'est de leur argent, les coalisés.

L'Angleterre jetait de l'or, faisait des promesses et agissait fort peu sur la Méditerranée. Les nobles de Gênes et de Venise, sentant pour eux tout le danger d'une révolution dont l'égalité était le principe, caressaient tour à tour les gouvernés et les deux partis aux prises, et craignaient presque autant les victoires de l'un que celles de l'autre, quoiqu'une ancienne haine contre les Autrichiens éloignât plus généralement le peuple ligurien de ceux-ci. Mais les gouvernants oublient même les antipathies nationales, dès qu'il est question de conserver le pouvoir. Ils pensaient d'ailleurs qu'ils pourraient aisément, comme les plus faibles, devenir la récompense du vainqueur ; aussi ils protestaient à chaque pas que faisaient les armées, mais donnaient une preuve incontestable de leur faiblesse, en laissant passer les Français sous la forteresse de Savone, et les Autrichiens sous le fort de Gavi Tout à coup les Français, réunis en force dans la rivière du Ponent depuis Nice jusqu'à Savone, et entassés jusqu'à ce moment dans leurs quartiers, prirent des positions plus militaires. L'armée coalisée, quoique engourdie encore par les neiges qui se retirent toujours plus tard sur le revers qu'elle occupait, dut suivre cette impulsion. L'armée coalisée fit de grands mouvements tout le mois de mars. Depuis la défaite de de Vins, il ne lui était resté de la crête des Apennins que la partie à l'est de Voltri ; et l'armée française était placée depuis la naissance des Apennins, que je fixe avec tant d'autres, comme je l'ai dit au commencement de ce mémoire, à la droite du Tanaro, et se prolongeait par sa droite entre Montenotte et Savone. Les crêtes avaient été abandonnées pendant l'hiver, mais comme les Français en avaient été plus à portée, parce que, comme on l'a dit, le climat les favorisait davantage, et qu'ils étaient établis dans les hameaux plus rapprochés dont ils s'étaient emparés les premiers (ils occupaient : Viola, la Sotta, les Tovetti (vallée du Tanaro), Callisano (vallée de Bormida) ; enfin faisaient de petites tentatives sur tous les points devenus accessibles. Le général Laharpe ne fit cependant occuper Monte Negino par le chef de brigade Rampon que pour soutenir la retraite de Cervoni ; il avait, à la vérité, quelques troupes à Ca di Ferro pour défendre les habitants des incursions des Croates ; mais le reste était à la Madona, et ce jour-là il avait porté quelques forces à Monte Negino et même quelques hommes dans Montenotte supérieur ; mais lui était encore, à 10 heures du matin, à l'auberge du pont de la Madona de Savone, lorsqu'il reçut la nouvelle que l'ennemi marchait sur la redoute. Il y monta précipitamment, et sa conduite y mérita les éloges qu'on s'accorde unanimement à lui donner. Le reste de la division Laharpe était à Cadibona poussant des avant-postes au Rastel.

Il est difficile de dire au juste quelle était la force de l'armée française au commencement de la campagne. Chacun des partis s'est occupé sans cesse de donner des idées fausses sur le nombre des deux armées ; tout ce qu'on trouve écrit ne peut conséquemment pas être d'une grande ressource ; mais ce qu'on peut dire de positif, c'est que les militaires les plus expérimentés qui ont vu défiler l'armée française réunie aux environs de Fossano, après toutes les affaires (il est vrai qu'à cette époque la colonne descendue par le col de Tende et celle venue par l'Argentière y étaient réunies et toutes les deux faisaient partie de l'armée des Alpes), l'ont jugée de 45.000 hommes.

Quant à l'autrichienne, il est plus aisé d'approcher de la vérité, et, si on n'en obtient pas le nombre exact, on est au moins sûr d'en approcher beaucoup.

Il est bien connu que l'empereur d'Autriche avait promis au roi de Sardaigne 35.000 hommes y compris les corps auxiliaires; mais ce monarque mit peu d'exactitude à remplir les conditions du traité. Les régiments arrivèrent incomplets; on promettait des recrues mais elles ne vinrent point à l'époque des affaires. On peut donc, sans esprit de parti, évaluer l'armée autrichienne à environ 25.000 hommes.

Quant à l'armée piémontaise, il paraît d'abord qu'il devrait être plus aisé de donner des notions parfaitement exactes sur sa force. Cela l'est cependant moins qu'on ne le croirait d'abord. Voici le résultat de trois états présentés au roi même, à différentes époques, sur lesquels on a pris dans le temps les notes suivantes :

	ANNÉES		
	non connue	1775	1795
Cavalerie.	3.445	3.500	4.911
Infanterie nationale.	22.027	21.754	23.719
Infanterie étrangère.			11.638
Infanterie provinciale.	9.909	9.252	27.888
Milices	»	»	33.419
Corps restant dans les places	3.018	2.636	4.157
Corps contribuant aux divers services de l'armée.			1.283
	38.399	37.142	107.045

Le bonheur du vieux roi de Sardaigne était de croire avoir une armée formidable; il est hors de doute, même, qu'il soldait cette force en 1795. Le dernier état même dont on vient de donner un

extrait plus haut, donne pour la force des combattants, c'est-à-dire
des hommes portant fusil, y compris les milices.   100.461 hommes

Dont combattants.	100.461
Milices	33.097
Reste alors pour la force des combattants .	67 364

Mais cette force n'a jamais été complète, et, eût-elle existé, il en
faudrait toujours déduire les milices qui n'étaient bonnes à rien,
parce qu'elles ont toujours été mal conduites. Les militaires du roi
de Sardaigne sont généralement assez d'accord de calculer son armée
en ligne en 1796 à 50.000 hommes. Au reste, à quoi bon chercher
le nombre de l'armée; on est parfaitement sûr, d'après un état vu
très peu de jours avant les affaires, sur la cheminée du général en
chef, que, des sommités de la vallée du Tanaro jusqu'à la grande
Bormida, point contre lequel a agi l'armée d'Italie, il y avait
37 bataillons formant environ 17.000 hommes y compris les grenadiers et les troupes légères. On tâchera à chaque affaire, autant que
possible, de nommer ceux qui y ont assisté Cette partie de l'armée,
par sa gauche, se liait par la vallée de la grande Bormida à l'aile
gauche autrichienne; par sa droite, aux troupes du général major
Christ, qui défendait contre l'armée des Alpes les vallées de
Vermegnana, de Gesso et de Stura. Un bataillon était, à cette époque, de 550 hommes, non compris les grenadiers. On peut évaluer
les bataillons de ceux-ci, ainsi que ceux des troupes légères, à peu
près au même nombre ; mais on conçoit que, dès les premières affaires, la force a toujours été en diminuant; et à la bataille de Mondovi, le bataillon n'était plus guère que de 400 hommes. Au reste,
si on n'était pas persuadé de la justesse de ce dénombrement, on
pourrait faire un autre calcul; mais il faudrait commencer par pré-
lever tout ce qui était à la garde des places de Turin, d'Alexandrie,
de Tortone, de Démont, de Coni, etc., dans les vallées d'Aoste, de
Suse et au Bourg Saint-Dalmas. On se confirmerait encore ainsi dans
l'opinion que la force piémontaise, contre laquelle eut à agir Bonaparte, ne pouvait être que de 17.000 hommes. J'y comprends les
corps auxiliaires, du bataillon de garnison allemand, les grenadiers
Strassoldo, quelques Croates et le très mauvais et très faible régiment de Belgioso, parce que tous ils firent retraite avec les Piémontais jusqu'à Mondovi.

L'armée de Beaulieu couvrait de Cairo aux sources de la Scrivia,
occupant Dego, Sassello, Masone, Campofreddo, la Bocchetta, les
sommités de la Trebbia et de la Scrivia et défendait ainsi les grandes routes de Novi et de Bobbio.

L'armée de Colli couvrait les sources de la Bormida, de Millesimo, du Tanaro, du Casotto, de la Corsaglia, de l'Ellero, du Pesio, de la Vermegnana, du Gesso et de la Stura ; (on ne pousse pas plus au nord cet aperçu parce que les dernières troupes qui ont agi contre l'armée de Colli ont été celles qui venaient du camp de Barcelonnette), et elle occupait Saint-Jean-de-Murialdo, Cosseria, Montezemolo, Mombasiglio, Mondovi. Bagnasco, Battifollo, Saint-Michel, la Chartreuse de Pesio, Limon, le Bourg Saint-Dalmas et Démont, jetant des gardes avancées sur toutes ces directions.

Les troupes alliées avaient ainsi entre elles la vallée de la grande Bormida et se préparaient à la défendre de concert : telle était la position des armées françaises et austro-sardes au commencement de la campagne de 1796, savoir, les premiers jours d'avril, au moment où l'armée d'Italie marcha à l'armée coalisée, et triompha depuis ce moment de toutes les forces que lui opposèrent les différentes puissances.

Bonaparte arrive à Nice le 6 germinal de l'an IV (26 mars 1796), sans suite ; s'occupe dans les premiers moments de faire donner à la troupe tout ce qu'il est possible, en solde, chaussures et habillement. Le soldat français, par suite des dilapidations, communes alors, et en raison du mauvais pays dans lequel il se trouvait depuis longtemps, était très malheureux. Un corps de volontaires, non amalgamé, se permit des réclamations contraires à la discipline, Bonaparte le fit désarmer. Il obligea les administrations à quitter Nice, à se porter en avant et à suivre l'armée. Lui, comme son prédécesseur, vint s'établir à Albenga le 12 germinal, et le 22 à Savone. Les malheurs de l'armée faisaient qu'à cette époque la subordination était très relâchée. Le soldat, et plus souvent la foule des étrangers qui se trouvait à l'armée, commettait des désordres qui indisposaient contre eux les habitants. Les Génois montrèrent souvent à cette époque de l'animosité contre eux. Beaulieu essaya de profiter de cette occasion, en faisant à Alexandrie le 30 mars (10 germinal) une proclamation sur l'entrée qu'il allait faire sur leur territoire ; il assurait les habitants de maintenir l'ordre parmi ses troupes, et tint parole, autant qu'il le put, avec une espèce de soldat aussi dure que l'Autrichien vis-à-vis de tout ce qui n'est pas militaire.

Les deux armées s'observaient ; à mesure qu'on apprenait quelques mouvements de part ou d'autre, on quittait ses quartiers et on se portait, peu à peu, sur les positions défensives. Dès les premiers jours de janvier, les alliés firent avancer quelques troupes à Cairo ; plus tard, d'autres à Dego, et on occupa Roccavignale, Santa Giulia, Brovida, Pareto, Spigno, Squaneto, Mioglia, Giusvalla. Le 6 avril,

les premières troupes arrivèrent à Sassello ; Ovada fut aussi occupé.
Salicetto était couvert par Belgioso et les grenadiers de Strassoldo.
Le 11 un grand mouvement eut lieu ; Pijon se porta jusqu'à Voltri,
et y prit position. Il avait sous ses ordres environ 4.500 hommes.
Beaulieu n'avait encore point arrêté ses projets, mais il savait que le
peuple français faisait plusieurs demandes au gouvernement génois ;
et notamment d'argent, et de la place de Savone. L'empereur autrichien, de son côté, demandait aussi qu'on lui remît cette forteresse.
Il y avait à la même époque, en Ligurie, des mouvements du parti
révolutionnaire, en faveur des Français. Le gouvernement ligurien
en sentit tout le danger, les réprima avec beaucoup de rigueur et,
comme on craignait pour les environs de Gênes, il fit entrer les reli-
gieuses dans la ville, et apporter les effets précieux des églises extra-
muros, ainsi que ceux qui se trouvaient dans les maisons de campagne. Beaulieu ne mit plus aucun doute alors, que l'armée française
ne fût au moment de forcer les sénateurs génois d'accorder toutes les
demandes qu'on leur avait faites. Le 3 avril (14 germinal) il passa
avec une forte colonne par Novi, s'avança sur la Ligurie, passant par
la Bocchetta, porta les troupes à Campo Marone et Saint-Pierre
d'Arena, et se décida, sur le mouvement de Cervoni, à attaquer
le 11 (22 germinal). Il porta la plus grande partie de ses troupes sur
son aile gauche et chargea d'Argenteau de percer par Montenotte, et
de se porter sur Savone, espérant ainsi de voir le corps de Cervoni
privé de tout moyen de retraite.

L'armée autrichienne, commandée par Beaulieu, avait moins
de confiance dans le nouveau général qu'elle n'en avait eu au premier
abord dans de Vins ; aussi désirait-il ardemment de commencer la
campagne par un coup d'éclat, pour retremper (s'il est permis
d'employer cette expression), l'opinion des armées coalisées.

Attaque de la colonne Cervoni par le général en chef Beaulieu. —
Les Français avaient poussé, comme nous l'avons dit, des troupes
jusqu'à Voltri dans le double but, sans doute, d'en imposer à la République de Gênes, sur la bonne foi de laquelle ils comptaient peu ;
mais plus encore pour donner des doutes à l'armée combinée sur les
projets d'attaque qui se formaient, et la forcer ainsi à disséminer ses
forces sur une grande étendue. Le général Cervoni commandait cette
aile droite ; il avait remplacé le général Pijon qui s'y était porté
le 11 germinal avec sa troupe. Beaulieu commandait, comme on l'a
dit, toute l'armée autrichienne, et l'armée piémontaise était sous les
ordres du général baron Colli. Ces deux généraux, étroitement liés,
paraissaient tous deux vouloir le bien. Le dernier était absolument
indépendant du général Beaulieu. Le roi de Sardaigne avait obtenu

cette grande faveur de la cour de Vienne, espérant, par là, éviter les mésintelligences qui avaient eu lieu l'année précédente entre les généraux de Vins et Colli ; mésintelligences qui se renouvellent sans cesse dans l'armée d'Autriche, et qui nuisirent si fort les années précédentes, à la cause commune. Aucun projet de campagne n'existait encore parmi les chefs des coalisés ; indépendants, comme on l'a dit, l'un de l'autre, on conçoit que chacun devait improviser ; heureux si ses projets s'accordaient avec ceux du général de l'autre puissance.

Beaulieu crut trouver l'occasion de faire le coup d'éclat qu'il désirait ; il marcha sur Voltri sans même prévenir Colli ; il avait porté quelques troupes sur la Bocchetta au premier mouvement des Français, ainsi que sur les crêtes des Apennins, où elles étaient restées quelques jours en observation. Il y eut même dans ces entrefaites quelques escarmouches de peu d'importance entre les avant-postes des deux armées.

Enfin le 20, Beaulieu attaqua les Français dans leur position, et marcha pour cet objet sur deux colonnes, dont une vint par la Bocchetta, l'autre par Campofreddo. L'une, commandée par Pittony, et l'autre, par Beaulieu, formaient entre elles environ 10 à 12.000 hommes. Les Français avaient des avant-postes jusqu'à Pegli, mais pendant la bataille, ils appuyèrent leur droite à Castelluccio, communiquant par Monti à Pian del Mele, et leur gauche à Germasso, poussant des postes avancés jusqu'aux cabanes de l'Inferno, au-dessus de Campofreddo ; ils avaient encore une faible réserve sur les bords de la mer à Arenzano. L'attaque commença sur le flanc gauche, sur les deux heures après-midi. Les avant-postes français furent tous repoussés. Le général Cervoni se porta aux premiers coups de fusil sur la cime de Germasso. L'ennemi ne fut pas longtemps à faire sur la droite comme il avait fait sur la gauche, il employa même quelques pièces d'artillerie ; (on aperçoit encore les effets du boulet sur le mur d'un réservoir placé au pied de Castelluccio que les Français employèrent quelque temps en guise de retranchement). Cervoni jugea parfaitement les projets de l'ennemi ; il est hors de doute que, vis-à-vis d'un général plus entreprenant, sa bravoure eût perdu lui et sa troupe, car on n'eût pu descendre sans obstacle par le Dente sur les crêtes de la droite de la Cerusa, et suivre les routes praticables à l'infanterie, qui conduisent à Arenzano ou Crevari. Mais Beaulieu voulait, selon l'usage autrichien, pour ne rien donner au hasard, compter, pour ainsi dire, son ennemi, avant de se porter sur ses derrières ; il attaqua pour cela sur tous les points. Cervoni ne lui montra qu'une partie de ses troupes, et fit manœuvrer sur les bords de la mer plusieurs petits corps cantonnés, soit dans Voltri, soit dans les châteaux de Doria et de Sauli. Cependant l'atta- que devenait toujours plus vive sur la gauche ; Cervoni ordonna alors qu'on abandonnât à l'ennemi la petite redoute du Pian del Mele, et bientôt, lorsqu'il vit brûler le signal de Nerval, il quitta lui-même Germasso ; (il a été impossible sur les lieux de connaître le but précis de ce signal ; mais il est très probable qu'il devait lui apprendre qu'on avait achevé d'intercepter à la cavalerie la route de Gênes à Savone, par des chariots et des voitures, et que Nerval était occupé de manière à pouvoir protéger sa retraite). Aussitôt qu'il eut décidé qu'on aban- donnerait Germasso, Cervoni vint à la hâte à la maison Spinola, d'où il expédia à tous les postes l'ordre d'allumer de grands feux, et de faire retraite à nuit close sur la Madona de Savone. Malgré ce stratagème, les Autrichiens s'aperçurent bientôt que la proie sur laquelle ils avaient compté pour le lendemain leur avait échappé ; et Beaulieu entra lui-même dans Voltri à minuit environ, annonçant beaucoup de désir de poursuivre Cervoni ; mais le lendemain, à deux heures après-midi, les troupes commencèrent déjà à se retirer par la même route par laquelle elles étaient venues. Il reçut là, a-t-on sup- posé, la nouvelle du peu de succès de l'attaque de Monte Negino, par où il s'était promis de percer l'armée française.

Il est une anecdote assez singulière, et cependant positive, qui prouve bien le peu de système suivi qu'avaient, dans cette guerre, les deux puissances alliées ; c'est qu'au retour de cette expédition infruc- tueuse, Beaulieu traita à Acqui avec le baron de la Tour, qui ne commandait à cette époque aucune partie de l'armée piémontaise, du plan de campagne à tenir pour l'an IV, et cela précisément au moment où capitulait Cosseria, c'est-à-dire où le Piémont était comme envahi.

Le gouvernement génois avait envoyé le 30 mars (11 germinal) l'ordre à l'administration de Sassello de faire vider divers oratoires pour les troupes qui viendraient les occuper. Ne fut-ce qu'une pré- caution d'un gouvernement qui songe aux plus petits détails pour le bien des administrés, et qui désire que les troupes qui auraient pu se présenter ne fussent point à charge aux habitants ? ou peut-être pour induire en erreur la partie d'armée austro-sarde réunie à Dego et Pareto, et faire ainsi dégarnir celle-ci ? C'est ce qui sera toujours très difficile de savoir, mais la dernière supposition paraît au moins très probable. Ce qu'il y a de positif, c'est que le 6 avril un bataillon de Croates vint s'y établir ; et le 7 environ 4.000 hommes, conduits par le général Rukavina lui-même, qui bientôt retourna à Dego.

Bonaparte fit protéger la retraite de Cervoni par 1.500 hommes qu'il porta sur les hauteurs de Varazze ; ils se liaient ainsi, quoique de très loin, à son arrière-garde, et y avaient été placés, afin de s'opposer aux troupes qui, par I Gioghi, auraient pu tomber pendant sa marche sur son flanc droit. Ces troupes, ainsi protégées, firent retraite sur Savone dans le meilleur ordre et y arrivèrent vers les 4 heures après-midi, à l'instant, à peu près, où la bravoure des troupes de Monte Negino venait de faire cesser le feu de l'ennemi.

Attaque de Monte Negino par les Austro-Sardes. — Au moment où Beaulieu attaquait Voltri, nous avons dit que le lieutenant maréchal d'Argenteau devait forcer Montenotte. Son attaque eut lieu le 11 avril 1796 (22 germinal), jour choisi pour l'attaque générale. D'Argenteau, arrivé depuis le 10 à Pareto, où il avait établi son quartier général, vient à Dego où était Rukavina, va reconnaître la position ennemie, et au retour s'abouche avec ce général. Les alliés avaient déjà fait faire à cette époque quelques travaux aux Magliani, au-dessus de Dego, et auprès de Cassinassa, ferme à trois cents mètres sud-ouest de l'église de Dego, qu'il ne faut point confondre avec la Cassinassa de Montenotte. Le 11 avril, d'Argenteau fit marcher, à trois heures après minuit, les troupes cantonnées à Pareto, Mioglia et Dego, et donna les dispositions suivantes : il forma deux colonnes, dont l'une, commandée par lui, l'autre par Rukavina ; une troisième l'était par Lezeni. Le tout formait une force d'environ 3.700 hommes, parce qu'aucun bataillon n'était complet. La première devait, depuis Pareto, suivre la route de Mioglia, de Giusvalla, et par la crête, se porter sur le Garbazo, cassine de M. d'Obix, à la gauche du petit torrent de la Ferriera, point depuis lequel les deux colonnes devaient continuer leur attaque. Celle de Lezeni était trop loin pour qu'elle pût agir conjointement. D'Argenteau avait avec lui un régiment de l'archiduc Antoine et un bataillon d'Alvinzi.

La deuxième, commandée par Rukavina prit la route qui, par la colline de Dego, conduit sur le Castellazzo ; il avait avec lui un bataillon de Stein, trois compagnies de Croates et un bataillon de Pellegrini, arrivé à Spigno dès le 29 mars, et qui, depuis cette époque, avait été cantonné à Cairo. Les colonels Wukassovich et Lezeni, commandèrent, dans cette attaque, des corps séparés, faisant tous deux fonctions de brigadiers. Ils avaient quatre bataillons chacun. Le dernier partit de Sassello avec un corps de Croates, marcha contre le Zovo au sommet delle Chiappe, où il trouva les Français, qui occupaient en force le col della Galera. Ce corps ne put pénétrer plus avant, et revint à Sassello avec trois prisonniers. Wukassovich était beaucoup plus sur la gauche. Rukavina arriva

le premier, mais ne voyant pas paraître les éclaireurs d'Argenteau
(cette colonne arriva tard au Garbazo et ne fut guère en mesure que
vers les 11 heures du matin), il attaqua vivement. Cette colonne,
toute d'Allemands, eut un succès complet, malgré la résistance
qu'elle éprouva au bric del Chiodo et au bric Tavernin, repoussa tout.
Ce fut elle qui arriva la première au pied de Monte Negino, et enleva
la première flèche. Celle du général d'Argenteau, toute de Hongrois,
fut moins heureuse d'abord, quoiqu'elle ait eu ensuite des succès.
Elle surmonta, mais après une très longue fusillade, les obstacles de
Castellazzo. La troupe française, placée à la croisée des chemins, plus
au sud de cette montagne, l'arrêta longtemps. Les Français y avaient
d'anciennes cabanes en terre et ils combattirent à l'abri des bara-
ques, ce qui empêcha que les succès de Rukavina eussent les suites
avantageuses qui auraient pu en résulter ; car, si d'Argenteau fût
arrivé plus tôt sur ce point, les postes qui étaient en avant eussent été
complètement coupés. L'attaque eût été mieux entendue encore si,
comme on le lui avait conseillé, il eût porté un corps sur la rive
droite de l'Erro ; mais il s'y refusa constamment. Il est probable qu'il
y attendait le corps de Lezeni qui fut arrêté sur la crête des Apennins. Les gens du pays, qui n'étaient pas assez instruits pour faire
cette réflexion, quoiqu'ils le fussent déjà assez pour calculer les résultats de la marche qu'ils proposaient, prétendirent aussitôt qu'il ne
faisait pas la guerre de bonne foi. Ils parvinrent enfin conjointement à surmonter tous les obstacles ; ils emportèrent Monte Prato, et,
après un combat assez opiniâtre, on parvint à rejeter totalement les
Français dans les redoutes de Monte Negino ; le combat dura jusqu'à
4 heures après-midi. Ce fut au moment de l'attaque la plus vive que
le brave Rampon, à la tête de 900 hommes du 2e bataillon de la
21e demi-brigade, maintenant 32e régiment de ligne, et de trois compagnies de carabiniers de la 1re d'infanterie légère, devenue depuis
17e demi-brigade, par un de ces élans que n'éprouvent dans les dangers imminents que les âmes fortes, fit prêter à sa troupe le serment
de mourir plutôt que de permettre à l'ennemi d'y aborder. Le feu des
Autrichiens finit vers les 4 heures après-midi ; les tirailleurs ennemis
bivouaquèrent dans les broussailles à la portée du pistolet de la
redoute Rampon reçut dans la nuit quatre pièces de canon et un
renfort de 700 hommes ; mais le matin tout changea de face, puisque les Français, d'attaqués qu'ils étaient, devinrent assaillants.

Rukavina rentra la même nuit à Dego, blessé à l'épaule ; il reçut
un coup de feu très près de la première flèche. Le corps des Croates
souffrit beaucoup dans cette journée. Les Autrichiens avaient fait
monter dans la nuit deux petits canons pour presser la reddition de ce

morceau de fortification passagère, et comme tout s'était porté en avant pour se rapprocher de la redoute, on fit monter encore de Squaneto un bataillon de Terzi qui occupa pendant toute la nuit les postes de Garbazo et de Castellazzo, afin de ne pas laisser découverts les derrières du corps destiné à cette attaque.

Tableau de la position de l'armée autrichienne à l'attaque de Monte Negino, tel qu'il a été tracé sur le plan (1)	OBSERVATIONS
1. Bataillon d'Alvinzi, divisé en 4 corps sur les brics Gaglione, Variolassa, Cianasso et Saint-Giorgio.	Formant comme un corps de réserve au moment de l'attaque, partie sur la crête de Monte Negino et partie sur la grande chaîne des Apennins.
2. Régiment de l'archiduc Antonio à Naso di Gatto et à Monte Prato.	
3. Un bataillon de Stein en avant du bric del Pogetto.	Ces trois corps furent vraiment ceux qui formèrent l'attaque.
4. Un bataillon de Pellegrini au-dessous de Monte Prato, près le grand chemin de Montenotte.	
5. Trois compagnies de Croates répandus en tirailleurs devant Monte Negino.	Préparant l'attaque décisive et cherchant à découvrir le point d'attaque le plus facile.
6. Corps de volontaires parvenu jusque dans le premier retranchement de Monte Negino, se retire après avoir essuyé le feu terrible qui partait de la redoute.	Ce petit corps attaqua vraiment avec vigueur.
7. Une batterie de 1 pièce de canon à Naso di Gatto.	Si c'est là où M. d'Argenteau les fit réellement établir, il est incontestable qu'elles auraient dû être portées beaucoup plus en avant.
8. Une autre idem au-dessous de Monte Prato.	

Bonaparte qui était à la Madona de Savone, où il était venu pour juger du mouvement ennemi, donna des ordres au Custode de ce sanctuaire, pour qu'on retirât les blessés, et la chapelle de Saint-Bernardo leur fut destinée. Voyant l'armée alliée éparse depuis la Boc-

(1) La disposition des troupes a été faite sur les plans de Monte Negino et Montenotte, sous la direction de M. Schouany, pendant que j'étais à la Grande Armée.

chetta au-dessus de Gênes, jusqu'au col de l'Altare, il se décida immédiatement après à attaquer toute la ligne ennemie et retourna à
Savone, d'où il donna les ordres nécessaires. La colonne Cervoni
vint dans l'après-midi même du 11 à la Madona ; le 12 au matin, les
alliés se disposaient à attaquer de nouveau. Le temps avait été très
nébuleux, il plut même pendant la nuit ; mais tout à coup l'hori-
zon s'éclaircit, et ce fut dans ce moment que les deux armées s'aperçurent, quoique les éclaireurs combatissent déjà depuis quelques instants. D'Argenteau fut tout étonné de voir, lorsque les brouillards lui
découvrirent le tableau de la position, dont il se croyait au moment
de s'emparer, que les Français avaient fort augmenté, et que, depuis
la redoute de Monte Negino, il y en avait de rangés sur la crête à la
droite du retranchement, jusqu'au petit torrent Lambruschi qui
va baigner Ellera, et qu'ils conduisaient de l'artillerie par ces rocs
escarpés. Les alliés avaient été disposés le soir par d'Argenteau,
sur Monte Prato. Le matin il y fit quelques variations, lorsqu'il vit
qu'il était au moment d'être attaqué. Une forte réserve avait été
placée derrière Monte Prato. Le bataillon de Pellegrini vint sur la
droite de cette montagne s'opposer aux troupes qui pourraient venir
par le flanc droit. Un demi-bataillon fut destiné à soutenir la retraite
et à s'opposer à Labarpe. Le bataillon de Preis fut placé, nous dit
M. d'Argenteau, sur le Mont Ceretto, un peu sur les derrières, dans
le but de couvrir son flanc gauche. (Il a été impossible de découvrir
aucune pointe de ce nom). On croirait au premier aspect, qu'il veut
parler de la chaîne des Apennins qui est au nord de Monte Negino ;
car c'est là qu'il devait attendre Lezeni, si son attaque eût réussi ;
et ayant manqué, ce qu'il doit supposer, dès qu'il ne l'aperçoit point
sur cette crête, il doit lui faire dire d'y envoyer un corps par une
autre route. Cependant, comme il dit d'ailleurs, que ce corps était
trop en arrière pour participer à l'attaque, que d'ailleurs il dit dans
le commencement, qu'il a fait marcher une division sur ce point,
d'où elle a chassé l'ennemi, il est difficile d'établir au juste la position du bric Ceretto. Une division du bataillon de Stein fut placée
sur la droite de Monte Prato, et faisait ainsi partie du corps qui
devait soutenir la retraite du maréchal d'Argenteau. Une autre, fort
en avant, sur des éminences avantageuses, où était aussi une compagnie de l'archiduc Antoine ; enfin une troisième division de Stein
sur ses derrières ; toujours dans le but d'assurer davantage le flanc
droit. On envoya l'ordre à la nuit au 3e bataillon de Terzi qui était
à Squaneto de venir se placer à la gauche sur le Castellazzo pour
renforcer la position sur les derrières du lieutenant maréchal ; enfin
trois compagnies de Giulay éclairaient plus en avant toute la position.

Attaque de Montenotte par les Français. — L'armée française fut
bientôt disposée à remplir le but que se proposait le général en
chef. Le général Laharpe, avec ses 6.000 hommes, partit à 2 heures après minuit de Savone, se réunit à la colonne de Cervoni de
4.300 ; dut venir par crête passer près de Maison Doria qui se trouve
sur le revers, et arriver à Monte Negino. Il y prit les troupes
du colonel Rampon, fortes de 900 hommes, non compris une
réserve de 700 hommes qu'avait reçue ce colonel dans la nuit,
avec quatre pièces de canon. Masséna dut réunir les troupes de Giu-
gliano, commandées par le général Ménard, à celles qu'il avait à
Cadibona. Ce général commandait la 18ᵉ et la 75ᵉ de ligne; cette
troupe bivouaqua au-dessus de Cadibona et fit partie des assaillants
de gauche, vint passer au Rastel, et suivit la crête des Apennins.
Il les conduisit par la crête au-dessous du Castellazzo. Masséna était
destiné à attaquer à l'instant où le général Laharpe commencerait
de front, et devait tourner l'ennemi par Montenotte inférieur. Les
Autrichiens étaient encore le matin tout près de la redoute de
Monte Negino, où une partie avait passé la nuit. La 32ᵉ, conduite
par le chef de brigade Rampon, qui s'était couvert de gloire la veille,
concourut encore puissamment aux succès de cette journée. Laharpe,
en commençant l'attaque, détacha une petite colonne pour tourner
l'ennemi par la droite, et à l'instant où se livrèrent les premiers
coups, Masséna qui était tapi sous le bric del Crovo, et que les troupes d'Argenteau, et ce général lui-même, venaient d'apercevoir, se
jeta sans tirer au pas de course sur l'ennemi. Il arriva sur lui à la
faveur des bois touffus, sans presque souffrir de son feu, et sema la
mort sur tous les points ; entoura et fit prisonnier tout ce qui était à
Ménau, au Castellazzo, et qui n'était pas tombé sous ses coups. Une
colonne française se jeta par le vallon de Ferriéra sur le hameau de
Montenotte inférieur, et enveloppa ce qui tentait de résister plus en
avant dans le vallon. Les premiers tirailleurs de la colonne y arrivèrent à l'instant même où la colonne ennemie commençait à déboucher,
mais après avoir tiré quelques coups de fusil sur eux, elle continua
sa marche. Deux compagnies qui étaient à la droite du Castellazzo,
où elles avaient été placées pendant la nuit, ne purent flanquer avec
succès la troupe établie sur ce point. Le chef qui les avait placées ne
connaissant point assez le site et étant arrivé de nuit, il leur fit prendre une position où elles étaient comme inutiles. Il s'en fallut très
peu que d'Argenteau ne fût lui-même fait prisonnier dans cette circonstance. Sa troupe réussit cependant ainsi que lui, à se retirer
sur Dego et Pareto par le fond de la vallée, passant à Ponte
Invrea et Mioglia ; il laissa lui-même un petit corps sur les hau-

teurs du château de ce dernier village pour mieux assurer sa marche.
Cette troupe, en se retirant, passa pour ainsi dire par les armes ;
jamais elle ne put réussir à s'emparer des hauteurs. Le corps
ennemi qui était à Ca dell'Isola sur les bords du ruisseau de Montenotte, dans le but d'appuyer la retraite et comme d'arrière-garde,
fut pris sans avoir pu faire le coup de fusil. Les Autrichiens perdirent beaucoup dans cette journée. Bonaparte, qui avait vu le combat depuis le hautain de Casabianca tout près de l'Altare, où il fut
conduit par le frère du curé, parut avoir un instant le projet, d'aller
jusqu'à Montenotte. Il est positif même, qu'il alla au moins au delà
du Palazzo della Sella ; là il s'égarait et prenait une mauvaise route ;
un moine dominicain l'en fit avertir, et presque au même instant il
reçut une ordonnance qui lui apprit le succès du combat ; il revint
bientôt à l'Altare, d'où il expédia des ordres à toutes les colonnes.
Il prit quelque chose, ainsi que quelques autres généraux chez
M Lodi, et repartit pour Carcare. L'intervalle depuis lequel on le vit
depuis les hauteurs de l'Altare parler au moine, jusqu'à celui où il
revint dans ce petit village, fut si court qu'on est encore dans le
doute s'il pût arriver sur le champ de bataille, vers lequel il avait
l'air de diriger ses pas.

Conjecture sur ces deux combats. — Les Français assurent avoir
été attaqués à Monte Negino par 15.000 hommes, et que l'ennemi
laissa le premier jour devant cette redoute 2 à 300 morts. Les Autrichiens prétendent qu'ils n'étaient que 3.000 hommes (d'Argenteau
dit confidentiellement, au moment de l'attaque, à un habitant de
Giusvalla, qui l'accompagnait, qu'il avait 3.700 hommes, non compris
le bataillon de Preis, placé sur le bric Ceretto, qui ne prit aucune part
au combat). Ils assurent que les Français en avaient 12 000. Ce
compte ne semble pas exagéré d'après ce qu'on a vu précédemment ;
mais il paraît positif que les Autrichiens n'avouent pas exactement
quelles étaient leurs forces. Quant à la perte de ceux-ci, d'Argenteau
dans son rapport du 14 avril, dit lui-même, qu'elle a été considérable. Un journal français, que j'ai entre les mains, l'a portée à 1.500
prisonniers. Pommereuil dans sa « Campagne du général Bonaparte », va beaucoup plus loin, et compte 1.500 morts, et 2.500 prisonniers. Il est impossible de décider maintenant sur la vérité de ses
assertions, mais il est probable qu'il existe, au dépôt de la guerre,
des données précises sur ces faits importants. Ce qu'on peut assurer,
c'est que les paysans portent beaucoup moins loin le nombre des
morts. Il est aisé de concevoir combien la fermeté du brave Rampon
dans le premier combat a été utile à l'armée, si on réfléchit qu'après
la prise de la redoute de Monte Negino, il était aisé à l'ennemi de

s'emparer de la ville de Savone, d'autant plus importante, que tous
les magasins de l'armée française y étaient réunis. Ils coupaient
d'ailleurs, par ce succès, toute retraite à Cervoni, et c'était le grand
but de Beaulieu.

Il paraît constant que d'Argenteau a attaqué mollement le premier jour, selon son usage ; s'il a eu des succès l'année précédente
contre l'armée républicaine, c'est que le général Kellerman n'avait
que 18.000 hommes pour garder la longue ligne d'Ormea à Savone,
et avait ordonné à tous les postes de ne pas se compromettre. D'Argenteau aurait dû, le premier jour, avec les forces qu'il avait à sa
disposition, et aidé par Rukavina, emporter la redoute de Monte
Negino. Les troupes au-dessus de Varaggio auraient été fort embar-
rassées ; et s'il eût été entreprenant, Cervoni aurait bien pu être
coupé. Qui sait même si Savone surprise ne fût point tombée en son
pouvoir. Mais attaquant mollement, voulant avoir un bataillon de
plus et deux pièces d'artillerie pour l'emporter le lendemain de vive
force, il aurait dû au moins couvrir mieux ses flancs, et jeter ses
éclaireurs plus en avant. Pourquoi aussi, ayant le but de l'emporter,
ne pas couper d'abord sa communication avec Savone ? Le soldat
qui a l'espoir d'un secours est bien plus rassuré. Il voulut bien, dans
le fort du combat, revenir prendre une position plus raisonnable ;
mais il est si difficile de manœuvrer sous un feu nourri, lorsqu'on a
pris une position mal entendue, et surtout poursuivi par des baïonnettes françaises ; aussi n'y parvint-il pas.

Beaulieu eut dû concerter son mouvement avec Colli ; ce dernier
pouvait paralyser aisément les forces de Masséna, celles de Laharpe
et celles de Joubert, en tenant ceux-ci en échec. Au contraire, Colli
ne fut point prévenu ; il n'apprit la défaite de Beaulieu qu'à l'instant
même où on l'attaquait à Cosseria. La célérité à la guerre, la décision
dans les coups qu'on veut porter, l'accord dans les forces à mouvoir,
sont les premières conditions pour obtenir des succès. D'Argenteau ne
possédait nullement les premières. Les coalitions, les chefs indépendants visent toujours séparément à la gloire, et on marche ainsi de
défaites en défaites. L'affaire de Monte Negino et de Montenotte sont
une preuve de la vérité de ces principes incontestables. Il a été extrêmement difficile dans ce pays, où on ne trouvait que des charbonniers
et des bûcherons, de réunir le peu de faits qu'on présente. Ceux-ci
confondent les époques ; la terreur leur a empêché de voir les choses
les plus simples. Ceux qui liront ceci doivent donc faire de nouvelles
recherches, et surtout ne pas apporter trop de confiance aux mouvements qu'on rapporte de l'ennemi.

Marche de l'armée française à la poursuite de l'ennemi. — Les divisions Masséna et Laharpe avaient été, le 11 et le 12, destinées seules à combattre ; l'ennemi, vaincu, s'était retiré et occupait derechef les positions de Dego, Cosseria et Montezemolo ; c'est contre celles-ci qu'il faut agir.

Bonaparte, qui a vu les succès de ces deux divisions, depuis la crête des Apennins, placé au nord-est de l'Altare, a décidé aussitôt leur mouvement. Il fait marcher Masséna sur les hauteurs de Cairo, avec ordre de s'emparer de Dego ; quelques éclaireurs de cette même colonne parurent déjà le 12 au soir, 2 heures avant le coucher du soleil, à Santa Lucia, au-dessus de la Rocchetta, et mirent en fuite 42 hussards autrichiens cantonnés dans ce village. Le 13, la troupe du général Ménard vint camper dans les prés au-dessus du château de la Rocchetta. De Cairo, Laharpe marcha le reste du jour par la crête, à l'ouest de Sassello, et le 12 au soir fut sur les hauteurs à l'est de la Rocchetta. Le but de cette marche fut d'empêcher aux secours, qui eussent pu venir par la gauche de l'ennemi, de se porter sur le point qu'on voulait attaquer. Il arriva le même jour ; il avait regagné par un à gauche les hauteurs qui forment la source du Pollovero. Il vint, par la route de Cianlasso, aboutir sur le massif de la montagne qu'on remarque entre la Rocchetta et Cairo, auprès de La Sellera. Il descendit de là par trois routes différentes, savoir : 1° celle qui passe plus au nord, par Cian, Bellin, et de là par la crête la plus saillante qui aboutit à la grande route d'Acqui à Savone. La 2e, passant un peu plus au sud, vint descendre à Rocca Pertusa. La 3e enfin, plus au sud encore, vint par la Madona del Bosco, sous les murs de Cairo. Le général Laharpe passa la nuit à la Fabrica, cassine, appartenant à la maison de Seyssel, située sur une petite éminence à 700 mètres environ au nord de Cairo ; et Cervoni, sur sa droite, se mit à l'abri dans la chapelle de Santo Francesco. La division Laharpe bivouaqua près de Rocca Pertusa, et Masséna passa la nuit dans la cassine du même nom.

Wukassovich, qui était plus à la gauche encore que Sassello, passa le 14, avec 4.000 hommes, par ce gros village ligurien, et se porta, malgré les précautions dont on vient de parler, sur Dego, passant par Mioglia. Il y eut les succès momentanés dont on parlera dans le mémoire destiné à rapporter les faits de cette bataille.

Le général Ménard s'est détaché derechef de Masséna et dirigé sur Biestro. Joubert, qui avait marché dans l'après-midi, en venant de Melogno et de Saint-Jacques, par la Madona, della Neve, Mallare et l'Altare, prit position le 26 germinal sur les brics de la Gratinera et de Quazzolo, où Augereau vint les rejoindre depuis Loano ; de là il fut dirigé sur la position de Sainte-Marguerite, au sud-ouest de Cairo.

Le général en chef vint accélérer lui-même, depuis Carcare où il avait passé la nuit, le mouvement des braves qui vont tenter de nouveaux succès et tâcher de séparer les deux armées coalisées.

Tableau de la position de l'armée autrichienne à l'attaque de Montenotte	OBSERVATIONS
NOMS DES CORPS ET LEURS POSITIONS 1. Une compagnie du régiment de l'archiduc Antonio et deux du corps franc Giulay placées sur Menau, forcées, se retirent, la première sur le bric Tavernin et les deux autres sur les brics dei Ronchi et delle Meuje.	Ces troupes, placées militairement, me paraissent trop en arrière, surtout les Croates : il est sûr qu'il y avait des troupes au bric del Crovo : d'ailleurs le rapport du lieutenant-maréchal d'Argenteau dit précisément qu'une division de Stein était 4 heures plus en avant sur son flanc droit, et que les trois compagnies de Croates étaient encore en avant de celles-ci. Si elles eussent fait la retraite qu'on a indiquée sur la carte, elles auraient pu empêcher, ou tout au moins fort disputer, l'entrée du vallon delle Meuje; dès qu'elles ne l'ont pas fait, il faudrait dire que, lorsqu'elles ont été sur ce point, elles se sont sauvées sans se battre, ce qui ne résulte d'aucun rapport : mais quant à leur première position, elle se trouve en arrière du bataillon de Stein, et le rapport du lieutenant-maréchal paraît l'annoncer.
2. Une compagnie du corps franc Giulay sur le plan delle Pecore.	Elle eût fait fort sagement de se retirer sur la fontaine dei Ronchi. Le rapport nous dit précisément qu'elles étaient en avant de toute la disposition si elle eût été où on la suppose ; il semble que la troupe attaquée par Masséna ne put prendre aucune disposition, il ne lui en donna pas le temps. Il n'y eut que les corps en arrière et près de Monte Prato qui purent prendre quelque espèce de dispositions, parce que le corps qui attaquait de front attaquait à dessein avec moins de rapidité : d'ailleurs ils étaient immédiatement sous les yeux du général, et sur ces points il existe toujours plus d'ordre.
3. Un corps de trois cents hommes du bataillon de Stein dans les prés à gauche de la Ca delle Traversine.	Cette division (il paraît que ce corps fut séparé en trois divisions) eût encore été placée d'une manière avantageuse, si ce n'est pas pour elle, au moins relativement à l'ensemble ; sa retraite eut le même but que celui qu'on attribue aux corps précédents ; mais il faut observer que le maréchal d'Argenteau nous le donne comme étant à 4 heures de lui, cela peut être un peu outré si l'on veut, mais il est probable que c'est au moins le corps le plus loin de la position de Monte Prato ; et comme les Autrichiens étaient sans doute le matin de l'attaque au bric del Crovo, il n'y a, ce me semble, pas de doute que ce ne fût, ou ce bataillon qui y était placé, ou tout au moins

Tableau de la position de l'armée autrichienne à l'attaque de Montenotte (suite)	OBSERVATIONS
NOMS DES CORPS ET LEURS POSITIONS	

les Croates qu'il dit avoir jetés en avant de toute la disposition. Si on ne le considérait même que sous les rapports militaires, le bric del Crovo devait être choisi de préférence à tous les autres points saillants, car par le prolongement à l'ouest de celui ci, on barrait jusqu'à la vallée de Ferranieta, et on est très loin d'avoir un semblable avantage sur Menau.

4. Un bataillon (le troisième de Terzi) au Préalin sur le Castellazo où il est entièrement défait après s'être battu pendant quelque temps.

Il est à remarquer que d'Argenteau dit sur la gauche du Castellazzo, et le Préalin serait en avant et point sur la gauche ; nous ne pouvons avoir aucun doute dans cette circonstance sur ce qu'il appelle sa droite ou sa gauche, car il nous dit que le Castellazzo est derrière lui ; le Castellazzo eût été sans doute la première position sur laquelle on eût dû placer une réserve, mais je croirais que ce corps, qui arriva de nuit, se plaça plutôt dans le Pra della Crava, qui est à la gauche du Castellazzo, et qu'il monta sur la sommité en même temps que le corps de Masséna. Ce dut même être une des raisons de sa propre défaite car, n'ayant pas pris de dispositions, il dut être battu en détail et avec cet avantage qu'a toujours l'assaillant sur son ennemi.

Cette division bien placée encore pour le but général, puisqu'elle était sur la crête des Apennins, dut, si elle se défendit, comme on le dit, n'avoir plus le loisir de se porter sur le Castellazzo, mais se précipiter dans le vallon de Montenotte. Son emplacement paraît d'accord avec le rapport du lieutenant-maréchal. (Il paraît avoir divisé ce bataillon en trois divisions dont une fort en avant, et que je suppose au bric del Crovo ; une autre à Menau devant Terzi qui, attaquée fort en nombre, est obligée de céder le terrain et découvre Terzi. Enfin une troisième à Porazzin qu'il porte pour deuxième position à la droite de Monte Prato pour soutenir la retraite, d'autant plus qu'elle était en arrière et ne pouvait être attaquée, comme il nous le dit, ainsi que le bataillon Pellegrini qu'il porta à la droite de Monte Prato, la deuxième eût pu voir dans le vallon Psigni une colonne au moment de tomber sur son flanc droit ; les troupes au bric del Crovo, menacées du même danger, se seraient retirées sur elles, et, combattant faiblement, auraient augmenté la confusion parmi les troupes de Menau ; il est probable que le général ne les nomme pas précisément, parce qu'il n'a pas été satisfait de leur conduite, et il est

5. Un corps de 300 hommes du bataillon de Stein sur le bric Porazzin ; ce corps fit des prodiges, mais il fut obligé de faire retraite.

Tableau de la position de l'armée autrichienne à l'attaque de Montenotte (suite)	OBSERVATIONS
NOMS DES CORPS ET LEURS POSITIONS	

d'autant plus probable qu'une colonne française a pris cette route que d'Argenteau, dans l'erreur sur sa marche, paraît dire qu'elle venait de Carcare où les Français n'étaient point encore, et il ne pouvait supposer que celle qu'il vit lui-même sur la crête des Apennins vint d'ailleurs que de Cadibona et du Rastel où il est impossible qu'il ne sût pas qu'était l'ennemi.

6. Un bataillon d'Alvinzi sur le bric Saint-Giorgio, se retire sur Montenotte inférieur, après avoir tenté de porter secours au bataillon de Terzi qui se battait au Castellazo et à la Cassinassa.

Ce bataillon, qui faisait partie du corps d'attaque de Monte Negino, se trouvait très à portée du lieutenant-maréchal, il est tout simple qu'il ait dû marcher le premier au Castellazzo, point fort important; il est encore tout simple que celui-ci se soit mis à sa tête; il abandonnait ainsi d'une manière honorable une position qui, à chaque moment, devenait plus périlleuse, et il est impossible qu'il n'en jugeât pas ainsi, ayant l'ennemi en face et sur ses derrières, mais, n'ayant pu parvenir à son but, il a dû se retirer par le vallon, comme il nous le dit lui-même, car il dit précisément qu'il ne put avancer et dut revenir sur ses pas; il ne put conséquemment suivre le contrefort de la Cassinassa et dut, après avoir fait un instant bonne contenance sur le col, se retirer par le fond du vallon. Ce mouvement même dut être prompt lorsqu'il vit le Castellazzo au pouvoir de l'ennemi. On sait d'ailleurs par d'autres rapports que ce fut un des corps qui perdit beaucoup.

7. Un régiment de l'archiduc Antoine divisé en deux bataillons, l'un placé sur Monte Prato, l'autre à Naso di Gatto. Ce dernier n'eut pas le temps de se retirer et fut fait prisonnier.

Il est tout simple que ce régiment, attaqué de front par Laharpe et ayant derrière lui Masséna qui eut un succès complet, n'ait plus de ressources pour faire retraite, il y avait trois bataillons hongrois sur Monte Prato. Le lieutenant-maréchal d'Argenteau le dit expressément.

Il paraît hors de doute qu'il n'y eut jamais de bataillon au bric Cialer; par le fait il eût été fort utile, mais lorsque le général d'Argenteau parle du bric Ceretto sur ses derrières et sur sa gauche, on croirait d'abord qu'il a voulu parler de quelque butte de la grande chaîne dont il a dénaturé le nom, comme il le fait presque toujours dans la suite de son

Tableau de la position de l'armée autrichienne à l'attaque de Montenotte (suite)	OBSERVATIONS
NOMS DES CORPS ET LEURS POSITIONS	
8. Un bataillon de Preis sur le bric Ciafer.	rapport. Le bric Sineur paraîtrait même au premier abord pouvoir être celui qui combinerait davantage avec les faits. Comme les paysans l'appellent dans leur patois Seneura, ce mot n'est pas fort éloigné du nom employé par le lieutenant-maréchal qui dit dans le commencement en avoir débusqué l'ennemi qui n'était et ne pouvait être sur le bric Ciafer lors de la première attaque; il nous dit aussi que ce bric est à gauche et sur ses derrières ; mais sur la fin il dit que la troupe qui l'occupait était trop en arrière pour avoir pu prendre part au combat, et dès lors ce fait ne combine plus avec le bric Sineur. Il paraît qu'on ne s'est décidé à placer ce corps sur le bric Ciafer que parce qu'il en sort un petit ruisseau qui porte le nom de Ceretto. Il est aussi très sûr que l'ennemi, au moment de la première attaque, n'était que sur la pente méridionale des Apennins sur les sommités du col de Montenotte. J'ai du reste parlé au guide qui conduisit un piquet de 8 à 12 hommes sur Ciafer, c'était un prêtre ; il ne vit point l'ennemi ; il n'y aurait point même été, m'a-t-il dit, s'il y avait eu la moindre probabilité de l'y rencontrer.
9 Un corps de 200 Autrichiens à Ca dell Isola où on les fit prisonniers. Ces deux derniers corps étaient destinés à protéger la retraite de l'armée sur Dego et Pareto.	Ce fait est positif et assez naturel. Le chef devait s'occuper de rallier les fuyards; il devait soutenir la retraite et conséquemment atteindre l'ennemi de front ou voir les hauteurs de droite et de gauche au pouvoir des Français. Le hameau de Montenotte inférieur fut à eux avant même qu'ils furent maîtres de ce contrefort sur lequel est la Cassinassa et jamais (chose assez singulière) ils n'avancèrent par le contrefort, quoiqu'on fût tenté de le croire, lorsque le général ennemi dit qu'on tirait sur eux par la droite et par la gauche ; mais j'ai parlé à plusieurs individus qui suivirent cette crête très tranquillement pour échapper aux assaillants ; il ne lui resta donc aucun moyen de retraite. On n'a pu savoir de quel bataillon était ce petit corps, mais il est probable qu'on avait placé quelques volontaires
10. Batterie d'une pièce à Naso del Gatto. 11. Un petit corps	Il n'est question ici que d'une pièce où il y en avait deux, comme on peut le voir, légende de Monte Negino ; une à Naso de Gatto, une au dessous de Monte Prato ; ces pièces, pour l'attaque de la redoute furent placées trop en arrière et ayant fait partie de l'autre

Tableau de la position de l'armée autrichienne à l'attaque de Montenotte (suite et fin)	OBSERVATIONS
NOMS DES CORPS ET LEURS POSITIONS d'artillerie destiné au service de cette pièce. 12. On a oublié dans ce tableau le bataillon Pellegrini qui, comme on l'a dit plus haut, était sur la droite de Monte Prato avec une des trois divisions de Stein.	légende ne devraient plus être reportées dans celles-ci, non plus que les derniers corps. Ces deux affaires n'en doivent faire qu'une pour les bien entendre, autrement il est aisé à un lecteur peu attentif de faire des doubles emplois.

Quant à moi j'y substituerai plus volontiers la légende suivante ; elle est sans doute moins instructive mais elle me paraît plus conforme aux faits.

Le lieu du rendez-vous général est la cassine Garbazo.

DISPOSITIONS DU 12 GERMINAL

D'Argenteau

1. Régiment de l'archiduc Antoine.	Une division s'empare de Ceretto en en chassant l'ennemi ; une compagnie est placée presque quatre heures en avant sur la droite.
Les Hongrois partent de Pareto et Mioglia.	3 bataillons hongrois commandés par Nezlinger sont placés le 12 au matin à Monte Prato pour soutenir la retraite ; ils y sont attaqués très vivement.
1 bataillon d'Alvinzi.	Conduit par d'Argenteau vers Monte Castellazzo au secours de Terzi, ne peut avancer et retourne en arrière, le bataillon de Terzi étant déjà, à l'arrivée du général, dans une déroute complète.

Rukavina

	1re division en avant du flanc droit du lieutenant-maréchal (bric del Crovo).
	Plus en arrière, la 3e division de Stein toujours sur le flanc droit (bric Menau).
1er bataillon de Stein	Ce fut probablement celle qui envoya l'avis que les Français paraissaient sur la droite ; il paraît aussi que ce fut aussi celle qui fut entourée et que, dans le même moment, l'ennemi

parti de Dego avec Ruka-vina.	se porta rapidement sur Monte Prato. Courant un grand danger elle se retira et laissa le 2e bataillon de Terzi, et aussitôt les Français se portèrent sur le revers de Monte Prato ; 1re division de Stein à Porazzin ; il paraît que ce fut celle que d'Argenteau porta le 12 au matin à la droite de Monte Prato pour soutenir la retraite des corps qui étaient plus en avant.
Bataillon de Pellegrini.	Part de Cairo, ne pouvant être attaqué, est porté le matin du 12 sur les hauteurs à la droite de Monte Prato avec un demi-bataillon pour soutenir la retraite des corps qui étaient plus en avant. Dans la journée du 11, ce bataillon avait attaqué Monte Negino avec courage. Son chef le lieutenant-colonel Habbeyn y fut blessé.
3 compagnies du corps franc.	Partent des environs de Dego en avant de la 1re division de Stein et de la compagnie de l'archiduc Antoine éclairant les vallons.

Dans la nuit

1er bataillon de Preis envoyé par Lezeni.	Au bric Ceretto ; d'Argenteau dit que ce corps était tellement en arrière qu'il ne prit point part au combat.
3e bataillon de Terzi.	Vient de Squaneto, à la gauche de Castellazzo derrière la position du lieutenant-maréchal : il est attaqué sur le Castellazzo et y est presque défait. Jamais les Autrichiens ne purent gagner les hauteurs ; ils se retirèrent par le fond de la vallée sur Ponte Invrea, Mioglia et Pareto.

Il est extrêmement délicat d'écrire sur une affaire dont un autre officier avait disposé les troupes sur la carte, mais j'y ai été forcé par devoir. Sans doute celui qui en a été chargé aura pris autant de soins que moi ; n'importe, nous ne sommes pas absolument d'accord sur les dispositions données par l'ennemi. J'ai eu, pour me conduire en parcourant les sites, la relation même de M. le lieutenant maréchal d'Argenteau et plusieurs d'officiers français. J'ai corrigé, sur le site même, les erreurs de noms dont la relation autrichienne fourmille. Si, par hasard, j'en ai commis moi-même dans cet écrit, une copie de ce même rapport sera un fil de plus pour ceux qui voudront suivre le labyrinthe que j'ai eu à parcourir. Je ne me suis pas même permis de le traduire dans notre langue, afin que le lecteur puisse mieux juger par lui-même. Il faut si peu pour ramener à son sens, en traduisant une phrase louche, et si tout fut parfaitement clair, il ne pourrait y avoir aucun doute.

Le chef d'escadron dirigeant le levé des champs de bataille de Sa Majesté l'Empereur,

MARTINEL.

Rapport officiel (1) des faits d'armes des 11 et 12 avril aux monts Castellazzo et Prato, aux environs de Montenotte, sous le commandement du lieutenant-maréchal d'Argenteau.

Pareto, le 14 avril 1796.

A la suite des ordres donnés pour prendre l'offensive et attaquer la position ennemie de Montenotte, voici les dispositions de marche prises par le lieutenant maréchal d'Argenteau, chef de ce corps, dispositions prises oralement, de concert avec le général Rukavina, dont il devait retrouver les troupes près du ravin de Garbazo. Le lieutenant-maréchal se mit en route le 11, à 3 heures du matin, avec le régiment archiduc Antoine et un bataillon d'Alvinzi ; il partit de Pareto et de Mioglia. De son côté, le général Rukavina partit de Dego avec un bataillon de Stein ; il ordonna également au bataillon Pellegrini, qui était à Cairo, et à trois compagnies du corps franc de Giulay qui se trouvaient près de Dego, de le rejoindre au ravin de Garbazo. Le général Rukavina y arriva le premier et dès que la colonne du lieutenant-maréchal d'Argenteau déboucha, il attaqua aussitôt les postes avancés de l'ennemi. Le lieutenant-maréchal s'avança alors le plus loin possible, détacha une division du corps de l'archiduc Antoine et essaya de s'emparer des positions. Il réussit facilement à chasser l'ennemi des hauteurs de Ceretto ; l'ennemi, chassé de hauteur en hauteur, fut acculé jusqu'à son camp de Monte Negino. Les nôtres, encouragés par le succès et leur courage, attaquèrent même cette hauteur et s'emparèrent de la ferme située à une portée de pistolet du réduit principal de l'ennemi. Mais les troupes ennemies, chassées du Mont Prato, accoururent à leur secours ; l'ennemi, renforcé de cette façon, fit une triple décharge contre les nôtres, les empêchant de prendre les deux réduits supérieurs, bien qu'ils eussent renouvelé l'assaut par deux fois. La plupart des offi-

(1) Joint à la relation de Martinel ? et traduit de l'italien.

ciers qui les conduisaient furent tués ou blessés dans ces assauts contre les redoutes ; la bataille cependant se prolongea encore jusqu'à la
nuit. Voyant cela, le lieutenant-maréchal, qui commandait les
troupes, les disposa en plusieurs lignes, l'une derrière l'autre, sur le
Mont Prato où elles passèrent la nuit sous les armes. Au milieu de la
nuit on ne savait encore rien de l'issue des attaques sur Voltri ;
aucune nouvelle non plus du colonel Wukhassovich et du lieutenant-
colonel Lezeni, qui tous les deux faisaient fonctions de brigadiers et
qui s'étaient avancés avec quatre bataillons par Ciasumo : le lieutenant Foith, de l'état major, fut alors expédié au lieutenant-colonel
Lezeni, avec ordre pour celui-ci d'envoyer un bataillon et même
deux, s'il pouvait, sur la gauche de Ceretto pour couvrir le flanc gauche d'Argenteau. Dans la même nuit, un bataillon occupa le mont
Ceretto En même temps ordre fut donné au troisième bataillon de
Terzi, qui se trouvait à Squaneto, de s'avancer à gauche sur le mont
Castellazzo, derrière la position d'Argenteau, pour arrêter l'ennemi,
si, par aventure, celui-ci venait du côté de Carcare, Madona del Monte
ou Cadibona. De plus, un bataillon de Stein fut posté à quatre heures
de chemin en avant du flanc droit d'Argenteau ; une compagnie du
corps de l'archiduc Antoine, un troisième détachement de Stein
eurent également pour mission d'assurer la sécurité du même flanc
droit. Tous ces corps occupaient des hauteurs avantageuses; en avant
d'elles il y avait encore trois compagnies de Giulay qui constituaient
des corps avancés et faisaient des patrouilles

A dix heures du soir exactement s'éleva un brouillard épais qui
cacha aux nôtres les feux des ennemis ; et vers trois heures du matin,
le 12, tomba une pluie diluvienne. A la pointe du jour le brouillard
était encore si épais qu'il fut absolument impossible aux nôtres de
découvrir les positions ennemies. Le soleil parut entre huit et neuf
heures du matin ; il nous permit de voir sur Monte Negino l'ennemi
au nombre de 4.000 hommes à peu près.

Le commandant autrichien ayant observé que l'ennemi montait à
bras des canons sur la hauteur, ordonna aussitôt la retraite à ses
postes avancés qui devenaient ainsi exposés au canon de l'ennemi ;
mais à peine la retraite était-elle commencée que nous fûmes avertis
par le chef de la division Stein qui se trouvait beaucoup en arrière
de nous, que l'ennemi en grand nombre marchait contre notre aile
droite. D'autres avis uniformes vinrent en même temps que cette
nouvelle : l'ennemi, au nombre de cinq à six mille hommes, venait
de Cadibona sur Carcare et avait déjà fait beaucoup de progrès Tout
cela, je le vérifiai de mes yeux. Le lieutenant-maréchal Argenteau
ordonna alors la retraite pour éviter d'être entouré. Les bataillons

furent disposés dans l'ordre suivant : Stein et Pellegrini qui ne pouvaient être attaqués les premiers, reçurent l'ordre d'occuper les hauteurs situées sur la droite du mont Prato, avec une division et un demi-bataillon, à seule fin qu'il y eût toujours un corps formé en ordre de bataille pour soutenir et recueillir les troupes qui se retiraient de position en position ; un autre corps de trois bataillons fut disposé de la même façon sur le mont Prato. On espérait ainsi pouvoir gagner le mont Castellazzo. L'irruption de l'ennemi commença bientôt après ; la dernière division de Stein qui se trouvait en avant du 3e bataillon de Terzi fut assaillie par un nombre excessif d'ennemis ; les autres divisions qui se trouvaient sur les pentes du mont Prato ne tardèrent pas aussi à être attaquées à leur tour.

Les troupes firent tous leurs efforts pour résister à l'ennemi ; nous devons admirer, dans un moment si critique, le courage et la présence d'esprit du lieutenant-colonel Nezlinger qui les commandait. Malgré tout cela, la division Stein, noyée par le nombre des assaillants, fut obligée de se retirer. L'ennemi attaqua alors aussitôt le 3e bataillon de Terzi à Castellazzo, et avec une telle supériorité que ce bataillon fut presque détruit. A la première décharge de l'ennemi sur son arrière-garde, le lieutenant-maréchal Argenteau accourut à la tête du bataillon d'Alvinzi, à travers les fossés et les buissons de la vallée de Montenotte et du mont Prato pour gagner Castellazzo, soutenir le bataillon de Terzi et attaquer, si les circonstances s'y prêtaient, l'ennemi dans son mouvement ; mais avant l'arrivée du bataillon d'Alvinzi, le bataillon de Terzi avait déjà dû céder le terrain ; et l'ennemi, qui avait déjà fait beaucoup de progrès, attaqua le bataillon d'Alvinzi, lui tua beaucoup de monde, l'obligeant à reculer et à se réunir au reste de la colonne qui se retirait au milieu du feu qui la gênait de tous côtés. C'est en vain qu'on chercha à arrêter l'ennemi en lui opposant diverses troupes. Les nôtres, ne pouvant plus gagner Altare, furent obligés de se retirer carrément sur Mioglia et Pareto où ils purent arriver brisés de fatigue. Nos hommes, pendant 40 heures, avaient marché 14 heures, grimpé pendant 18 heures et étaient restés sous les armes, exposés au brouillard et à la pluie.

Au dire des paysans et des déserteurs, l'ennemi ne comptait pas moins de 15.000 hommes ; mais les nôtres ne pensent pas qu'il en ait plus de 11.000. Les troupes autrichiennes qui prirent part à l'affaire n'arrivaient même pas à 3.000 : on ne compte pas parmi elles le bataillon Preis qui, se trouvant beaucoup plus en arrière, n'eut pas occasion de combattre. Nos pertes ont été nombreuses ; mais on ne peut encore les préciser, parce que, chaque jour, on retrouve des hommes que l'on croyait perdus. Les pertes de l'ennemi doivent aussi être considérables, parce que nos troupes ont combattu avec beaucoup de valeur. Un officier ennemi a été fait prisonnier avec quelques hommes. Tout le monde a fait son devoir de notre côté ; il faut cependant citer avec éloge :

Le général Rukavina qui dirigea la première attaque ; lorsque l'ennemi vint nous attaquer de Monte Negino, il se porta de sa personne, le repoussa et fut blessé.

Le colonel Adorian d'Alvinzi qui se donna beaucoup de mal pour animer et soutenir le courage de ses soldats ; il se conduisit avec grande intrépidité..... (1).

Au quartier général de Pareto, le 14 avril 1796.

(1) On a supprimé les citations d'officiers.

II

Mémoire sur la bataille de Dego (1)

.... A la suite des batailles de Monte Negino et de Montenotte les Autrichiens, après avoir perdu leurs positions et une partie de leurs troupes, se retirèrent à la hâte en partie sur Dego et en partie sur Pareto où Argenteau alla établir son quartier général. Les premiers au nombre de 1.500 hommes trouvèrent en arrivant à Dego les régiments de la marine et de Montferrat qui y étaient depuis le jour de l'attaque de Montenotte. Ils occupèrent les deux ou trois jours de repos qu'ils eurent dans cette occasion, à préparer les places où ils étaient dans l'intention de placer de l'artillerie et à se fortifier sur les brics della Sella, del Poggio, del Groppo, dei Magliani et Casan. Sur ce dernier ils construisirent une petite redoute élevée en pierres et dépourvue de fossés de manière qu'elle était plutôt un abri contre les coups que les Français pouvaient leur porter, s'ils venaient attaquer cette position. Elle devait aussi servir à défendre l'approche du bric Rosso et de la crête qui monte à cette hauteur.

Sur le bric del Poggio ils élevèrent quelques retranchements afin de défendre le chemin principal de Spigno en cas qu'on vînt les attaquer de ce côté, et au-dessous de ceux del Groppo et dei Magliani ils en formèrent d'autres qui battaient le chemin dei Gerini. La partie sud de la montagne sur laquelle ils avaient formé leurs retranchements est totalement couverte dans la sommité de vignes, et la partie nord de quelques bois clairs qu'ils firent tailler à cent mètres de rayon autour de la redoute. Cette montagne qui fait suite à la crête principale des Langhes, a aussi un contrefort beaucoup moins élevé sur l'extrémité ouest duquel est bâti le hameau du château qu'ils ne jugèrent point à propos de défendre.

Les Français, après la bataille gagnée de Montenotte, descendirent

(1) Par Bentabole.

au Carcare où le général en chef Bonaparte plaça son quartier général et marchèrent ensuite au château de Cosseria qui était alors un point fort et important à enlever.

L'ennemi s'occupa pendant ce temps aux divers travaux dont on vient de parler précédemment, et se contenta de faire circuler quelques patrouilles dans les environs. Dans une de leurs tournées, l'une d'elles rencontra le matin du 12 avril 1796 un petit convoi de quatre mulets chargés de deux petites pièces de canon, de leurs munitions et ustensiles, escorté de plusieurs soldats français dont quelques-uns perdirent la vie dans la fusillade qui eut lieu dans cette occasion. Les autres, en trop petit nombre pour résister à l'ennemi, abandonnèrent les deux petites pièces de canon dont il s'empara et qu'il conduisit ensuite à Dego.

Le général Rukavina qui y était retenu à cause d'une blessure qu'il avait reçue à une épaule les jours précédents à la bataille de Montenotte, voyant que les Français se préparaient à attaquer cette nouvelle position, dans laquelle il n'était d'aucune utilité, laissa ce commandement au comte Avogadro, colonel du régiment de la Marine, et à un lieutenant-colonel d'artillerie qui avait été envoyé par le général Argenteau, et partit pour Acqui.

Le lieutenant-colonel d'artillerie s'occupa de suite à disposer de la manière suivante dix-huit pièces de canon qu'il possédait.

Savoir : sur le bric Casan à l'ouest de la redoute, sur un petit plateau, qu'il avait fait construire, il en fit placer trois qui étaient destinées à défendre l'approche du bric Rosso, et la plaine entre Saint-Roch et la Madona de la Pième. Sur le bric dei Magliani deux autres pièces devaient battre le bric Santa Lucia ; sur le bric del Groppo deux pièces de canon devaient tirer, l'une sur le chemin de Spigno et l'autre du côté de la Costa ; deux enfin, l'une sur le bric del Poggio, et l'autre sur celui de la Sella croisaient sur le chemin qui, de Gerini, conduit au village de Dego. Ces neuf pièces formaient les batteries supérieures de cette position. Un nombre égal composait les inférieures savoir : deux de celles-ci placées au-dessous de Magliani dans un pré un peu plus à l'ouest que le détour que forme le chemin qui, de ce hameau, conduit à celui de la Costa ; une seule placée au-dessus de cette dernière bourgade rasait le contrefort où fut élevée la maison dei Pilotti. Trois autres placées en avant de la Cassinassa défendaient le bric de Santa Lucia et la plaine en avant de Polovero. Deux pièces de canon au-dessous du bric Magliani étaient braquées sur le chemin de Gerini, qu'elles devaient défendre au point où il tourne dans cet endroit, ainsi que la crête qui monte au bric del Poggio ; enfin une petite pièce avait été pointée sur le passage du torrent Polovero, et était masquée par la muraille de la petite maison située au-dessus du grand chemin à l'extrémité ouest du hameau du château, par la fenêtre de laquelle elle tirait.

Le colonel Avogadro envoya un des bataillons de son régiment sur le bric Rosso, un autre allemand fut destiné à occuper le petit vallon formé au midi des brics Groppo et del Poggio, pendant qu'un piquet de ces derniers était placé au bric Marco. Il détacha aussi cent hommes du corps franc de Giulay et quelques soldats du régiment de la marine qu'il envoya au château afin de le défendre. Ceux-ci formèrent une petite garde avancée dans l'endroit où tourne le chemin qui descend dans la plaine.

A peine ces dispositions étaient-elles données que, sur les 2 heures après-midi de la journée du 13 avril, l'armée française au nombre de 15.000 hommes environ, s'avança jusqu'à la Rocchetta où elle se partagea en trois colonnes. Celle de droite qui n'était composée que de 3.000 hommes, commandée par le colonel Rondeau descendit dans le vallon de Polovero qu'elle remonta par les sentiers du bric Lolé et la côte de Casteirolo et s'avança du côté de Gerini. Celle du centre prit le grand chemin de Dego et s'arrêta au Coletto où le général Masséna ordonna de tirer un coup de canon (1). Environ 1.000 hommes descendirent dans la plaine à l'embouchure du torrent Polovero et quelques tirailleurs parurent jusqu'à la sommité du bric Santa Lucia et près de la Casa Bottino en avant de Vermenano. On assure aussi que plusieurs officiers d'état-major étaient parvenus jusqu'au bric Santa Lucia duquel, avec les lunettes qu'ils avaient apportées avec eux, ils remarquaient les dispositions et estimaient les forces de l'ennemi. Pendant ce temps, la colonne de gauche avait longé la Bormida afin de trouver un site commode pour la traversée et était arrivée jusqu'à Vermenano où elle tenta de guéer la rivière; mais le feu continuel que l'artillerie faisait sur ce point, et qui avait été excité par le coup de canon tiré du Colleto, l'empêcha d'exécuter cette traversée, et la força de rétrograder jusqu'au pont de la Rocchetta où elle passa sur la rive gauche de la Bormida; elle s'avança par le Pianale jusqu'auprès de Sopravia. L'ennemi qui l'attendait et se croyait attaqué, faisait un feu vif qui découvrait les points plus faibles par où on devait l'attaquer. Après deux heures de fusillade qui coûtèrent la vie à plusieurs Français, l'armée se retira derrière le Colleto et de là à la Rocchetta, et passa la nuit sur les hauteurs qui dominent ce village.

_____

(1) On a su depuis du général Masséna même, que son intention était de découvrir par ce moyen le point où l'ennemi avait son artillerie.

Les alliés la passèrent sous les armes.

Bonaparte qui, pendant cette journée, était venu jusqu'au Coletto pour voir quelles étaient les dispositions de l'ennemi, remarqua la position imposante de Santa Giulia, et s'informa si les Autrichiens avaient eu soin de la fortifier. Sur l'assertion de plusieurs paysans qui lui dirent qu'elle ne l'était pas, il envoya un détachement chargé de s'en assurer, et conclut que, d'après une telle faute, l'ennemi ne pouvait résister longtemps.

Le 14 avril, sur les 2 heures après-midi, les Français, dans le même ordre, se partagèrent en trois colonnes pour venir attaquer Dego. Celle de droite, commandée par le colonel Rondeau, prit le même chemin que le jour précédent et vint assaillir l'ennemi du côté sud-est par le chemin qui vient de Gérini où elle était passée ; elle se divisa en deux parties, et environ 1.200 hommes allèrent s'emparer des hauteurs qui dominent le grand chemin de Spigno du côté de la région dei Pini (1), afin de couper toute retraite à l'ennemi et d'arrêter tous secours qui pouvaient lui parvenir de ce côté.

La colonne du centre commandée par les généraux de brigade Menard et Robert, et forte d'environ 4.000 hommes, prit la grande route du Château ; et la colonne de gauche qui était composée de 5.000 à 6.000 hommes, et était commandée par le général de division Masséna et par les généraux de brigade Causse, Monnier et Lasalcette traversa la Bormida sur le pont de la Rocchetta, et vint guéer cette rivière près du pré Marenco, où elle la passa pour monter du côté du bric Rosso et del Piano. Cette dernière qui était la plus forte de toutes, avait avec elle une grande partie de la cavalerie. Quelques tirailleurs traversèrent aussi la Bormida près de l'embouchure du Polovero où ils essuyèrent un feu terrible de la part des Austro-Sardes, qui faisaient jouer leur artillerie dont quelques pièces avaient été placées derrière les maisons de Magliani, qui étaient les mêmes qu'ils avaient, peu de temps avant l'attaque, retirées de la Cassinassa, et celle qui était braquée dans la petite maison à l'extrémité ouest du Château.

Arrivé dans la plaine del Piano, le général Masséna les fit ranger en bataillon carré entre le Pré de la Rivière et la chapelle Saint-Roch, afin de donner le temps à ceux qui traversaient l'eau de rejoindre le reste des troupes pour marcher en masse à l'attaque. L'ennemi, qui s'aperçut de cette manœuvre, détacha une pièce de canon de celles

---

(1) Ce site ne se trouve point sur la carte du champ de bataille de *Dego*, mais est cependant très près du bric Catel car on remarquera à l'est une enclave de l'espèce d'arbres dont cette région tire son nom.

qui étaient derrière les Magliani, afin de la venir placer sur l'extrémité du Château, et de ce point de battre de flanc la colonne française. Mais celle qui avait pris le chemin du château leur ôta le moyen d'exécuter leur projet : car arrivée déjà à la sommité, à laquelle elle était montée par les différents sentiers qui y conduisent, elle battit vigoureusement les troupes qui voulurent arrêter leur marche, et en fit un grand nombre prisonniers, parmi lesquels on remarquait le capitaine de la compagnie du corps franc et l'officier qui commandait les soldats de la marine. Elle rencontra au-dessous du bric Marco la pièce de canon que l'ennemi avait détachée, mais les soldats qui l'accompagnaient l'abandonnèrent et se retirèrent sur le bric Marco, où ils rejoignirent le petit corps d'Autrichiens qui le défendait, et qui ne tarda point à se retirer sur le Magliani. La fusillade fut de part et d'autre très vive, ce qui anima les Français qui massacrèrent quelques soldats de Giulay qui étaient pris de vin qu'ils avaient dérobé dans les cassines environnantes.

La colonne de droite qui était passée au Gerini, attaqua vivement du côté du bric del Poggio et della Sella qu'ils assaillaient de toutes parts malgré le feu continuel de l'artillerie et du bataillon autrichien qui était dans le petit vallon dont on a parlé. Ceux-ci, après quelques décharges, se retirèrent sur le Magliani.

La gauche, en passant à Sopravia, avait établi une batterie de trois pièces de canon de 8 sur la rive de la Bormida d'où elle battait avec succès la redoute dei Magliani. Mais l'une d'elles fut démontée par la première volée de canon que tira l'ennemi. Une seconde batterie avait été laissée dans un pré sur la rive gauche du Polovero, elle était composée de deux pièces de canon, mais leur éloignement considérable empêchait qu'elles fussent d'un grand préjudice à l'ennemi.

La gauche était déjà arrivée sur la sommité du bric Rosso que l'ennemi défendait avec acharnement, mais que les troupes qui y étaient placées avaient déjà abandonné, et s'étaient retirées derrière la redoute. Les Français marchèrent aussitôt sur cette redoute d'où partait un feu meurtrier qui tuait un grand nombre de ceux-ci. L'ennemi forcé jusque dans ses retranchements se défendait encore derrière les maisons de Magliani, mais forcés sur tous les points, ils évacuèrent sur le soir toutes leurs positions, et tentèrent de prendre la fuite ; mais les Français, qui étaient déjà arrivés sur la sommité de Magliani, en firent prisonniers la plus grande partie ; ceux qui échappèrent se précipitèrent dans le ruisseau de Cassinelle afin de gagner ensuite le chemin de Spigno et de Pareto ; mais la cavalerie, qui était descendue dans ce vallon, chargea les fuyards, dont peu échappèrent au feu que faisait sur eux la demi-brigade qui était

placée aux Pini. Quelques soldats de la marine battirent cependant
en retraite jusque sur le bric dei Scaroni d'où ils gagnèrent les bois
au-dessus du ruisseau de Laburio.

Après cette victoire, environ 1.000 hommes restèrent dans la
redoute, et les autres se répandirent dans les hameaux du château
del Piano et de la Bormida, où ils se livrèrent au pillage qui dura
plus de deux heures, malgré les soins que les généraux mirent à
l'empêcher en faisant placer une sauvegarde à chaque maison,
laquelle était souvent forcée par la soldatesque.

L'ennemi perdit dans cette bataille plus de 1.500 hommes, tant
tués, blessés que prisonniers, parmi lesquels on remarquait un aide
de camp du général Rukavina, le colonel Avogadro, les deux majors
Larissé et Vital, et le lieutenant-colonel d'artillerie ; et sa perte eût
été encore plus considérable sans une partie du régiment de la
marine qui soutint quelque temps la retraite. Ils perdirent dans cette
journée quatre drapeaux et toute leur artillerie.

Les Français ne perdirent dans cette affaire que deux cents hommes dont la plupart étaient restés sous la redoute.

Lorsque l'armée française attaqua la redoute et toute cette position,
le général Argenteau entendit de Pareto le bruit de la canonnade, et
envoya au secours des assaillis trois bataillons d'Autrichiens, de ceux
qu'il avait avec lui. Mais l'avant-garde de la demi-brigade qui avait
filé du côté de Pini et qui occupait la grande route de Spigno, arriva
à la sommité du bric Tiracullo (1) au moment où les Autrichiens
allaient en gravir les pentes. Ces derniers, croyant les Français en
petit nombre, marchèrent à leur rencontre, mais voyant qu'ils se
grossissaient de plus en plus, ils n'osèrent passer outre et, après
quelques coups de fusils, ils se retirèrent et abandonnèrent le champ
de bataille. Ils portèrent au général Argenteau la nouvelle de l'attaque de la redoute et celle de l'inutilité de leur marche. La première
fut bientôt confirmée par quelques fuyards qui apprirent au général
la déroute complète de ses troupes et la perte de leur position, ainsi
que de leur artillerie. Si Argenteau, au lieu de se reposer sur le courage des troupes qui étaient renfermées dans les retranchements, eût
envoyé à la bataille 4 ou 5.000 hommes qui lui restaient encore, il eût
au moins empêché les Français de s'emparer de la communication
principale et eût, par ce moyen, facilité à ses troupes une retraite en
bon ordre, ce qui les eût sauvées entièrement. Peut-être aussi
qu'un semblable renfort eut tellement soutenu les Austro-Sardes
qu'ils auraient pu résister à la violence de l'attaque et attendre au

_____

(1) Non compris dans le plan du champ de bataille de Dego.

lendemain matin à abandonner leur position. Mais sa conduite incompréhensible dans cette circonstance fut la cause de leurs nombreuses pertes et de leur entière défaite. Lorsqu'il apprit que ses soldats étaient vaincus, il se promena dans sa chambre comme un homme qui a perdu la raison, mais en conserva cependant assez pour ordonner son départ précipité sur Acqui.

Pendant la nuit du 14 au 15, le temps, qui avait été couvert, se décida tout à coup, et un peu avant le jour il tomba une pluie assez forte pour engager les soldats qui ne s'attendaient point à être attaqués, et qui avaient passé la nuit dans la redoute, à se retirer dans les maisons voisines pour se livrer au repos. A peu près six cents hommes restèrent dans les retranchements.

Le 15, à la pointe du jour, deux régiments autrichiens, savoir : celui de Wukassovich et un autre dont le major Lezeni commandait un bataillon, venant de Voltri par la route de Santa Gustina et de Ponte Invrea, et ignorant que la position dei Magliani était perdue ; apprirent dans les environs de Pareto que les Français, seulement au nombre de 1.000, y étaient retranchés ; ils continuèrent leur marche sur les points où ils étaient destinés. Arrivés au bric de la Varda, ils rencontrèrent une avant-garde que les Français y avaient laissée, et le combat s'engagea vivement sur cette hauteur, mais le nombre considérable des Autrichiens accabla bientôt celui des Français dont quelques-uns se retirèrent sur la redoute.

L'armée française, qui ne s'attendait nullement à être attaquée, était dispersée dans tous les hameaux. Cependant, ayant entendu la fusillade du bric de la Varda, elle chercha à se rallier et à monter aux Magliani où ceux qui avaient vu arriver l'ennemi s'étaient déjà mis sur la défensive. Mais ce dernier ne lui donna point le temps de se porter sur la sommité et attaqua vigoureusement les Français qui étaient dans les retranchements et dont le nombre était de beaucoup inférieur au leur. Les troupes républicaines, après avoir résisté quelque temps, et voyant qu'elles n'étaient point soutenues, cherchèrent leur salut dans la fuite. Ceux qui ne purent atteindre le chemin de la Costa ou celui del Piano se jetèrent dans le petit vallon du ruisseau del Cotarello. Ceux qui avaient gagné les Pilotti furent poursuivis par les troupes autrichiennes et furent obligés de se précipiter du haut des rochers qui bordent le torrent Grillano dans cet endroit. Quelques-uns gagnèrent aussi le château, mais ne purent descendre par la grande route qu'ils trouvèrent interceptée, et se sauvèrent par les différents sentiers qui aboutissent à la chapelle de la Confraternité.

Les Autrichiens pendant ce temps en tuèrent plus de trente entre le

bric Saint-Marco et la Cassinassa, et du haut des rives de Grillano
d'où ils faisaient sur eux un feu à bout portant. Ils firent plus de trois
cents Français prisonniers et les poursuivirent jusqu'au bas de la
montagne et jusqu'à Sopravia, où ils s'emparèrent de la batterie
qui était restée sans défense, et qu'ils précipitèrent du haut de la rive
près de laquelle elle était placée. Après quoi ils remontèrent au
château et aux Magliani où ils replacèrent l'artillerie que les Français, pendant la nuit, avaient tournée du côté de Spigno. Les généraux Masséna, Monnier, etc., qui étaient descendus dans la plaine
peu de temps auparavant l'arrivée des Autrichiens, tentèrent de rallier les fuyards qui couraient vers le Coletto où ils rejoignirent le
quartier de réserve près duquel ils se reformèrent en colonne. Ils ne
tardèrent point longtemps à réparer l'honneur qu'ils venaient de perdre dans cette matinée, et sur les deux heures après-midi, selon
l'ordre qu'ils avaient observé la veille, ils marchèrent avec impétuosité au combat, et rétablirent la batterie que l'ennemi avait renversée
deux heures auparavant. Arrivés sur la montagne, l'attaque commença sur tous les points.

La cavalerie suivit, ainsi qu'elle avait fait le jour précédent, la
colonne de gauche, et s'avança du côté del Piano d'où une partie
monta sur le bric Rosso, où elle repoussa un corps de quelques cents
hommes que les Autrichiens y avaient placé, pendant que l'autre
descendit dans le vallon de Cassinelle afin d'entraver la retraite de
l'ennemi, s'il tentait de la faire sur ce point.

L'attaque fut générale et très vive. La colonne du centre éprouvait
de grandes difficultés du côté du hameau de la Costa, derrière les
maisons duquel quelques Français s'étaient retranchés. Plusieurs
avaient aussi pratiqué des ouvertures dans les murailles de la première maison dei Pilotti d'où ils battaient avantageusement les
Autrichiens qui occupaient la sommité et les broussailles dont le bric
Magliani est couvert dans cet endroit.

Celle de gauche éprouvait aussi une grande résistance. Le général
Causse, qui s'était jeté en avant sur la crête qui conduit à la redoute,
fut atteint d'une balle à la hanche droite, qui le mit hors de combat.
Il fut enlevé par ses soldats qui le transportèrent dans la plaine et
loin du feu.

Cette perte, et la mitraille que vomissait l'artillerie ennemie sur
tous les points, ralentirent l'ardeur des Français qui faisaient cependant de grands progrès du côté de la redoute et de la Costa. Mais
néanmoins, redoutant qu'ils ne montassent jusque sur le plateau dei
Magliani et dans la redoute près de laquelle ils étaient arrivés (sic),
tentèrent de se délivrer par un coup de vigueur. Ils s'avancèrent impé-

tueusement au-devant des Français qu'ils forcèrent à rétrograder, les uns jusqu'au Piano, les autres jusqu'au château derrière lequel ils se mirent à couvert de l'artillerie. Quelques-uns descendirent jusque dans la plaine de Vermenano. Revenus de leur première surprise et trouvant une résistance aussi importante, ils retournèrent bientôt au combat.

Les difficultés qu'ils éprouvaient de la part des assaillis, celles de la montagne qui, dans cet endroit, est formée de gradins, le feu de la mousqueterie et de l'artillerie ennemies, contenaient leur ardeur et arrêtaient leurs efforts. Arrivés cependant jusqu'à la sommité des broussailles et sous la redoute, ils furent encore une fois repoussés par les Autrichiens qui faisaient sur eux des charges à bout portant et se retirèrent jusque dans le chemin qui conduit de la Costa à Piano. La colonne de gauche faisait toujours bonne contenance et s'entretenait toujours à la même hauteur. Masséna, voyant le balancement qu'éprouvaient les troupes, fit avancer le corps de réserve, et descendant de cheval, il leur reprocha leur peu de persévérance et se mit lui-même à leur tête. L'exemple ranima bientôt dans leurs cœurs le courage qui n'y était qu'engourdi, et ils se jetèrent une troisième fois en avant. Pendant ce temps, un corps considérable qui était venu du château de Cosseria, qui s'était rendu dans la matinée du jour précédent, commandé par le général Laharpe, passa le Coletto au moment où les Français, qui attaquaient lei Magliani, éprouvaient encore une nouvelle résistance de la part de l'ennemi, et que les fatigues de la journée avaient harassés par les efforts continuels qu'ils étaient obligés de faire pour gravir sur la sommité dei Magliani. Les Autrichiens se battaient en désespérés et conservaient toujours un grand avantage. Ils repoussèrent encore une fois les Français qui commençaient à désespérer de vaincre, lorsque le renfort qui avait passé le Coletto peu de temps auparavant arriva au château. Masséna, qui se trouvait dans cet endroit, afin de soutenir les troupes qui commençaient à se dégoûter, ordonna aussitôt d'attaquer en colonnes et rompre par la force les lignes de l'ennemi.

La nouvelle colonne se réunit à celle qui avait déjà beaucoup souffert du feu de l'ennemi, et elle fut tout à coup secondée par les deux autres qui s'avancèrent avec une nouvelle impétuosité. L'ennemi fut enfin chassé des brics della Sella et del Poggio, et la colonne du centre enfonça les lignes des Autrichiens qui étaient placées au-dessus des broussailles. La redoute se défendait toujours avec vigueur, mais voyant que les leurs étaient déjà retranchés derrière les maisons dei Magliani d'où ils soutenaient encore l'attaque, ils pensèrent à se retirer. Enfin sur le soir, l'ennemi, forcé jusque dans ses der-

niers retranchements, chercha à se replier sur le grand chemin de
Spigno ; mais la colonne de droite leur ôta tout moyen de retraite
sur ce point. Les Français, qui les entouraient de toutes parts, en
firent un grand nombre prisonniers. La troupe autrichienne, qui
défendait les brics della Sella et del Poggio, voyant que les
Français allaient les envelopper, pensèrent à se retirer par le chemin de la Langhe avant que ces derniers pussent y arriver, et se
replièrent en bon ordre jusqu'aux Pini. Ceux qui échappèrent des
Magliani et de la redoute, n'ayant point le temps de gagner la crête
de la montagne, se précipitèrent dans le vallon dei Cassinelle où ils
rencontrèrent la cavalerie française qui acheva de les mettre en
déroute. Elle en fit une grande partie prisonniers, et quelques-uns se
retirèrent dans les bois dei Scaroni et sur les Beiri et Tosi, d'où ils
rejoignirent le corps qui s'était retiré sur les Pini. Celui-ci, dans
plusieurs décharges qu'il fit dans sa retraite, tua quelques dragons
et un officier supérieur qui s'était avancé, et poursuivait les fuyards
dans le vallon dei Cassinelle.

Les Français, dans cette dernière bataille, reconquirent l'artillerie
que l'ennemi fut une seconde fois forcé d'abandonner, et lui firent
plus de 1.000 prisonniers. On évalue à peu près la perte à 500 hommes, tant morts que blessés. Cette victoire coûta aussi beaucoup de
sang aux Français dont un grand nombre fut blessé par la mitraille
que vomissait l'artillerie ennemie. On évalue aussi leurs pertes à près
de 300 morts, dont la majeure partie se trouvait sous la redoute
et dans le petit pré à l'est dei Pilotti. Parmi ces derniers on remarquait un général et beaucoup d'officiers.

Après la prise de la position dei Magliani, les Français retournèrent au château de Piano et dans la Bormida ; on recommença de
nouveau le pillage auquel s'opposèrent en vain les officiers supérieurs
auxquels les soldats osèrent manquer de respect, tant ils étaient
échauffés de la bataille et du besoin qu'ils avaient de réparer
leurs forces. Plusieurs s'introduisirent dans l'église où ils se livrèrent
aux excès les plus odieux en brisant tout ce qu'ils trouvèrent sur les
autels.

Les généraux Masséna, Monnier, etc., parvinrent enfin à calmer le
pillage qui dura plus de deux heures après le coucher du soleil.

Le premier, avec un grand nombre d'officiers de sa suite, logea
dans la maison de M. Cassuli ; et le second, dans celle du curé.
Ce dernier, pendant qu'il resta dans la maison du pasteur, fournit aux
besoins de toute la famille de celui-ci, qui avait été tellement pillé
qu'il ne possédait plus le moindre morceau de pain.

La situation du hameau du Château fut des plus terribles, parce que les habitants se trouvèrent souvent entre deux feux, et que lors de la première attaque plusieurs boulets qui venaient de la batterie de la rive gauche de Polovero entrèrent quelquefois jusque dans leurs maisons.

Les prisonniers furent conduits au Cairo, où les principaux furent traités dignement par Bonaparte qui, dans le fort de la dernière bataille, était venu jusqu'au Pont de Dego d'où il était monté à Sopravia.

Les hôpitaux ambulants furent établis dans les églises de la Madona et de la Confraternité.

Le général Causse, qui avait été blessé au commencement de la seconde bataille, fut porté à la Rocchetta. Plusieurs personnes prétendent qu'il mourut en passant le Coletto ; et d'autres qu'il rendit le dernier soupir dans l'église paroissiale de la même commune, au moment où le chirurgien pansait sa blessure.

Le colonel Rondeau fut aussi atteint à un pied par un éclat de mitraille que le chirurgien prit maladroitement pour une balle, ce qui fut cause de sa mort ; car on le transporta dans un fauteuil jusqu'à la Rochetta, et de là à Savone, où il mourut deux ou trois mois après, des suites de sa blessure.

On reproche à plusieurs soldats français d'avoir usé de leur avantage contre les officiers piémontais qu'ils avaient pris dans la première bataille, et entre autres de leur avoir arraché leurs ornements militaires ainsi que de les avoir maltraités pendant leur conduite à Cairo.

Bonaparte en laissa partir un grand nombre sur parole de ne plus servir pendant que durerait la guerre.

Après la conquête du Dego, l'armée française se divisa en deux colonnes. La première, qui partit du territoire de cette commune, était commandée par les généraux de brigade Ménard et Robert. Après avoir parcouru les environs de Mioglia et de Sassello afin de s'assurer que l'ennemi s'était retiré, elle rétrograda sur Pareto d'où elle fila sur Ceva.

La seconde, commandée par le général de division Masséna, partit le 19 avril, prit le chemin de Santa Giula et de Gotta Lecca, d'où elle marcha sur la Pedagera qui était occupée par les troupes du roi de Sardaigne et quelques régiments autrichiens.

Enfin, le 24 avril, après douze jours de séjour, les Français avaient évacué Dego où ils avaient laissé une garnison de trois cents hommes, et s'étaient retirés sur Cairo d'où ils partirent le lendemain matin, traînant à leur suite dix-huit pièces de canon qu'ils avaient prises aux Autrichiens.

Pendant le long espace de temps que les armées, tant autrichienne que française, avaient occupé Dego, ce village fut entièrement ruiné, et les bestiaux avaient été entièrement consommés par le manque d'ordre des magasiniers et le gaspillage qui régnait dans leur administration ; de manière que l'année suivante, les trois quarts des terres labourées restèrent incultes.

Depuis 1796 Dego fut le passage de plusieurs corps de troupes qui s'y arrêtèrent peu de temps, jusqu'au commencement de l'année 1799......

Tableau *des troupes piémontaises et autrichiennes qui défendaient la position des Magliani, lors des deux attaques que les Français y firent en 1796 (fait à Dégo le 10 floréal an 13).*

·Noms des corps et leurs postes	Noms des chefs	Quartiers généraux	Observations
1er attaque			
Régiment de la Marine dans les retranchements des Magliani.	Colonel, le comte Avogadro. Majors, les chevaliers Vital et Larissé	Ennemi à Paretto. Français à Carcare.	
Régiment de Montferrat dans les maisons des Magliani.			
Mille cinq cents Croates dans les maisons des Magliani.			
Ces trois corps répandus depuis les brics del Poggio jusqu'à la redoute fournissaient plusieurs gardes avancées, savoir :			
1 bataillon de la Marine sur le bric Rosso.			
1 de Croates dans le petit vallon situé entre les brics del Poggio et des Magliani.			
1 piquet de Croates au bric Marco.			
Et un autre piquet du régiment de la Marine beaucoup moins considérable à l'endroit où le grand chemin tourne très près et sous le château.			
1 Compagnie du corps franc Guilay gardant les avenues du château.			
2e attaque			
1er régiment autrichien du côté del Bric del Poggio, et face les Magliani.	Colonel Wukasovich.		
2e régiment autrichien, partie dans la redoute, et partie aux Magliani.	Majors Lezeni.		
Ces deux corps fournissaient une avant-garde de quelques compagnies sur le bric Rosso.			

BENTABOLE, *lieutenant.*

Tableau *de la qualité des chemins et des distances de la commune de Dégo*

Noms des lieux	Chemins		en kilomètres ou myriamètres	Carrossable		à cheval	
	Bons	Mauvais		en heures	en minutes	en heures	en minutes
			My. Ki.				
De Dégo à Cairo	bon	mauvais	» 8 1/2	2	30	1	20
— Millesimo . . .	»	»	1 9 1/4	»	»	3	»
— Rocchetta Cairo	»	»	» 3 1/2	»	50	»	20
— Sta Giulia . . .	»	»	1 4 1/2	»	»	3	»
— Spigno	»	»	1 6 3/4	5	50	3	»
— Cosseria. . . .	»	»	1 4 1/2	6	»	3	»
— Piana	»	»	» 4 3/4	2	»	1	»
— Montenotte . .	»	»	1 9 1/4	»	»	3	»
— Acqui	»	»	3 8 1/2	12	»	6	»
— Brovida	»	»	» 6	1	30	»	40
— Cagna.	»	»	1 4 1/2	»	»	2	30
— Pareto.	»	»	1 6 3/4	»	»	3	20
— Ponzone. . . .	»	»	2 8 3/4	»	»	6	»
— Malvicino . . .	»	»	2 4	»	»	4	30
— Ponte Ivrea . .	»	»	1 4 1/2	»	»	2	30
— Cortemiglia . .	»	»	2 8 3/4	»	»	5	»
— Savona	»	»	3 3 1/2	12	»	6	»
— Gênes.	»	»	8 4	»	»	18	»
— Roccaverano. .	»	»	2 1 1/2	»	»	6	»

x communes environnantes (fait à Dégo le 10 floréal an 13e).

à pied		en plaine	en montagne	Pavés	non pavés	Observations
en eures	en minutes					
2	»	plaine	montagne	»	»	On a entendu parler du temps qu'il fallait aux chariots pour circuler dans les chemins carrossables car *aucuns ne sont susceptibles* de souffrir de voitures suspendues
4	»	»	»	»	»	
»	40	»	»	»	»	
3	»	»	»	»	»	
4	»	plaine ou montagne	»	»	Le seul endroit où le chemin de la Rochetta-Cairo soit pavé, est, pendant l'espace de cinq ou six cents mètres où existent encore quelques restes de l'ancien chemin que les Romains y avaient ouvert et connu sous le nom de Leva.
3	»	»	»	»	»	
1	30	»	»	»	»	
4	»	»	»	»	»	
8	»	»	»	»	»	
1	»	»	»	»	»	
3	»	»	»	»	»	
4	»	»	»	»	»	
8	»	»	»	»	»	Lorsque l'on trouve noté les chemins dans les deux colonnes bon et mauvais, plaine et montagne, on saura que l'on a voulu indiquer par là, les chemins dont la qualité est mêlée ainsi que leurs situations variables.
5	»	»	»	»	»	
3	20	»	»	»	»	
6	»	»	»	»	»	
7	»	»	»	»	»	
20	»	»	»	»	»	
5	»	»	»	»	»	

Pour copie conforme,

BENTABOLE, *lieutenant.*

III

Partie militaire relative au camp retranché de Ceva (1)

Extraite des cahiers militaires des communes comprises dans le plan de ce champ de bataille

Description topographique et aperçu militaire de cette position. — Peu de sites militaires offrent de positions plus heureuses que celui dont il est ici question. Ce contrefort, attaché à l'embranchement qui s'élève sur la rive gauche du Belbo, est baigné d'une part par le Roascio et de l'autre par la Bovina ; il est placé de manière à présenter un obstacle à des troupes qui arriveraient par les deux débouchés qui se trouvent soit à la droite, soit à la gauche de ce contrefort. J'entends par le premier, les grandes routes qui viennent, ou de Montezemolo, ou de la vallée du Tanaro et conduisent à Mondovi ; et par le second, celle qui va par la langhe (1) à Mulazzano ; la troupe établie sur ce point, où avec quelques secours de l'art elle devient comme inattaquable, peut, ou par un à droite ou par un à gauche, tomber sur tout ce qui se présente par ces débouchés. L'étendue de ce contrefort, depuis la redoute nord de la Pedagera jusqu'à la pointe la plus septentrionale du fort, est d'un peu plus de 6.000 mètres. Sa pente sur cet intervalle est de 257. La profondeur du vallon de la Bovina qui est en avant, peut s'évaluer à plus de 115 mètres ; les crêtes qui l'encaissent sont éloignées de 1.500 à 2.000 mètres. La pente exposée à l'est est moitié cultivée en vignes, et moitié plantée de bois, de broussailles ou taillis.

L'armée piémontaise était appuyée dans cette circonstance (en l'an IV), par la droite, à une forteresse totalement inaccessible sur la face susceptible d'être attaquée, pendant que la position dont on vient de parler était occupée. Les dernières ramifications de ce contrefort

---

(1) Par Martinel.
(2) Le mot *par langhe*, usité dans ce pays, rend exactement la même idée que représente un Français *par crête*.

sont baignées par une rivière considérable ; par la gauche il est appuyé à la vallée du Belbo, qui n'offre, pour ainsi dire, pas de communication pour parvenir en Piémont, et dont la paroi gauche est tellement boisée qu'on peut avec des abatis en mettre les pentes rapides totalement hors d'insulte ; le même avantage avait lieu encore sur presque tout le front. Enfin, trois routes présentent aux troupes qui y sont campées des moyens faciles de communication, savoir : sur les ailes, celles dont on vient de parler, et dans le centre, celle de Castellino très susceptible de toutes ces réparations rapides qu'on fait vulgairement pendant la guerre.

On ne s'était pas contenté de tous ces avantages, on avait encore hérissé ce contrefort de travaux passagers ; et, pour en parler avec ordre, on va le parcourir de la gauche à la droite.

Cet ordre didactique aura l'avantage de présenter les troupes telles que les offre la légende du plan de la position retranchée de Ceva ; on suivra ainsi les détails que donne ce mémoire, avec bien plus d'intérêt et de facilité.

Avant cependant d'aller plus avant, il est important de bien concevoir, que cette position est inattaquable excepté de front, pendant que sur sa gauche, les hauteurs de Monbarcaro sont gardées, et sur sa droite pendant que celle de Battifollo et de Scagnello n'empêchent point les communications de Mondovi par Lesegno. Mais on doit remarquer qu'il en était déjà presque autrement à cette époque, au moins quant à cette dernière, car les Français étaient maîtres d'une partie et pouvaient d'un moment à l'autre posséder toute la droite de la Corsaglia, sur laquelle il n'y avait que très peu de troupes piémontaises. Cependant le 12 avril on avait envoyé à la hâte du bric Sangoneit un bataillon de la légion légère sur les hauteurs de Battifollo pour protéger le flanc droit conjointement avec un autre du même corps qui y était déjà ; et ce sont sans doute ceux-ci que nous avons vus ensuite sur les hauteurs de la gauche de la Corsaglia à l'affaire de Saint-Michel, après avoir occupé Montaldo et la Torre et les avoir abandonnés le 14 avril pour disputer sans succès le poste de Scagnello aux Français, s'être établis à Mombasilio le 16, après que les Serra de Pampara eurent été forcées, sont venus sur les hauteurs de Saint-Paul le 18, car les Français ont déjà paru ce jour-là à Mombasilio.

Points principaux de la ligne occupée

Redoute de Giorsin. — Cet ouvrage placé sur la crête même de l'embranchement est fort élevé au-dessus des points environnants,

conséquemment bien dominant. On eût pu peut-être, se dispenser de
le construire en faisant beaucoup d'abatis au nord et empêchant ainsi
aux Français l'accès de cette paroi du Belbo. Mais les officiers d'état-
major piémontais crurent préférable de fortifier ce flanc, qu'ils ne
trouvaient sans doute pas assez assuré par des moyens inanimés,
qu'un ennemi entreprenant parvient à la vérité toujours à surmonter,
s'ils sont sans défense. Ils y avaient donc construit une espèce
d'ouvrage à tenaille ouvert en arrière et dans quelques points couvert d'un fossé au-devant duquel se trouvait placée, sur un monticule, une petite flèche ; elle n'avait des bois que vers le nord, et on
remarquait une rampe formant gradins au sud. L'ensemble de ces
travaux était capable de contenir 120 hommes ; cet ouvrage soutenait les retranchements placés sur la crête du contrefort et était
presque protégé lui-même à son tour par deux régiments placés sur le
bric Bevi qui ne se trouve point sur le plan et environ 2.000 mètres
plus à l'ouest que celui-ci. Les troupes placées sur Bevi n'étaient couvertes par aucun retranchement La redoute de Giorsin est encore
assez conservée pour qu'on puisse en deviner les formes. La charrue
contribue cependant chaque année à en cacher le relief. Tous les bois
devant cet ouvrage, et devant tous les autres, avaient été rasés alors,
et présentent maintenant des taillis épais.

Redoutes de la Pedagera. — Ce point-ci est vraiment le nœud de la
position, puisqu'il est destiné à mettre à l'abri la droite de celle-ci ;
on l'avait senti, aussi y avait-on multiplié les travaux. On va pour se
faire entendre, pour ce groupe d'ouvrages passagers, suivre le même
principe que pour l'ensemble, c'est-à-dire commencer à parler de
celle plus au nord.

La première a été, comme celle de Giorsin, élevée sur un mamelon
boisé au nord, et découvert au sud ; elle est plus élevée que celle-ci,
et moins dominante ; elle se trouve cependant dans un site avantageux ; elle peut contenir environ 100 hommes. On avait creusé à l'est
un fossé, parce que cette face paraissait plus exposée, et un redan
placé en avant lui aidait à découvrir tout ce qui pouvait arriver sur
le front, qu'on pouvait présumer devenir celui d'attaque. Ce petit
ouvrage pouvait contenir une garde de 50 hommes. On paraissait
avoir eu le dessein d'en lier la défense avec un autre en pierres
sèches, placé à la sommité de la Pinera, qui se trouve à 50 mètres
environ à l'est de la grande route, et défend l'abord de la seconde
redoute. Les vestiges de celui-ci, qui subsistent encore, annoncent
qu'il a pu contenir 50 hommes.

La grande redoute a été élevée dans un site non cultivé, et est
encore parfaitement en état.

La seconde redoute est, ainsi qu'un redan qui a été placé à l'ouest de celle ci, sur un monticule plus au sud. La redoute fermée n'est pas précisément sur le point culminant, ce serait plutôt une des faces du redan, et celui-ci domine en partie la seconde redoute, qui l'est à son tour bien davantage par la première. Celle-ci est de même très en état, on y voit bien le fossé qui l'entoure ; la porte placée dans une espèce de rentrant à l'ouest, est couverte par le redan dont on vient de parler. En arrière de la porte était une traverse intérieure. On aperçoit dans la redoute la place de trois batteries ; une est à l'angle nord ; une à l'angle sud-est, et une aux deux tiers de la face sud ; elle pouvait contenir 90 hommes. Les pentes à ressaut qui entourent cet ouvrage, en faciliteraient assurément beaucoup l'attaque.

Le petit redan placé à l'ouest est sans fossé et d'une forme très irrégulière ; on peut en approcher avec beaucoup d'assurance. Il paraît qu'on y ouvrit une batterie au moment même où on en était aux mains ; au reste, on ne donne ceci que comme une conjecture prise dans le mode de dégradation de cet ouvrage, et ce qu'on sait du mode d'attaque. Il existait encore des espèces de lignes palissadées, qui joignaient en partie les deux redoutes principales, facilitaient leurs défenses mutuelles et entouraient le hameau de la Pedagera, mais il est impossible d'en rien dire, puisqu'on n'en découvre plus aucun vestige ; ce qui en a été tracé sur le plan, l'a été d'après des rapports d'habitants, qui s'en rappellent assez pour en indiquer le site avec précision.

Redoute de Goron. — Celle-ci, comme les précédentes. est sur un point culminant, et à la tête de petits vallons, qui vont grossir les deux torrents qui baignent, comme on l'a dit plus haut, le pied de ce contrefort ; elle est entourée d'un fossé et capable de 150 hommes. Ses faces sont très irrégulières, sauf celle exposée au midi. Ses approches sont plus découvertes au nord que sur toutes les autres faces, en raison de la configuration et de la nature du terrain ; car les pentes en sont assez découvertes et les bois en sont éloignés. Il est un point à l'ouest qui est presque au même niveau, et dont il eût paru utile de défendre l'approche aux Français, mais cela avait été négligé. Au reste, les travaux projetés n'étaient sans doute point finis le jour de l'attaque : on ne peut donc parler de l'ensemble qu'ils auraient présenté ; on ne peut dire ici que ce qui existait au moment de l'affaire. Cette redoute domine peu sur le sol.

Bric della Bastia. — Domine bien ; on y avait commencé une redoute qui n'était pas terminée le jour de l'attaque : on eût été obligé de la faire très vaste, pour qu'elle eût pu battre dans les environs

avec succès, et encore, il y a des plans, puis des petits ravins qui se
succèdent et s'y opposent.

Les Français firent un usage avantageux de ce point pour battre la
redoute de Govon, et ce fut là qu'ils s'établirent.

Bric Sangoneit. — Cette hauteur n'était point occupée, assurent
les habitants, non plus qu'une espèce de plateau, qui est au-dessus
de Ca de la Suppa, de sorte que le grand intervalle qui est entre
Mondon et Govon aurait été, selon eux, le jour de l'attaque, absolument sans troupes. Les Français eussent eu, ainsi sans doute, bien
plus de facilité à pénétrer la ligne ennemie ; car, au lieu d'attaquer de
front, comme cela eût été nécessaire, s'il eût été occupé, ils ont eu
l'avantage de prendre les travaux en flanc, quoiqu'attaquant au centre de la ligne. Malgré cette assertion, qui m'a été faite par plusieurs,
je dois cependant dire qu'au-dessus de Ca della Suppa est un plateau
où l'on compte, très distinctement encore, l'emplacement de dix-sept
tentes, et elles auraient été placées si militairement dans cette
occasion, qu'on peut au moins douter, malgré ces assurances répé-
tées, si ce poste était occupé ; il est vrai aussi, qu'on peut supposer,
qu'il ait été gardé dans d'autres occasions de la même guerre ; car
cette position a toujours été tenue, mais il y a eu, presque dans toutes
les circonstances, des dispositions différentes, et on sent que cela est
indispensable, car celles-ci doivent toujours être subordonnées au
nombre de troupes disponibles.

Bric de Mondon. — Cette butte est vaste, toute cultivée ; les
retranchements en ont été totalement abattus ; mais çà et là on
aperçoit encore qu'il y en a existé. La charrue n'a pu effacer encore
le relief et le creux des ouvrages, mais chaque nouveau labour en
diminue les traces ; elles sont encore plus sensibles au nord. Il y
avait une batterie, mais on n'a pu savoir de combien de pièces. Il est
même déjà impossible d'apprécier combien d'hommes ce retranchement pouvait contenir.

Sur la droite de cette butte, au-dessus de la source du ruisseau de
Mondon, est une pente assez accessible, par laquelle les Français
pouvaient arriver sur la crête du contrefort, sur lequel passe la
grande route de Ceva à Mulazzano. On y avait fait une ligne de
retranchements qui subsistent encore, et il y avait deux pièces d'artillerie ; ceux-ci demandaient bien près de 200 hommes ; ils défendaient une pente uniforme et, conséquemment, leur feu eût pu devenir très meurtrier. Il est au moins très douteux qu'on eût fortifié le
plateau plus en arrière, situé entre Belvédère et Mondon, qui domine
cette espèce de col.

Mondon, Belvédère et Testa Nera paraissaient avoir été construits, d'après un système de défense, où un ouvrage dépendait absolument de l'autre, car tous étaient très rapprochés ; mais un seul objet détruit, et dont on ne trouve plus de traces, suffit à empêcher qu'on en découvre la liaison ; on conçoit bien qu'elle a dû exister, mais il est très difficile maintenant de la deviner, et on ne présente ici que des faits, parce que les conjectures en ce genre ont peu d'utilité ; elles paraissent plutôt destinées à éloigner du but celui qui est accoutumé à voir.

Belvedere. — Cette redoute est une espèce de cuvette, capable d'environ 70 hommes, et d'une forme très irrégulière ; elle était armée de quatre pièces d'artillerie et entourée d'un fossé. Elle bat, avec assez d'avantage, excepté à l'ouest, où le plan du chemin ôte la vue aux retranchements ; mais ce point-là est battu par ceux de Testa Nera. Il y a dans le centre des retranchements un tertre assez élevé, qui y supplée à une traverse ; au reste cet ouvrage n'est dominé qu'à grande distance.

Testa Nera. — Cette redoute était capable de contenir environ cent hommes. Elle était entourée d'un fossé et d'un glacis. Le parapet était fraisé de palissades. Il y avait au sud et à l'est une espèce de demi-lune, qui avait été destinée à placer une batterie. Il y avait encore au nord une flèche capable de 20 hommes, qui communiquait avec la redoute par un boyau fraisé de palissades. La redoute était armée de deux canons d'assez gros calibre, les demi-lunes l'étaient d'un, chacune, et la flèche de deux.

Cette hauteur est d'autant plus avantageuse que l'ennemi ne peut venir avec de l'artillerie que par la grande route, tandis que cette redoute peut faire usage de la sienne sur tous les sens et domine partout. Elle est donc très militairement établie ; elle n'est qu'à 1.000 mètres environ des retranchements de Faya et Bayon, et les domine. Il eût été plus sage, sans doute, d'y avoir construit un petit fort ; on aurait placé ainsi moins de troupes sur toute cette crête et on en aurait gardé un plus grand nombre sur les rives du Tanaro et de la Corsaglia, dès qu'on avait fait la faute de nous laisser établir sur la rive gauche du premier, et qu'on nous avait permis d'arriver jusque sur les hauteurs de la rive droite de la Corsaglia.

Tel était le système de fortification passagère qui couvrait cette crête redoutable. Il reste maintenant, pour donner une idée complète de ce système de défense, à expliquer ce qu'était le fort, et les moyens de résistance qu'on avait employés en avant de celui-ci.

Le fort de Ceva — Si on le considère dans le système général défensif du Piémont, il se liait, d'une part avec Démont, et de l'autre avec Acqui ; c'était le premier obstacle qu'on trouvait à pénétrer

dans les états du roi de Sardaigne. En arrivant par le midi, on trouvait plus en arrière, Coni, Mondovi et Cherasco, destinés à concentrer
davantage les moyens de défense, et à offrir à une armée battue de
nouveaux moyens de se rallier, en lui fournissant de nouveaux points
d'appui. Il ne pouvait contenir que 7 à 8.000 hommes. Placé sur
l'extrémité du contrefort, qui se rencontre entre le Roascio et la
Bovina, il domine une petite ville qui porte le même nom, et l'embouchure de la Cevetta, dans le Tanaro. Cette petite forteresse, construite comme toutes les places de montagne, où l'on suit les irrégularités du sol et où on veut mettre peu de monde, avait été réparée
en 1792, palissadée, en un mot mise sur pied de guerre. Elle présente quatre faces bien distinctes ; celle au sud, placée sur un escarpement inaccessible, n'offre qu'une muraille, qui renferme de petits
bâtiments destinés à servir de prison d'état ; les deux latérales, c'est-
à-dire celles à l'est et au nord qui, sans être totalement inattaqua-
bles, n'auraient été assaillies qu'avec tant de difficulté qu'on avait
regardé comme inutile d'y faire plus d'une enceinte ; mais la face
nord avait été plus soignée, et dans le fait, était bien plus attaquable.
Un petit chemin, à l'ouest de cette place, fournit des moyens de
monter, à couvert, depuis la Bovina jusque sur la crête ; mais il est
aisé à éclairer. Ce petit fort était assis sur une espèce de roche tendre
arénacée, dans laquelle on creusait à volonté, ce qui avait donné la
facilité pour s'y procurer des casemates et des magasins. Il a été commencé par Emmanuel-Philibert, continué par Mme Christine et
achevé par Charles-Emmanuel, son fils.

Il est aisé de concevoir, par ce que j'ai dit du contrefort sur
lequel cette petite place est bâtie, combien il présentait d'avantage
pour la défense du bassin, sur lequel elle domine, élevée de 170 mètres
environ au-dessus de la plaine. A peine le canon ou les obus peuvent-
ils l'inquiéter, et au moyen du camp, placé en avant, tous les ouvrages au nord-ouest, qui sont complètement dominés à la demi-portée
du canon par Faya, et à celle du mousquet par Bayon, étaient hors
d'insulte. Je n'examinerai point ici les fautes commises par les cons-
tructeurs de cette place, moins encore ce qu'ils auraient dû faire,
mais je ne puis me dispenser de dire que le camp retranché de Ceva
fut, au commencement de la dernière guerre, l'ouvrage de deux officiers d'état-major, l'un autrichien et l'autre piémontais, et ce travail
manquait absolument d'ensemble. On y trouvait, je dirais presque,
l'esprit des coalitions. Cependant on doit avouer que l'officier d'état-
major autrichien, M. Martonitz, était très instruit, et très capable de
faire mieux qu'il n'avait fait dans cette circonstance. Cette grande
réunion de retranchements à la Pedagera, puis à Tête-Noire, enfin ce

grand vide au centre, où cependant on voulait travailler, me paraît prouver que chacun des deux chefs de troupes, qui avait été chargé de commander une subdivision de la ligne, s'était plus occupé du point où il voulait proprement s'établir que de l'espace qu'il avait à défendre ; et les officiers d'état-major, pour obtenir les suffrages de ces deux officiers supérieurs, avaient cédé à leurs instances et les avaient plus fortifiés que la position.

Il suffit de ce qui a été dit pour voir qu'avec la disposition prise d'un camp retranché en avant du fort de Ceva cette forteresse s'oppose à tout ce qui peut menacer par le Tanaro, et la route des hauteurs qui peut conduire de Finale et Savone dans les langhes ou dans la province de Mondovi ; car il est hors de doute que, la Pedagera emportée, tous les autres moyens de défense passagère doivent tomber petit à petit ; ils peuvent être environnés et réduits à eux-mêmes, et bientôt des ouvrages de ce genre doivent se rendre, car ils sont toujours sans provisions.

L'ouvrage à cornes du fort de Ceva, placé en avant du front d'attaque, était absolument dominé, à la distance du mousquet, par deux hauteurs voisines, et à la portée de canon par Testa Nera. Le bastion en avant duquel il était n'était guère plus avantageux On avait dans la place de l'eau de puits, mais elle pouvait être enlevée lorsqu'on n'était plus sur la Pedagera ; il y restait, il est vrai, une citerne qui pouvait fournir de l'eau à 300 hommes environ pendant un mois.

On avait suivi, en 1794, sur Faya et Bayon, dans le système de défense qu'on avait adopté, à peu près les mêmes moyens qu'avait employés le comte de Bourg en 1745. Deux redoutes, placées sur ces buttes qui forment comme un croissant, assuraient une ligne de retranchements placés sur la crête, qui suivait les formes indiquées par les localités, et qui les liait ensemble. En avant étaient quelques redans, où le terrain l'avait obligé ; le tout était couvert d'un faible abatis. Ces moyens de défense furent pris au commencement de la campagne de 1794, lorsque les troupes austro-sardes furent chassées d'Ormea ; on employa alors à la défense de ceux-ci, et à celle du fort, 2.500 hommes. M. d'Argenteau, général-major autrichien, chassé de Rocca Barbona, le 23 novembre 1793 (V. S.), 2 frimaire an IV, vint au Rejoint, puis à Montezemolo, et ne s'y croyant pas en sûreté, vint à Faya et à Bayon, découvrit ainsi toute la gauche de l'armée piémontaise, qui était venue à Ceva, où on avait fait de grands travaux la même année. Ce furent les mêmes qui servirent aux Piémontais dans la campagne suivante, et que l'armée républicaine, par ses savantes manœuvres, força d'abandonner en l'an IV, quoique les troupes sardes eussent eu précédemment un succès passa-

ger. On ne pensa point, dans la première circonstance, à fortifier
toute la crête ; cette idée vint peu à peu, et on parut oublier que cette
disposition, si elle n'est bien assurée sur la gauche du Tanaro, devient
sans but et même nuisible ; car on peut être prévenu à Mondovi, et
il est toujours de toute importance de s'y opposer ; cela l'était bien
plus encore en 1796, car toutes les provisions de l'armée y étaient
entassées, et on ne pouvait déjà plus guère avoir d'autre espoir à cette
époque que de voir l'armée française manquer des moyens nécessaires pour poursuivre ses victoires.

Ce fort a été, en 1799, totalement détruit aux dépens du roi de
Sardaigne, par suite d'un traité.

La ville de Ceva. — Composée d'environ 400 feux et peuplée de
3.315 habitants, paraît avoir existé déjà au moment où écrivait
Pline le vieux, qui vivait dans le premier siècle de l'ère vulgaire ; il
en parle dans son onzième livre d'histoire naturelle, et la cite
comme devant être remarquée, par la bonté de ses pâturages :
« Ovium maxime lacti » ; elle est située au confluent de la Bovina
dans la Cevetta, et très près du pont où cette dernière se jette dans le
Tanaro ; elle est baignée, d'une part, par cette rivière, et de l'autre,
par la Cevetta. La rive du Tanaro est très escarpée. Cette ville est
tellement située, qu'on ne l'aperçoit qu'au moment où l'on y entre.

Comme la défense du fort était beaucoup trop plongeante, et que
cette ville est entourée de murs, on ne crut pas inutile de la mettre
à l'abri d'un coup de main, mais il fallut en même temps armer le
château de Pallavicini, et les collines à droite et à gauche du fort,
et on ne le put sans risque, car cette artillerie est sous la mousqueterie même du fort ; on avait encore profité, en 1796, des murs placés auprès de l'horloge et de quelques maisons avancées, pour
retrancher une avant-garde. Une route provisoire tracée dans le
pré, servait à monter l'artillerie à la gauche de ca Pecoul ; il y avait
aussi deux canons sur la terrasse du château avant que l'armée piémontaise abandonnât la position.

Tanaro. — On ne peut, sur cet article, que renvoyer au mémoire
militaire de Saint-Michel, dans lequel on a dit tout ce qu'on savait
sur cette rivière ; on ajoutera seulement qu'il n'existe à Ceva
aucun moyen de flottage, que le cours de cette rivière est très rapide
et que son lit y est communément profond de huit décimètres ; il s'y
rencontre cependant plusieurs creux plus profonds. C'est là où
se trouve le plus souvent la bonne truite qu'on y pêche. Son cours
est large de 40 à 45 mètres, ses crues considérables, lors de la fonte
des neiges ; son fond caillouteux, et on y trouve fréquemment des
blocs de marbre et de granit rouge. Il y a un pont et un bac. Il y

avait autrefois un très beau pont de 14 arches, précisément au point
où se trouve le bac maintenant. Il y a déjà quelques bâteaux à Cherasco, qui servent à porter du bois et un peu de fourrage, de la rive
droite à la rive gauche · enfin on a vu sur celle-ci des bacs à Narzole,
et à Alba. Il paraît positif qu'on va construire un pont de bateaux
en face de cette dernière ville. On assure aussi, que Sa Majesté a eu,
au moment du voyage qu'elle a fait dans le Piémont, le désir de rendre cette rivière navigable aussi haut que possible. Ces vues, généralement utiles, d'ouvrir de nouvelles communications au commerce,
seront peut-être contrariées par le prix que coûterait cette entreprise,
proportionnellement à l'avantage qu'elle procurerait. Cette vallée
abonde de vins et de grains, et le débouché que leur donnerait le
Tanaro, ne leur offrirait de communications qu'avec des contrées
qui ont le même avantage. On ne pourrait probablement employer
le lit existant ; et un canal ouvert totalement de mains d'hommes est
toujours très coûteux.

Les petits torrents de Cevetta, de Bovina, de Roascio et delle Canille
ne présentent rien d'intéressant, sous les rapports militaires ; on
néglige d'en parler. Il suffit de savoir, qu'il existe trois ponts de
pierre sur la Cevetta, qui servent de communication de la ville à la
position militaire dont il a été question jusqu'ici, et que la Cevetta,
qui prend sa source au pied de Montezemolo, coule dans un vallon
extrêmement étroit et souvent très escarpé.

*Différentes raisons qui ont conduit l'armée sur la position entre la
Bovina et le Roascio, et à quelle époque.* — L'armée piémontaise
séparée de l'armée autrichienne par les brillantes affaires de Cosseria
et de Dego, voyant les Français se prolonger rapidement sur les crêtes
qui séparent les deux Bormida et donnent naissance à la vallée
d'Usson, craignant d'être tournée par sa gauche et d'être enveloppée
par sa droite, par le corps qui avait forcé Saint-Jean-de-Murialdo,
pendant qu'on faisait mine d'attaquer de front, ne se crut plus en
sûreté sur la position de Montezemolo, et prit le parti le 26 germinal
an IV (15 avril 1796, V. S.) à la nuit, de venir s'établir sur le contrefort au-dessus de Ceva, sur lequel, comme on a dit, tout était préparé
pour la recevoir. L'armée fut divisée en y arrivant en trois corps.
M. De Brempt commanda la gauche, M. le major général Vital le
centre, et M. le comte Tornafort, gouverneur de la citadelle, la droite.
Les Français, en pénétrant par Murialdo, avaient fait un mouvement au
même instant par la vallée du Tanaro ; et le vallon de Mongia pouvait d'un moment à l'autre être entièrement à leur disposition, puisqu'ils possédaient déjà toute la crête qui le sépare du Tanaro. N'importe, le soldat piémontais avait la plus haute idée de la position de

Ceva, et les travaux dont on l'avait hérissée lui persuadaient qu'il y serait invincible. Mais le grand coup avait été frappé à Cosseria. L'esprit du général en chef piémontais avait enfin conçu les grands moyens qu'employait son adversaire ; il se voyait séparé de l'armée autrichienne sans aucun espoir de s'y réunir ; aussi toute son attention se portait-elle, dès ce moment, sur ses flancs. Monbarché, les ponts d'Arazza et de Saint-Michel lui donnaient les craintes les plus vives, et tandis que le gros de l'armée voyait l'ennemi descendre de Montezemolo et s'étendre sur la rive gauche de la Bovina, lui ne s'occupait qu'à le prévenir sur les crêtes de la Corsaglia dans la vallée, et même sur la rive droite du Belbo.

Le 27 germinal (16 avril, V. S.) (1) le général Augereau fit une reconnaissance vive ; toutes les craintes du général baron Colli avaient été qu'on arrivât avant lui, par sa gauche, au pont d'Arazza ; il avait toujours craint d'être tourné par là. Il crut ce dessein bien plus indiqué encore lorsque les Français percèrent, pour ainsi dire, le centre de sa ligne que nous avons vue découverte, et qu'ils se trouvèrent ainsi précisément sur la route de Castellino. On doit encore répéter ici, en faveur du général en chef des Piémontais, qu'il avait très peu d'officiers supérieurs, sur les talents de qui il put compter ; lui seul était forcé de tout suggérer et de tout dire : personne ne voulait agir sans avoir reçu d'ordres. Les grands seigneurs étaient déjà persuadés à cette époque que le Piémont serait envahi, et le plus grand nombre mettait, d'une part dans la balance, les devoirs que leur imposait l'honneur, mais y plaçait en même temps les suites dangereuses d'un dévouement trop prononcé. De semblables moyens sont peu propres à résister à une armée telle que l'armée française, où tous voulaient réussir à tout prix, où l'esprit national et l'amour de la liberté étaient dans la plus grande exaltation ; enfin, dans une armée où rien n'entre en parallèle avec une branche de lauriers. Malgré les grands reproches qu'on a faits à ce général, on ne peut, je le répète, lui refuser de l'estime lorsqu'on l'a bien connu. Sa position était très délicate. Placé entre le Piémont et l'Autriche, son intérêt pour le prince au service duquel il avait passé sa vie, et pour celui qui lui avait confié momentanément la direction flatteuse de ses troupes, il a toujours été à l'abri même du soupçon, malgré le grand nombre d'ennemis que lui a donnés cette commission enviée de beaucoup, bien incapables encore de s'en acquitter comme lui, mais

_____

(1) Il existe une erreur dans la date du titre mis à la minute, elle a été produite par le mémoire envoyé au dépôt, dont on regardait les dates comme positives : car on a écrit 30 germinal.

qui, par cette raison-là même, étaient mortifiés de ne l'avoir pas obtenue.

Le 15 avril, quelques tirailleurs français attaquèrent les Piémontais, avec peu de succès, à Malpotremo et dans la nuit disparurent. On sentit que ce mouvement ne pouvait être une retraite, et qu'il menaçait de suites plus sérieuses que les affaires de la veille ; on envoya reconnaître, et on trouva qu'ils avaient quitté Terreblanche et Perlo ; on sut même qu'ils s'étaient portés sur Priero ; on changea aussitôt toutes les dispositions.

Le 16 au matin, le régiment d'Oneille placé aux Ronchini, avec ses grenadiers, reçut ordre de venir se ranger sur la nouvelle position, sur laquelle était déjà le reste de l'armée sarde. Il traversa la plaine de Soraglia, où le premier bataillon de Mondovi était en bataille, pour soutenir au besoin le mouvement rétrograde, puis la ville de Ceva, et se rendit à Testa Nera par le chemin du fort. L'artillerie placée au sud-est de Pecoul suivit le même mouvement. Les Français étaient déjà arrivés sur le bric de Bastia, et la ligne piémontaise était comme interrompue. Le général Vital attendait le régiment d'Oneille, dans la redoute même de Testa Nera, qui était couverte par les retranchements occupés de Mondon et de Belvédère, et il y avait déjà quelques troupes dans celle de Testa Nera, comme on le verra plus bas.

Dispositions faites par les Français pour l'attaque des troupes piémontaises. — La division Augereau avait suivi, depuis Montezemolo, la route dite de la langhe. Le général en chef français avait réuni à cette division une partie des troupes qui avaient décidé les succès de Dego. Celles-ci avaient rétrogradé, et étaient venues le joindre, en passant par Cairo. A la pointe du jour, on aperçut son avant-garde, qui fit quelques coups de fusil sur la crête qui, de Montezemolo, conduit à la Pedagera, avec les chasseurs Colli, qui avaient été destinés à faire l'arrière-garde ; elle força ceux-ci à venir se mettre sous la protection des redoutes les plus élevées. Ce fut sur cette même crête que se formèrent les colonnes d'attaque, et on nomme pour avoir été à la tête de celles-ci (j'ignore si c'est avec fondement) un général Gardanne et le général Rusca ; on sait plus positivement qu'il y avait le général Beyrand, et le brave Joubert. Celle de droite paraît avoir suivi la crête et être venue attaquer directement les redoutes de la Pedagera ; celle de gauche, beaucoup plus forte que les autres, vint jusqu'à Paroldo, se sépara en quatre petits corps, qui suivirent depuis là les routes difficiles qui se présentaient pour gravir sur la crête.

Pour réussir à se faire entendre, on donnera à chacune des

routes le nom des maisons les plus saillantes qu'on trouve sur celle-ci.

Le petit corps de droite gravit par la route qui passe entre les maisons dites de Gazola, attaqua les retranchements de la Pedagera de front, en même temps qu'ils étaient attaqués par la colonne de la langhe.

Une autre monta plus à gauche, sur le bric de la Pinera, et y vint par la route sur laquelle on trouve les maisons de Cavalli Sotan et de Viache ; son but était de prendre, par le flanc droit, la redoute la plus méridionale de la Pedagera.

Une troisième passa de Paroldo à Ca di Breus, à ca della Sbria, puis à la Disgrazia, et arriva sur la crête à un intervalle à peu près égal de la redoute de la Pedagera et de celle de Govon.

La quatrième, enfin, descendit près de 1.000 mètres au sud, traversa la Bovina, vint sur le mamelon sur lequel est ca Marron, et monta à ca della Suppa ; quelques-uns disent qu'elle suivit au contraire celle de Teit Carlot au sud de celle-ci ; mais tous sont d'accord sur le point de réunion à la Suppa.

Une réserve assez forte resta sur la rive gauche de la Bovina, presque en face de Testa Nera, et avait l'air de menacer la droite des Piémontais ; c'est dans cette disposition que se fit l'attaque des retranchements de Ceva.

En consultant la carte de d'Albe, on est tenté de douter de ce mode d'attaque car il avait fait passer les assaillants par Sale ; mais comme sûrement le combat qu'il y eut sur ce point eut lieu beaucoup plus haut que ne sont indiquées les troupes, on croit pouvoir supposer que le graveur aura changé quelque chose aux données qu'il avait reçues ; car, contre l'usage, les paysans sont assez d'accord sur ce fait.

Gauche du bric Giorsin au bric Govon, commandée par le baron Brempt. — Disposition des troupes piémontaises pour recevoir les Français au moment de l'attaque. Deux compagnies de Croates. Furent jetées sur la route de Montezemolo et dans tous les bois en avant de la Pedagera pour arrêter les Français qui venaient de Montezemolo par la Gamelona, ce qui les força à attaquer plus réunis. Quelques-uns de ces Croates éclairaient en même temps la pente boisée de la vallée de Belbo ; poussés, ils rentrèrent dans les retranchements avancés de la Pedagera.

Le régiment des chasseurs Colli, commandé par le colonel Colli.

Il était en avant des redoutes, mais cependant plus en arrière que les Croates, et reçut, réuni, les premiers efforts de l'avant-garde de la colonne de droite ; il fut poussé vivement, et se retira après une vigoureuse résistance à la redoute Giorsin, dont la défense lui était confiée, et on vit ce colonel estimé montrer, tant dans cette petite guerre de bois que dans les retranchements où il prit place ensuite, ce sang-froid, cette bravoure entraînante, qui lui a de tout temps mérité la considération des braves.

Le régiment provincial savoisien de Genevoix, commandé par le colonel Portier.

Gardait la redoute de gauche de la Pedagera ; j'ai entendu dire dans le temps à M. de Brempt qui commandait la gauche, que ce régiment fit des prodiges dans cette journée.

Le second bataillon des grenadiers royaux commandé par le colonel marquis Mazzetti.

Gardait le petit redan en avant de la redoute de la Pedagera et une partie des retranchements qui entouraient les bâtiments, ils avaient deux pièces d'artillerie près de la chapelle de Saint-Grato.

Régiment de Brempt, soit Royal allemand, colonel baron Brempt.

Le premier bataillon était réparti dans les divers retranchements ; le second, sous les ordres du lieutenant-colonel prince Salm de Salm, défendait la redoute de droite de la Pedagera.

Un bataillon d'Acqui, colonel chevalier Grimaldi.

Dans la redoute de Govon, sans artillerie ; le colonel fut blessé, et en céda le commandement au marquis de Ghilin lieutenant-colonel.

Le bric de Bevi, dont on a parlé plus haut, était encore sous les ordres de M. de Brempt, et était sans retranchements. Il était gardé par le régiment autrichien de Belgioso Sur la fin de l'attaque on le renforça du régiment de Verceil, qu'on fit descendre de Monbarcaro. On ne peut expliquer cette marche singulière qu'en supposant que la retraite générale était déjà décidée par le commandant général des troupes piémontaises ; autrement c'eût été la manœuvre la plus inconséquente, car Monbarcaro devait être couvert et tenu avec force et on n'y laissait plus que des milices. On aurait pu tirer un parti plus avantageux des troupes, qu'on aurait pu y avoir de trop en les jetant en tirailleurs sur le flanc droit des Français et même sur leurs derrières ; s'il y eût eu quelques officiers braves et intelligents, ces troupes pouvaient peu à peu approcher ainsi, se réunir à quelques points fixes et tomber sur les derrières à la baïonnette ; tous les militaires qui ont fait la guerre savent qu'avec des petits moyens semblables on opère souvent des prodiges

Centre, de Mondovi aux retranchements de Faya.

Commandé par le comte Vital major général (il avait son quartier général à la Cassina Ceva, et pendant l'attaque fut toujours dans la redoute de Tête Noire).

Quatre petits corps de chasseurs étaient sur les mamelons les plus saillants qui pouvaient servir à éclairer la Bovina Un de ceux-ci était notamment au hameau de Strella.

Savoie un bataillon commandé par M. de Bouteiller.

Dans les retranchements du hameau de Mondon avec artillerie.

Stetler un bataillon.

Entre la redoute de Belvédère et les retranchements de Mondon, avec artillerie.

Dans la redoute de Belvédère avec quatre pièces de canon.

Grenadiers royaux, un bataillon, colonel le marquis de Belgarde.

Trois compagnies de pionniers ou sapeurs, commandées par le capitaine Buschetti.

Dans l'ouvrage avancé au nord de la redoute de Testa Nera ; c'étaient celles qu'on avait fait venir pour rétablir les ouvrages existants, et construire ceux qu'on voulait ajouter sur le bric Bastia, qu'elles commencèrent après avoir achevé la redoute Govon. Elles abandonnèrent les travaux de la Bastia un instant avant l'attaque ; on en avait besoin, tant pour la défense de Testa Nera que pour quelques réparations à cet ouvrage qu'on regardait, et avec raison, comme le plus important de la ligne.

1er bataillon d'Oneille.

Dans les fossés de la redoute Testa Nera.

2e bataillon du même corps réuni aux grenadiers.

Dans la dite redoute avec deux canons (nous les avons vus précédemment arriver des Ronchini).

Corps francs piémontais avec un petit corps d'artillerie.

Il y était placé le matin au sud-est de ca Pécoul, à la gauche de la Cevetta, comme avant-garde de la ville de Ceva ; il est venu prendre position sur la ligne à droite et en arrière de Testa Nera.

1er bataillon de Mondovi, commandé par M. le marquis Pallavicini de Mombasilio.

Dans les retranchements de la cassine Scarsella et sur la crête, entre Testa Nera et Bayon ; c'est celui qui, le matin, était campé à Soraglia sur la grande route de la vallée du Tanaro.

Parc d'artillerie.

Sur les glacis de Faya et Bayon.

Un petit corps autrichien.

Placé au delà du Tanaro à la cassine Musso, se sépare, au moment de l'arrivée des Français, de l'armée de Ceva, et se retire sur Saint-Michel par la grande route.

Deux bataillons de Stetler.

Dans les redoutes et retranchements de Faya et Bayon.

Droite commandée par le comte Tornafort

Second bataillon de Mondovi commandé par le comte d'Andezene.

1er bataillon d'Acqui.

1er bataillon de Tortone.

66 recrues du régiment d'Oneille. Une compagnie d'artillerie.

Une centurie de ce même bataillon resta au premier tournant de la rampe du fort, pour soutenir la retraite du premier bataillon ; elle rejoint ensuite son bataillon dans le fort.

Que le régiment n'avait pu armer.

Attaque et défense de la position piémontaise. — On avait fait retirer de la position de Testa Nera, le régiment aux gardes qui avait été prendre poste à Saint-Michel.

Les troupes françaises furent reçues, en arrivant à la portée des redoutes, par un feu fort vif ; elles parurent un moment avoir le but d'enlever des redoutes supérieures ; elles tournèrent surtout leurs principaux efforts vers la redoute de Govon, qu'elles entourèrent à diverses reprises. Le marquis Cavovetto, major d'Acqui, fut tué en la défendant. La troupe fermée dans cette redoute exécuta quelques sorties qui furent couronnées de succès assez décidés ; elle poursuivit ensuite les Français dans leur retraite, jusqu'au bord de la Bovina et s'arrêta à la Sbria, d'où elle fusilla encore quelques instants. L'attaque fut vive aussi sur la droite ; les Français approchaient de très près des redoutes, à la faveur des bois qu'on n'avait rasés que dans un rayon assez peu étendu ; et leur feu, à cette distance, était encore meurtrier. On se défendit avec vigueur soit dans celle de Giorsin, soit à la Pedagera. Les Français avaient soin, pendant ces attaques, d'envoyer du bric de Bastia de petits corps dans la vue de contenir les troupes de Mondon et de Belvedere. Le colonel Bellegarde fit attaquer les Français par les grenadiers royaux, Savoie et Stetler, mais leurs efforts furent vains ; ils perdirent dans cette attaque le capitaine Corbeau du régiment de Savoie ; le major de Stetler y fut gravement blessé. Les Français paraissaient observer de la hauteur Bastia, l'issue de leurs attaques sur la Pedagera et Giorsin, qui furent toutes sans succès. Le canon de Mondon et Belvedere porta, sans discontinuer, la mort dans les rangs républicains ; celui de Testa Nera au contraire ne tira jamais. Les Français commencèrent à se retirer sur Paroldo deux heures avant le coucher du soleil ; ils furent poursuivis ausitôt, de tous les points de la ligne, par quelques soldats marchant de bonne volonté qui en réclamaient l'agrément. Les chefs de corps furent loin de le donner à tous ceux qui le demandaient, parce qu'on craignait une reprise, et que la retraite ne fût qu'une ruse. On perdit de part et d'autre quelques hommes ; on assure même que les Français eurent dans cette circonstance un officier supérieur tué.

On accabla aussitôt après cette affaire, le général en chef d'observations et de difficultés ; elles furent portées, assure-t-on, au point de lui dire qu'on était très embarrassé de se procurer de l'eau à Testa Nera parce qu'on la trouvait éloignée.

Retraite de l'armée piémontaise sur une nouvelle position. — Enfin dans la nuit la retraite fut ordonnée ; la gauche suivit la route de Mulazzano et Dogliani, pour se rendre dans les plaines de Saint-Quintin sous Carru et de là à Narzole, puis à Cherasco, excepté cependant les chasseurs Colli et les grenadiers royaux, qui furent destinés à couvrir la position de la Bicocca et qui y allèrent par la Niella, le centre prit la route de Castellino, et celui-ci alla occuper la rive du Tanaro, formant ainsi la gauche de la position de Saint-Michel. Enfin les gros bagages, l'artillerie et les troupes le plus à droite suivirent la route de Lesegno, propre aux voitures, car elles passent aussi, quoiqu'avec plus de peine, de la Pedagera à Dogliani ; les troupes, en se retirant, mirent le feu aux fours qu'on avait construits derrière la butte de Bayon et firent de même pour le magasin à poudre qu'on avait placé à l'ouest de la redoute de Testa Nera dans la chapelle de Saint-Lino. L'armée française vint le lendemain au matin s'emparer des postes abandonnés et fit encore ainsi un pas très important dans les petits états du roi de Sardaigne.

Le général Augereau s'arrêta à Torricella, et la petite maison Capel se rappelle encore avec amour-propre de lui avoir donné asile une nuit lorsque, après l'abandon des retranchements piémontais, il vint s'emparer de cette crête montant avec sa colonne par la Strada di Carlot : le jour suivant, disent-ils, il marcha par Castellino pour attaquer la position en arrière de la Corsaglia ; mais cela est sans doute une erreur, car on sait qu'il resta dans Ceva, où il tenta sans succès de faire rendre le fort avec deux petites pièces d'artillerie contre l'avis des officiers d'artillerie et du génie qui tentèrent (1) en vain

---

(1) On voit encore maintenant l'ouverture hardie qu'il fit faire en face du fort dans des retranchements piémontais : ils sont une preuve de plus, de l'audace et de l'énergie de l'armée d'Italie, mais aussi de la faiblesse des moyens, avec lesquels on obtenait cependant des prodiges. Le général Grouchy tenta aussi le siège du même fort en l'an VII avec deux pièces de qua-

de lui en faire sentir l'inutilité; il y fit tuer plusieurs canonniers; enfin il se décida à attendre cinq ou six pièces de campagne et deux obusiers, et on prépara quatre batteries, desquelles on tira sur le fort tant qu'on eût de munitions.

Bonaparte, qui jamais n'avait un succès sans l'assurer et sans en préparer de nouveaux, qui d'ailleurs sentait toute l'importance de cette position, fit bientôt arriver la colonne Sérurier, destinée jusqu'alors à garder le pays d'Oneille, qui était arrivée par le col des Termes et Garessio le 28 germinal; elle vint s'emparer de la ville qui avait été évacuée la veille.

On ne tentera point d'expliquer comment le général Sérurier venant de prendre possession de la ville, c'est le général Rusca qui y est entré le premier; nous avons vu que celui-ci était réuni à Augereau, et nous ne savons point qu'il fît partie de la droite de Sérurier, mais on peut croire, qu'étant descendu par la grande route de Montezemolo pour balayer la plaine, et étant près de la ville, il y fut engagé par les invitations des patriotes; il est au moins positif que l'administration lui envoya le 11, à la Cassine Saint-Bernardin (sur la route de Morère), après que les Piémontais eurent achevé leur retraite, le serviteur de ville avec une dépêche, pour l'inviter à venir en ville; cette lettre était signée par le corps de ville, présidé par le comte Sauli. Il fit réponse qu'il allait y marcher aussitôt, il arriva vers les dix heures; quelques soldats piémontais restés en arrière, et dont l'administration n'avait pas connaissance, firent feu sur lui et sa troupe, tant à travers la muraille de la tour que depuis les murs du château, ainsi que quelques-uns qui étaient encore autour de la forteresse; il fit aussitôt retraite avec sa troupe et renvoya à son tour un paysan, menaçant de brûler la ville pour l'avoir attiré dans le piège; on le fit instruire avec détail de ce qui venait d'arriver; alors il envoya un de ses aides de camp parlementer avec le gouverneur du fort; la municipalité vint en corps dans la vue d'assurer celui-ci de sa soumission; il monta au fort, somma le gouverneur M. de Tornafort de rendre la forteresse; celui-ci ne voulut rien entendre, et lorsqu'il redescendit, le général était déjà derrière la maison Pécoul au-dessus de la rampe, entouré des membres du corps de ville de Ceva; le fort fit feu dans cette circonstance sur les Français qui avaient deux petites pièces d'artillerie; ceux-ci répondirent à leur tour par quelques coups. Le général Rusca n'en descendit pas moins en ville, fit retirer la barque du Tanaro, la garde piémontaise placée à la

tre et fit sommer les troupes autrichiennes de se rendre, mais ce fut sans succès.

Chapelle avait déjà fait retraite, et vers les cinq heures le général retourna à la Cassine dont on a parlé plus haut.

La même nuit les généraux Augereau, Sérurier, Fiorella, Monnier, Despinoy vinrent dans la ville : le premier ne fit que prendre quelques renseignements, et sans doute retourna faire un rapport au général en chef. Bonaparte vint bientôt, ne séjourna qu'une ou deux heures, il n'avait plus d'autre but que de faire tomber le fort et de culbuter les troupes placées derrière la Corsaglia, et il y destina les colonnes Masséna et Sérurier qui, pour le moment, étaient le plus en état de combattre. Masséna vint en effet avec une forte division par Santa-Giula, Gotta Secca et Monbarcaro. Laharpe gardait encore les positions de Montenotte, Dego et la crête qui sépare les deux Bormida. Le général Rusca était remonté le même soir par le vallon des Canille sur les crêtes où était sa position ; ce ne fut que le lendemain pendant la nuit qu'arrivèrent les généraux Sérurier, Fiorella et Despinoy, et avec eux beaucoup de troupes parmi lesquelles on se rappelle avoir vu la 109e demi-brigade. Le général Despinoy ne conduisait pas de troupes, on n'a pu savoir précisément pourquoi il était venu, mais il paraît qu'il vint surtout pour chercher à découvrir les ressources de la forteresse ; on sait qu'il eut une grande conférence avec M. Sauli premier syndic, qui n'existe plus.

On continua à presser la reddition de la place ; on construisit pendant la nuit de nouvelles batteries pour la décider ; l'ennemi découvrit le toit de ses casemates, parut décidé à résister et mit hors de service une partie des pièces françaises destinées à la chauffer ; rien ne prouve plus le peu d'importance de cette petite place que de savoir qu'elle résista le 30 germinal et le 1er floréal (19 et 20 avril), et de n'en voir pas moins les Français poursuivre leurs victoires, attaquer avec succès la position de la Corsaglia, et arriver triomphants à Mondovi.

La place de Ceva tomba peu de jours après par suite du traité de Cherasco ; le général Despinoy vint en prendre possession, et le 28 avril les troupes piémontaises qui y étaient de garnison passèrent déjà à Saint-Michel tambour battant rentrant dans l'intérieur du Piémont, et le fort qui n'avait jusque-là pu être pris, fut cédé par le traité de Cherasco, qui fut signé définitivement à Paris le 26 floréal an IV.

On ne peut se défendre de surprise lorsqu'on voit passer aussi tranquillement les troupes françaises dans une ville aussi dominée par la forteresse que l'est Ceva ; mais ce fut une des conditions auxquelles accéda le gouvernement piémontais pour sauver la ville des malheurs qui suivent d'ordinaire la guerre. Nous l'avons vu montrer un instant de la fermeté à l'aide de camp du général Rusca ; il n'a pu soutenir longtemps ce caractère, ignorait-il donc qu'il faut à la guerre ne rien considérer ? il faut bien ne faire que le moins de mal possible, mais il faut cependant faire tout celui qui en cause à son ennemi ; il eût dû plutôt mettre la ville en poussière ; cette mesure, on le sent bien, n'eût pas empêché les victoires des Français, mais elle les eût sans doute retardées de quelques heures, et il est si important de gagner quelques heures pour celui qui est sur la défensive.

On voudrait pouvoir ajouter ici quelques calculs approximatifs sur la force des deux armées, mais à quoi bon répéter des données mensongères ; Bonaparte la vit et l'évalua à 8.000 hommes, on peut s'en fier à son coup d'œil exercé. Un fait très certain est que l'armée piémontaise tout entière, après la déroute de Saint-Michel, ne s'élevait plus sur les bords de la Stura qu'à 9.000 hommes, tant la désertion avait été considérable ; elle était la suite d'un découragement total, car sans doute ses défaites, quoique nombreuses, ne l'avaient pas encore réduite là.

Conjecture sur l'attaque faite par les Français aux troupes établies dans le camp retranché de Ceva. — Les Français n'ont donné dans le temps cette attaque que pour une reconnaissance ; les troupes piémontaises l'ont regardée au contraire comme une victoire signalée ; plusieurs même ont été d'avis que le général Colli avait trop pressé sa retraite et que les Français n'eussent plus tenté une attaque vive, du moins sans avoir des moyens bien supérieurs à ceux qu'ils avaient montrés dans cette journée ; si on consulte le site et qu'on se dépouille de toute espèce de parti, on pourra peut-être découvrir dans les faits mêmes, jusqu'à quel point chaque armée a eu raison.

Sans doute l'attaque des Français a été trop vive et poussée trop loin pour qu'on puisse attribuer seulement au général Augereau le but de reconnaître les moyens de défense, que voulaient employer les Piémontais. On doit cependant avouer en même temps, et nous l'avons vu mille fois, que les Français animés de l'espoir de la victoire, poussent une attaque souvent au delà de ce qu'ils avaient projeté, je dirais même de ce que veulent leurs chefs ; mais en supposant un instant qu'elle ait été ordonnée comme on l'exécuta, on peut dire : si on n'eût eu que le but de reconnaître, à quoi bon menacer si vivement la route de Castellino. Si on avait au contraire le projet décidé d'emporter les redoutes de la Pedagera, pourquoi après les avoir entourées, ne pas profiter du succès ? car sans doute les attaques insignifiantes que fit faire ce jour-là M. de Bellegarde n'ont point fait changer de projet aux Français; on ne peut se le dissimuler : on peut donc dire hardiment que, si cette division eût dû emporter les retranchements de la droite de l'ennemi, elle a fait une faute grave en les abandonnant, car elle en était pour ainsi dire maîtresse, puis- qu'elle avait déjà intercepté la route de Castellino ; et, si on ne devait pas s'en emparer, l'attaque a été trop vive, et on y a perdu trop de monde. Le général en chef français ne parut point avoir le but dans cette attaque d'intercepter les routes de Dogliani et de Lese- gno, au moins rien ne l'a annoncé ; nous savons au contraire qu'il faisait venir Masséna à marches forcées pour faire une attaque vigou- reuse, et le général Colli a eu sans doute une crainte non fondée, il eut beaucoup mieux fait de s'opposer avec tous les moyens qui étaient en son pouvoir à ce qu'il croyait le but de l'armée française, mais de ne point abandonner un poste aussi important sur de simples soup- çons; quant aux Piémontais, la partie attaquée s'est parfaitement conduite, a montré de la bravoure, mais le centre n'a point profité de tous ses avantages, il n'a point attaqué les Français avec assez de vigueur, il aurait dû sentir toute l'importance de reprendre le bric de Bastia, et d'en culbuter les Français, et rien ne nous prouve qu'il l'ait bien appréciée : on objectera sans doute qu'on craignait le corps qui était resté de l'autre côté de la Bovina en face de Tête noire et qui pouvait attaquer les retranchements du centre d'un moment à l'autre ; mais on peut répondre à cela qu'il leur fallait le temps de descendre la rampe et de la remonter, qu'en second lieu, comme il ne restait pas à l'armée piémontaise de position plus avantageuse et plus resserrée pour recevoir bataille, l'armée française n'étant d'ail- leurs point encore réunie, puisque la colonne Sérurier n'était pas en mesure (1), les Piémontais auraient dû tâcher d'engager une affaire générale et profiter de l'espèce de faute qu'avaient com- mise les Français en s'engageant autant qu'ils le firent dans une sim- ple reconnaissance ; on aurait pu même tirer grand parti des troupes de la forteresse qui auraient protégé puissamment le flanc droit ; le

_____

(1) Je me rappelle à ce sujet d'avoir entendu conter à un officier piémontais de la redoute de Testa Nera un fait bien caractéristique de l'esprit qui ani- mait à cette époque les troupes françaises et de l'amour vif qu'elles avaient pour leur patrie : on en amena quelques-uns prisonniers à cette redoute, et au moment même un officier piémontais vint avertir son chef qu'on voyait déboucher une colonne par la vallée du Tanaro ; ces soldats blessés et cap- tifs, avant même qu'aucune idée fût encore arrêtée sur ce fait, oubliant leurs maux et leur état de captivité s'écrièrent : « Vive la République, les positions sont à nous, la jonction est faite, voilà Sérurier ». Quels soldats ! quelle intelligence ? quel amour de succès ! de telles troupes bien conduites doivent toujours être invincibles.

général en chef Colli eût-il cette idée? je l'ignore, mais j'en doute;
il était déjà trop occupé de ce que pouvait tenter contre lui Bonaparte, de toutes les suites de la défaite qui le menaçait, et ne présu-
mait pas assez de la valeur des soldats qu'il commandait, car je me
plais à leur rendre justice : le soldat piémontais conduit par des officiers braves et instruits est très bon ; on ne peut lui faire d'autres
reproches que de n'être pas assez entreprenant, lorsqu'il est livré à
lui-même, mais il tente tout ce qu'on lui ordonne et n'abandonne
jamais ses officiers s'il les estime. Je répondrais que le comte Vital ne
songea à autre chose qu'à la defense de sa redoute, mais M. de Bellegarde, qui, en raison de ses moyens, pouvait avoir la plus grande
influence dans cette affaire, quoiqu'il ne commandât qu'en second
(car M. Vital était trop heureux que ses subordonnés prissent un
parti en pareille circonstance et avait l'esprit de le sentir), ne profita
pas de cette occasion comme il eût pu, et ça peut-être été la plus belle
de la campagne; à la vérité, ce colonel faisait gloire de désapprouver
en toute occasion le général en chef et montrait contre lui l'animosité la plus décidée ; j'aime à croire que ce fut la crainte d'être désap-
prouvé par le baron Colli, qui l'empêcha de rien prendre sur lui
dans cette circonstance, car il était, je le répète, capable de l'apprécier ; autrement on pourrait l'accuser d'avoir été l'ennemi de son
prince et de sa patrie, s'il eût préféré écouter cette animosité à servir la cause qu'il défendait dans une circonstance aussi importante,
et on doit à la vérité de dire que le régiment des grenadiers royaux
qu'il commandait a été un de ceux qui s'est le mieux montré pendant la guerre.

IV

Mémoire sur le camp de Saint-Michel (1)

Description topographique et aperçu militaire sur cette position. —
Le camp des troupes piémontaises à Saint-Michel présente une de ces
positions heureuses sur lesquelles la nature paraît avoir tout fait pour
défendre l'accès de la petite place de Mondovi. Les dernières ramifications des Alpes-Maritimes offrent des rampes généralement difficiles
et le cours tortueux et assez profond de la Corsaglia forme, en avant
de cette position, un fossé d'autant plus avantageux que la rive gauche de cette petite rivière domine partout la rive droite. A l'époque du
4 floréal an IV (19 avril 1796 V. S.), jour de l'attaque tentée par les
Français, les sommités de la droite de cette position étaient encore
complètement inaccessibles en raison de la quantité de neige dont
elles étaient couvertes ; ce qui les mettait parfaitement à l'abri d'une
surprise ; d'ailleurs un corps de troupe placé aux Frabouses, sous les
ordres du colonel comte Mouzoux, préservait cette position de tout ce
qui pouvait pénétrer par le haut Tanaro. L'aile gauche de l'armée
appuyait à Cherasco. Cette ligne formait conséquemment un saillant
sur lequel on se disposait à se défendre ; le reste était gardé par
quelques postes placés çà et là, et les neiges et le Tanaro étaient la
barrière principale qu'on comptait opposer à l'assaillant. Quelques
milices suffisaient à garder les passages difficiles que présentait la
chaîne de droite. On n'avait néanmoins d'autre espoir en cette
espèce de vedettes que d'être averti à temps des tentatives qu'aurait pu
faire un petit corps français pour y pénétrer, et de porter aussitôt de
bonnes troupes pour les recevoir au sortir de ces défilés. Les avant-
postes placés à la Bra la garantissaient des craintes que pouvaient
inspirer les communications de Battifollo, de Mombasilio et celles
plus facile de la vallée du Tanaro.

(1) Par Martinel.

Le Tanaro qui couvrait la gauche de la position, présente toujours au printemps une masse d'eau imposante par son volume et sa rapidité, où il est, à cette époque, extrêmement difficile de trouver des gués. Il est conséquemment très aisé à une armée d'en défendre le passage. La paroi droite de la vallée de la Corsaglia et la rive gauche du petit torrent de Mongia fournissaient des emplacements avantageux pour des avant-postes. On voit aisément d'après ce coup d'œil général que la ligne militaire de Saint-Michel était, à cette époque, une des plus belles positions défensives que puisse présenter la nature. Les détails sur les points principaux qui suivront, le coup d'œil général serviront encore de preuve à cette assertion.

Les sommités du village de la Torre, couvertes par le torrent de Casotto, les cimes rapides et boisées de la droite de la Corsaglia et surtout les brics Della Cioche, de Saint-Paul, de Chiapuzza et la cime du mont Augero, offrent des points heureusement situés pour découvrir de loin les mouvements des assaillants ; ils avaient été employés à cet objet lorsque l'armée piémontaise vint se ranger derrière la Corsaglia ; tous ces avant-postes trouvaient en arrière des ponts pour le cas où ils auraient été forcés à faire retraite.

Le hameau de la Pra (1), appelé par plusieurs improprement Lesegno (2), offre encore un poste très avantageux pour une avant-garde ; sa situation escarpée en arrière de la Mongia, le met à l'abri d'un coup de main, et le pont de Lesegno sur la Corsaglia assure, dans tous les cas, la retraite des troupes qui y seraient établies.

La paroi gauche de la vallée de la Corsaglia offre une suite de hauteurs, plus ou moins élevées, qui se détachent, comme je l'ai dit plus haut, de la grande chaîne et viennent, jusqu'à la rive gauche du Tanaro, présenter les derniers reliefs des Alpes-Maritimes. Deux points sur cette étendue qui est de près d'un myriamètre, sont totalement surbaissés : celui des Molline et celui de Saint-Michel. Depuis ce village, la cime remonte assez rapidement jusqu'à la Bicocca, descend ensuite par une pente assez régulière mais douce, jusqu'au Castellazzo. Depuis là, cette crête devient une plaine inclinée, qui prolonge la colline jusqu'à la rive gauche du Tanaro ; c'est là que terminait la gauche de l'armée piémontaise. On y avait établi un

---

(1) Prata, carte sarde au $\dfrac{1}{50.000}$.

(2) Il paraît que Borgonio a induit en erreur les citoyens d'Albe et Martinel ; dans leur carte du Piémont, tous deux ont répété à peu près la même faute ; Decaroli a indiqué dans sa carte la Pra. Mais n'ayant pas écrit le nom de ce hameau, on ne peut décider s'il l'a commise, parce que le nom de Lesegno peut aussi bien s'approprier à lui qu'à l'autre (*Note du manuscrit*).

pont volant pour passer sur la rive droite, presque en face du moulin d'Arazza, qui fut retiré dès qu'on craignit sérieusement une attaque ; mais ce pont était d'un grand avantage pour la ligne de Ceva, pour le cas où les Français eussent réussi à enlever la communication avec Saint-Michel, par la grande route de Mondovi.

Points principaux de la ligne de la Corsaglia. — Trois points principaux méritent sur cette ligne d'être remarqués des militaires : Bon Jésus, La Bicocca et l'isthme de la Madona delle Casette. On ne dit rien ici de Saint-Michel, ni de Molline, mais on conçoit qu'un pont existant sur ces deux points où l'arête devient si accessible, devait faciliter les moyens d'attaque ; on pouvait aussi compter les ponts de la Torre, dit de Saint-Grégorio, et celui de Saint-Antonio ; mais le plan seul dit que des troupes qui l'eussent traversé sur ces points pour attaquer la colline, eussent dû passer par les armes. Quant à celui de Saint-Michel, on y reviendra nécessairement, en parlant de l'attaque du village.

Bon Jésus. — Est une chapelle située au nord-est du bric Bellana, point le plus élevé de la partie de la chaîne que nous envisageons, puisqu'il est à 633 mètres au-dessus du niveau de la mer. Le mamelon sur lequel est bâti Bon Jésus est plus bas de 121 mètres, mais a l'avantage de se trouver sur un des points les plus resserrés de la vallée ; c'est un saillant qui se détache de la masse générale et paraît destiné, par la nature, à barrer la vallée et à flanquer Saint-Michel. La pente de la butte sur laquelle repose le bâtiment est si rapide et tellement accidentée, qu'on avait même cru inutile en l'an IV de construire sur la face orientale des retranchements ; on avait seulement élevé des parapets au nord et au sud de la cour. Ceux au nord n'étaient même qu'une batterie qui croisait ses feux sur le pont de Saint-Michel, avec celle des Rucchini placée au pied de la Bicocca et avec celle de la vieille église. On pourrait donc dire que l'ancien village de Saint-Michel et son antique château étaient flanqués par ses feux, comme le serait une courtine par les flancs de deux bastions latéraux. Saint-Michel était encore protégé par une batterie placée à l'extrémité orientale du village.

Cette position est entourée en grande partie de vignes et, sur quelques points, de taillis de chênes ; elle présente quelques déchirures qu'on peut regarder comme inaccessibles, pour peu qu'on veille à leur défense ; mais au sud, les pentes sont plus faciles ; on pourrait cependant les défendre avec succès par de petits corps, placés dans le fond du vallon, qui ne se montreraient qu'au moment d'une attaque décisive. On suppose toujours le bric de Bellana occupé en force, car il est comme le nœud d'où dépend toute la défense de cette masse de montagnes. Bon Jésus ne sera jamais, sans doute, le point qu'on attaquera, si Bellana est défendue avec intelligence. Le petit corps dont on a parlé plus haut, destiné à empêcher l'attaque de Bon Jésus, devrait être fourni par un poste placé à la cassine de Giorgin, qui aurait le double avantage de protéger la retraite des troupes placées à la Chapelle, dans le cas où elles seraient forcées, et celui de ménager la communication avec le point central de Bellana, qui doit être disputé à outrance. Il est même essentiel de défendre Bellana avec intelligence, car il serait possible de tourner par là les troupes de Bon Jésus, et avec d'autant plus d'avantage, qu'il s'en détache un rameau très boisé formant la droite de Val Buschea ; l'extrémité de celui-ci domine sous le coup de fusil les retranchements de Bon Jésus, qui deviendraient bientôt intenables si l'on s'emparait de cette hauteur.

Le poste de Bon Jésus n'avait pendant la guerre, pour la retraite de l'artillerie, d'autre route que celle qu'avaient fait construire les troupes piémontaises, pour l'y faire arriver ; elle avait été tracée sur la pente septentrionale et venait terminer au chemin qui, de la Torre conduit à Saint-Michel, et grâce aux nombreux contours qu'on y avait formés, elle était assez commode, mais elle eût pu devenir très dangereuse ; en cas de retraite un assaillant audacieux pouvait aisément tenter un coup de main sur l'artillerie avant qu'elle fût arrivée au hameau de Saint-Michel, dit Codvilla. Il eût été plus militaire d'en ouvrir une à la place du sentier de Giorgin ; on l'eût faite avec peu de travail, et elle eût eu de là communication assez en arrière avec la route de Saint-Michel à Vico ; on y serait parvenu depuis Giorgin, par une route qu'il eût été aisé de rendre commode et qui existe déjà dans le bois de châtaigniers, sur le revers occidental de cette montagne.

La position de Bon Jésus présente, à 30 ou 40 mètres au nord de la Chapelle, une bonne source qui ne tarit jamais. Les bâtiments de cette chapelle champêtre sont susceptibles d'abriter aisément 50 hommes et un officier et d'offrir un réduit pour un magasin de munitions. La cassine Giorgin offrirait à peu près le même avantage.

On sera d'autant plus surpris, si on y réfléchit un instant, que l'armée piémontaise n'eut pas d'artillerie aux Mollines, pour flanquer sa droite, que le passage aisé par lequel on parvient à Saint-Stefano n'était point assez bien défendu pour ne rien craindre sur cette aile. Il est vrai que l'ennemi avait un bataillon de chasseurs de Nice sur la crête de la Torre, auprès de Saint-Pio ; mais le général Sérurier sentit bien qu'il devait l'en chasser, et, dès ce moment, la droite de l'ennemi devint très exposée. A quoi bon cependant réunir tant de moyens de défenses sur Saint-Michel, dès qu'on appuyait si peu cette droite qui, avec quelque précaution, et défendue par les neiges supérieures, pouvait devenir à cette époque absolument inattaquable.

La Bicocca est un plateau élevé de 590 mètres au-dessus du niveau de la mer, ayant près de 60 mètres de diamètre à sa sommité. Il domine le reste de la chaîne ; au centre est la petite chapelle de Saint-Jacques. Les pentes de la Bicocca, sur toutes ses faces, sont si peu rapides que des chevaux peuvent partout y gravir ; elles sont recouvertes assez généralement de bruyères. En avant de la partie orientale coule la Corsaglia, dans un lit profond et tortueux qui lui sert d'avant-fossé, et qu'on n'aperçoit de la plaine que lorsqu'on est arrivé précisément sur sa rive. Sur plusieurs points les bords de cette rivière sont taillés à pic et complètement inaccessibles, tandis que sur la rive opposée ils ne présentent qu'une pente douce et fertile ; sur plusieurs autres, la rivière est inguéable une bonne partie de l'année. Sur la face orientale de la Bicocca, la pente, à quelque distance de la chapelle, cesse d'être recouverte de bruyères et est cultivée en vignes ; puis est tout à coup formée de saillants de grès tendre et parfois d'un poudingue très dur, dans lequel se trouvent, comme amoncelés, des bivalves qui fournissent une preuve de plus que, dans des temps bien antérieurs, cette partie du globe a été submergée.

Au bas de la Bicocca, on profita d'un petit plateau qu'on rencontre sur la pente orientale dit li Rucchini, pour établir une batterie. Sur les escarpements rocailleux qui l'entourent, croissent, çà et là, des taillis de chênes. A mesure que l'escarpement se rapproche de la rivière sa nature change, il devient plus plat, et son sol devient cultif, mais vis-à-vis il est taillé à pic, et cette rivière présente presque à chaque détour une semblable alternative ; ce sont sur les points où la Corsaglia avance ainsi dans la vallée qu'on retrouve ces morceaux de terre plate et cultivée.

Il se détache de la croupe de la Bicocca trois contreforts très distincts, tous trois ayant des hauteurs et des formes différentes.

Celui Delle Coste et Castellazzo court au nord-est, et est moins élevé que les autres. Il est de la même nature, et présente pour ainsi dire les mêmes accidents que le plateau de la Bicocca. Il va terminer par des reliefs très saillants, puis par un glacis pendant vers le Tanaro. Les encaissements de la Corsaglia deviennent toujours moins prononcés, à mesure qu'ils approchent du Tanaro. Les reliefs de cette dernière rivière sont plus saillants que ceux de la Corsaglia ; ce rameau au couchant est peu rapide, et sa pente est assez généralement recouverte de bois.

Le deuxième plus élevé que les autres, court à l'ouest, est très accidenté, offre une pente très rapide, qui remonte tout à coup, et va vers Briaglia et Saint-Grato ; il est sans doute une suite de la chaîne qui borde la rive gauche de la Corsaglia, mais le petit ruisseau Greu l'en détache de telle manière qu'il faut déjà avoir acquis de l'exercice, dans l'art d'observer ces phénomènes de la nature pour juger qu'il en est un prolongement. C'est sur la crête de cet escarpement que l'armée piémontaise était établie. La ligne interrompue à Bon Jésus, et se reliant par le village de Saint-Michel continuant par la Bicocca, le Castellazzo et la Madona delle Casette allait terminer sur les rives du Tanaro, où elle se prolongeait jusqu'à l'escarpement saillant au pied duquel est bâtie Codevilla.

Le troisième dont les pentes sont plus douces est néanmoins plus élevé que le premier. Il court au nord, se divise et forme deux coteaux très distincts qui vont terminer entre Codevilla et le village de La Niella. Ceux-ci sont tout près de la Bicocca, sont boisés ; 500 mètres plus loin ils deviennent cultifs, et sont recouverts de vignes : le plus oriental porte le nom de bric de la Serra et on distingue sur le prolongement du plus occidental le bric de Lentia.

Madona delle Casette. — Ce point est d'autant plus intéressant que c'est lui qui défend le passage du pont. Les hauteurs de la Madona sont heureusement disposées pour le protéger. Un seul regard sur le site montre qu'on peut y établir trois ou quatre rangs de feu, et que les Français eussent été forcés pour l'attaquer d'embrasser une demi-circonférence fort étendue, tandis que les Piémontais étaient dans le centre, et pouvaient présenter un feu meurtrier dans tous les sens.

La Pra. — Le hameau de la Pra formait un très bon avant-poste, parce que la tête de Mongia le mettait à l'abri de toute surprise ; il avait de plus l'avantage d'offrir un point important pour charger avec succès tout ce qui aurait pénétré dans la plaine par les pentes boisées de la droite.

On abandonne ici toute considération de détail sur le reste du lit de la Corsaglia, sur son embouchure et sur la rive du Tanaro jusqu'au château de la Niella, parce qu'en supposant que nous eussions pu réussir à porter un corps de troupe dans cette espèce de bassin, cela n'eût pu avoir lieu que dans le cas d'une attaque générale ; on ne doit pas présumer qu'on fût jamais parvenu plus avant pour peu que l'ennemi eût défendu avec intelligence les derniers reliefs des collines, le glacis naturel qui s'y rencontre et selon lequel cette plaine penche dans le Tanaro.

Seconde ligne militaire en arrière de celle de la Corsaglia. — Derrière la ligne militaire de Saint-Michel, à 2.500 mètres environ à l'ouest de la Bicocca, est une autre position qui aurait pu servir

aisément à rallier des troupes forcées sur la première; elle se prolonge du bric de la Guardia au sud-ouest par la maison de l'évêque,
Saint-Giovani de Vico et Vico, et au nord-est par la chapelle de Saint-
Théobaldo ; elle va appuyer sa gauche comme l'autre au Tanaro. En
avant d'une partie de cette ligne coule le Fossato de Moraje. Elle est
plus courte que celle de la Corsaglia et pourrait, au printemps, comme
la première s'appuyer au bric Bellana. Si on eût attaqué de front la
position de Saint-Michel, cette ligne aurait pu lui ajouter beaucoup
de valeur pour peu qu'on y eut fait de préparatifs.

*Routes principales qu'on doit connaître pour juger des avantages
de la position de la Corsaglia.* — On peut arriver de Saint-Michel
sur la Bicocca par trois chemins principaux ; il y en aurait deux
autres encore mais ils n'arrivent pas précisément jusqu'à la chapelle. Deux des premiers se divisent après être sortis du village et en
forment plusieurs qui y conduisent de même.

Le premier à gauche est celui de Saint-Giovani qui sort de l'extrémité méridionale de Codvilla ; un peu plus au couchant vers la
Madona de Guarene s'en trouve un deuxième qui y aboutit de
même et laisse à sa droite la chapelle de Saint-Giovani.

Le second est celui du château, il forme trois branches au sortir du
village.

Enfin, pour parvenir sur celui de Rucchini, on sort par la partie
orientale du village et cette route se subdivise au-dessous de la batterie, la plus orientale des deux conduit à Castellazzo.

On vient aussi de Lesegno à la Bicocca passant par Castellazzo.

Chemins qui de la première ligne conduisent à la deuxième. —
Il y aurait plusieurs moyens de parvenir en cas de retraite de la
ligne de la Corsaglia sur celle qu'on vient d'indiquer ; on ne parlera
ici que des principaux.

De la Bicocca une grande route conduit à Briaglia Saint-Grato.
Une autre par li Quarte et ca Maglia conduit au bric de la Guardia
et à Vico.

Une troisième enfin, par la croix de la Maglia, le pont et le pilon
de Moraje conduit à Saint-Théobaldo.

Une autre route part de Castellazzo passe par Codvilla. Enfin
de ce hameau et de la réunion de ceux qui forment le village de la
Niella on parvient par nombre de routes sur la hauteur.

Le Tanaro prend sa source au pied du col de Tanarello et du
mont Cical. Ici deux branches, l'une sous le nom de Tanaro, l'autre
sous celui de Negrone, séparées par le contrefort de Pian Cavallo, se
réunissent un peu au-dessus du Pont de Nava, bâti à près de treize

kilomètres au sud du mont Cical. Il coule de là dans une direction sud-est et en reprend une nord-ouest au-dessus de Malpotremo, passe au pied du fort détruit de Ceva, après avoir reçu la Corsaglia arrose le petit village de la Niella, baigne les murs de Cherasco où il reprend la direction nord-est, passe à Alba, Asti et Alexandrie, et vient se jeter ensuite dans le Pô auprès de Bassignana. Il reprend de là la direction générale des fleuves d'Europe qui coulent tous à l'est ou à l'ouest (on sait que le Rhône et le Rhin font cependant exception à cette loi générale). Le Tanaro à son confluent avec le Pô, offre une position militaire importante qui le devient d'autant plus que la force d'Alexandrie augmente; il est hors de doute qu'un général habile, commandant à Alexandrie un corps de troupes nécessairement considérable (puisque lorsque la ville et la citadelle seront achevées, il faudra bien près de 15.000 à 20.000 hommes pour garder les ouvrages) (1), pourra tirer un grand avantage de la langue de terre renfermée entre le confluent du Pô et du Tanaro, ainsi que de celui beaucoup moins étendu de la Bormida et du Tanaro; il ne sera que fort tard resserré dans cette place de guerre, s'il sait profiter des avantages de l'heureuse situation que lui présentent les confluents de ces trois rivières. Ce n'est point ici le lieu d'observer le parti qu'on aurait pu tirer de Valence, Bassignana et Alexandrie formant ensemble un triangle dont les côtés approchent de six kilomètres et si, abandonnant les anciens travaux de la place et quelques mauvais couvents, il n'y aurait point eu de l'économie à construire à neuf Bassignana.

Les préjugés du militaire habitué à manier des troupes et qui ne voit de salut que dans des mouvements sont aussi à craindre que ceux du fortificateur habile qui ne voit de force que dans des murailles.

On peut évaluer la longueur du cours du Tanaro depuis sa source à la Niella environ à trente milles de Piémont ou à sept myriamètres. Il suffit de jeter un coup d'œil sur le cours de cette rivière pour voir de quel avantage la position de cette vallée peut devenir pour empêcher de pénétrer en Piémont et arriver en Ligurie.

C'est contre la paroi droite de cette rivière qu'appuyent les lignes célèbres de Vintimille et de Borghetto en Ligurie. La première a été forcée par le général Suchet, sans perdre un homme, au moment où

---

(1) Depuis que j'ai écrit ceci, l'officier général qui a donné les plans des ouvrages qui s'y construisent, m'a assuré qu'on pouvait la garder avec 10.000. J'avoue que j'en ai jugé autrement, d'après le développement des travaux et, qu'avant cette assertion, je me serais trouvé malheureux de devoir la défendre avec 15.000.

l'armée de réserve marchait à ses brillants succès. Cet officier général a prouvé aux militaires, dans cette occasion, combien un général instruit qui a de bonnes reconnaissances du pays où il fait la guerre, peut avoir de succès et épargner le sang des troupes, dont le commandement lui est confié (1).

La vallée du Tanaro donne encore accès dans la 27e division militaire par les vallées de Pesio, d'Ellero, de Corsaglia, de Casotto, de Mongia et de la Bormida du Cencio. On passe ici sous silence le grand nombre de postes militaires qu'offrent, de droite et de gauche, les montagnes entre lesquelles elles coulent; ces sommités presque partout boisées et accessibles depuis Garessio, ont toutes été occupées et fortifiées pendant cette guerre; et il n'est pas de site qui ne rappelle quelque événement glorieux pour les Français, ils sont tous teints encore du sang de l'armée piémontaise qui les défendit avec acharnement.

La vallée du Tanaro présente une route commode, praticable à l'artillerie jusqu'à Orméa; elle est mauvaise depuis Orméa au pont de Nava; celle depuis Garessio à la mer par le col de Saint-Bernard sera longtemps célèbre pour avoir servi de passage à toute l'artillerie française en l'an VII, au moment de la retraite du général Moreau (2). On rencontre des ponts sur cette rivière à Nava, Garessio, Priola, Nucetto et à Ceva.

Cette rivière est la barrière qu'a placée la nature entre les Alpes et l'Apennin. Le naturaliste n'y voit pas, sans étonnement, la différence de la rive droite et de la gauche. La première offre des sommités toutes recouvertes de taillis de noisetiers et néanmoins très peu productives, tandis que la gauche ne présente que de ces roches primitives dont les sommités rocailleuses refusent même de fournir nourriture aux plus petits végétaux; et à quelques mètres plus bas présente des prairies abondantes, couvertes de bétail et de troupeaux.

La pente de cette rivière devient moins rapide, comme cela est d'ordinaire, à mesure qu'elle s'éloigne de sa source; ses eaux sont encore cependant élevées de 282 mètres au-dessus du niveau de la mer à l'ouest du village de la Niella; depuis l'embouchure de la Cor-

(1) La reconnaissance de Vintimille fut faite en l'an VII, conjointement par des officiers du dépôt de la guerre, du génie, de l'artillerie et de l'état major, dont les généraux Moreau et Campredon surent utiliser les talents.

(2) Un ingénieur géographe soutint, après avoir parcouru le chemin difficile, contre l'avis de tous les officiers supérieurs de l'armée, que ce passage pouvait devenir praticable; on suivit son avis et l'artillerie fut sauvée.

saglia jusqu'au-dessous de ce village, sur un espace de 7.300 mètres où son cours n'en aurait pas 3.000 en ligne droite, il offre 18 mètres de pente; près la cassine de Garétti à 2.000 mètres au nord-ouest de Ceva, il n'est déjà plus élevé que de 311 mètres au-dessus du niveau de la mer, et sa pente, du pont de Ceva à ce point, n'est que de 12 mètres; mais en le remontant jusqu'au point où il entre dans le plan de Ceva, sur tout au plus 2.000 mètres de cours, il en offre 27.

Enfin, pour résumer, depuis le point où il entre dans le plan de Ceva jusqu'à celui où il sort de celui de Saint-Michel, il offre 68 mètres de pente, sur environ 16.000 mètres de contour, qu'on pourrait évaluer à 15.000 en ligne droite. Cette rivière n'est guère navigable que depuis Asti, on en fait même peu d'usage sous ce rapport; cependant elle porte des bateaux de 3.000 rups jusqu'à Annone. Ceux qui vont de là à Asti ne portent guère que la moitié de ce poids. Les bateaux viennent rarement plus haut que les moulins d'Alexandrie, et en été la navigation est souvent interrompue par le manque d'eau (1).

Le citoyen Castellano a lu à la société d'agriculture, dans la séance du 25 thermidor an II, un mémoire sur la possibilité et les avantages de le rendre navigable.

Le Tanaro, auprès d'Alexandrie, attaque fréquemment ses bords qui sont en terre argileuse, et change alors de lit de quelques centaines de mètres; la partie du terroir qu'il abandonne est recouverte dans la première crue d'un limon gras, dans lequel croissent spontanément des saules et des peupliers, qui, après deux ans, forment un taillis épais et bientôt avec quelques soins des bois utiles et d'une très belle venue.

Le Tanaro est poissonneux dans tout son cours; on y pêche de la truite estimée, mais toujours moins à mesure qu'on s'éloigne de sa source; cette rivière croît, le plus communément, en automne et au printemps.

La partie du Tanaro qu'il est intéressant de connaître pour juger de la ligne militaire de la Corsaglia, est le point précisément où cette petite rivière vient grossir son cours jusqu'au-dessous du château de la Niella. Dans ses plus fortes crues, il augmentera vers les moulins d'Arazza de 1 mètre 1/2. Il gèle là, ainsi que sous les murs d'Alexandrie, parfois complètement; on le traversait sur la glace vis-à-vis

---

(1) En passant à Annone, on a su positivement que c'est à la Rocca d'Arazza (vis-à-vis d'Annone) que s'arrêtent communément les bateaux; il y en a sept qui apportent journellement les vins de l'Astadaune à Alexandrie; chaque bateau porte dix-sept botale, c'est-à dire ce que conduiraient dix-sept paires de bœufs.

d'Arazza, dans l'hiver de l'an X. Il est, dans cette partie, extrêmement tortueux; ses encaissements sont toujours escarpés sur une
rive, tandis qu'ils sont plus adoucis sur l'autre, présentent de grands
avantages pour un passage de vive force. La masse d'eau que lui
fournit la Mongia et la Corsaglia, rend les gués impraticables une
bonne partie de l'année; il y a communément un bac en face des
moulins d'Arazza, et l'armée piémontaise avait fait construire sur ce
point un pont volant qui fut retiré dès que les dernières troupes
légères eurent passé sur la rive gauche, et il n'y était plus le 4, au
moment de l'attaque de Saint-Michel; les Français en ont fait construire un, un peu au dessus, en l'an VII, après la prise de Mondovi,
pour se porter sur la Pedagera par Castellino.

Le Tanaro est généralement profond sur ce point de près de
2 mètres et large environ de 30 ou 40. Le fond en est garni de
cailloux; la rive gauche est élevée de près de 60 mètres, tandis que
la pente opposée offre un plan incliné, cultivé et planté d'assez
d'arbres pour favoriser les mouvements des troupes placées sur cette
rive, sans cependant pouvoir les dissimuler en entier à des sentinelles
attentives. Quelques points du ravin sont précisément inaccessibles;
ceux qui ne sont pas dans ce cas sont assez généralement couverts
de petits chênes.

La Corsaglia prend sa source au col de Termini ou col d'Ormea,
au nord du village de ce nom, dans les montagnes qui bordent
la rive gauche du Tanaro. La direction du cours de cette rivière
est du nord-est au sud-ouest; depuis sa source à Saint-Michel, son
cours sera environ de quatre myriamètres; plusieurs affluents viennent la grossir; le plus important, sous les rapports militaires, est
celui de la Borbera, large de trois mètres et profond de trois décimètres, parce que le vallon de celui-ci présente une communication
facile avec la vallée du Tanaro. La route qui remonte la Corsaglia
est beaucoup plus mauvaise à peu de distance de la Torre, cependant
elle a été susceptible autrefois de charrois; car tous les marbres de
Superga sont venus, par cette route, de la carrière de Frabouse. La
Corsaglia serpente dans une plaine fort étroite et toujours entre des
rochers; la vallée ne s'élargit qu'auprès de la Torre, et depuis-là le
cours de cette rivière devient très tortueux.

La plaine dans laquelle coule la Corsaglia est toute sur la rive
droite de cette rivière, depuis Saint-Michel à son embouchure, de
sorte que son lit, fort encaissé, est précisément au pied des escarpements de la gauche, et n'est aperçu que lorsqu'on est arrivé sur
ses bords; il présente néanmoins le phénomène si commun dans les
pays de collines, qu'une pente douce est toujours en opposition avec

un ravin inaccessible. Une semblable disposition rend toute espèce de tentative, pour un passage de vive force d'une rive à l'autre, très difficile, pour peu qu'une soit défendue. Cela l'est encore bien plus pour parvenir sur la rive gauche, puisque partout elle domine l'autre ; elle offre d'ailleurs des parties inaccessibles qui ont une plus grande étendue. Sa largeur est de dix à douze mètres et devient plus considérable en approchant du Tanaro, sa profondeur d'un et demi, elle en a jusqu'à un auprès de son embouchure. Le fond du lit de cette rivière est généralement en cailloux, cependant après de grandes crues qui sont communes au printemps lors de la fonte des neiges, il n'est pas sans exemple d'y trouver une argile tenace ; mais une seconde crue l'emporte, et les cailloux reparaissent aussitôt. On y pêche cependant d'excellentes truites, ainsi que dans le Casotto, parce que ces atterrissements n'y sont qu'accidentels. Son fond est inégal, on y trouve des creux çà et là qui ont jusqu'à trois mètres de profondeur qui, joints à sa grande rapidité et aux gros cailloux qui s'y rencontrent, en rendent les gués toujours très difficiles lorsqu'elle est trouble, surtout pour ceux qui ne connaissent pas parfaitement son lit ; on trouve dans la partie du cours que nous donne le plan ci-joint, un pont de pierre à Reviglion vis-à-vis de Molline.

Un idem à la Torre.

Une planche vis-à-vis de Saint Antonio.

Le soutien (*sic*) de Goretti (sur lequel on ne passe jamais, mais où, pourvu qu'on ne craigne pas de se mouiller malgré les plus grandes crues, on ne court pas risque de la vie en la traversant).

Le pont de bois de Saint-Michel, celui-ci fut détruit après la première attaque du 4.

Enfin le pont, partie de pierre et partie de bois de Lesegno. La partie de bois fut abattue lorsqu'on fut sur la ligne.

Le plan de Saint-Michel donne plus de neuf kilomètres en ligne droite du cours de la Corsaglia, et sans doute plus de quinze si on avait égard à toutes ses sinuosités ; elle a 202 mètres de pente sur cette étendue ; on voit conséquemment qu'elle est beaucoup plus rapide que le Tanaro. Par les diverses cotes de hauteur qu'on a placées dans le lit de cette rivière, on peut juger aussi que sa pente diminue graduellement à mesure qu'elle approche de son embouchure dans le Tanaro.

La Mongia, torrent. — Prend, comme la Corsaglia, sa source dans les montagnes qui servent de paroi droite à la vallée du Tanaro au-dessus de Viola ; son cours rapide et tortueux est sujet à des crues considérables ; communément encaissée dans des roches, dès qu'elle en sort, elle fait du dégât ; la direction de son cours commence à être du sud au nord-ouest, puis se dirige exactement au nord. Sa largeur est de six mètres environ, sa profondeur n'est presque jamais la même, et va dans les grandes crues au delà d'un mètre. Le fond de son lit est en cailloux ; elle grossit la Corsaglia au-dessous de Lesegno. Son cours est beaucoup moins long que celui de la Corsaglia.

La route qui suit le vallon va déboucher dans la vallée du Tanaro, tout près de Bagnasco ; cette route n'est praticable que quelque temps pour les voitures, mais dès qu'elle arrive à la montagne elle ne l'est plus qu'aux chevaux. De Bagnasco à Battifollo il faut près d'une heure, et cinq de Battifollo à Saint-Michel passant par Ceva.

Les diverses raisons qui déterminent l'armée piémontaise à prendre position en arrière de la Corsaglia. — L'armée piémontaise avait éprouvé dans le camp retranché de Ceva une de ces attaques vives auxquelles on résiste avec de la bravoure et de la bonne volonté ; mais ce qu'on ne pouvait prévoir étaient les conceptions hardies du général en chef français ; elles avaient inspiré une telle crainte à son adversaire, le général autrichien (Colli), qu'au moment où les troupes piémontaises combattaient avec valeur sur un point, il craignait déjà d'être entouré, et songeait autant aux moyens de se retirer qu'à ceux de faire résistance : tant est puissant l'empire du génie sur l'esprit même et sur la bravoure ; car dans l'aperçu qu'on a donné sur le général Colli dans le mémoire précédent, on croit avoir prouvé qu'il réunissait ces deux qualités.

Les Français, après avoir fait la paix avec l'Espagne, et s'être renforcés sur l'Apennin, commencèrent déjà en vendémiaire an IV à faire des mouvements qui alarmèrent également le général des Autrichiens et le général de l'armée piémontaise ; mais le peu d'harmonie qui régnait entre eux faisait que tout ce que proposait l'un était contrecarré par l'autre. Le titre de général en chef de l'armée piémontaise, et j'aime à ajouter le peu d'intérêt que celui-ci croyait que le général de Vins prenait au Piémont, donnaient au général Colli des prétextes continuels pour éluder les ordres de son chef, officier sans doute encore plus distingué par des connaissances que par sa vie militaire, quoiqu'il fût parvenu aux plus hauts grades, et qu'il fût décoré de tous les ordres que le gouvernement accorde à la valeur. Car on doit avouer que, malgré ses revers, aucun des généraux autrichiens venus en Italie n'a approché des talents de celui-ci ; tous les officiers instruits d'état-major qui ont eu des rapports fréquents avec ceux-ci, s'accordent à lui donner cette prééminence. Ces deux officiers supérieurs s'occupaient plus sérieusement de leurs brouilleries réciproques, que des mouvements des Français. On ne parle point ici de la méfiance et de la haine qui régnaient entre les deux armées.

ces sentiments paraissent naturels aux troupes coalisées ; les Autrichiens l'avaient d'ailleurs généralement mérité par leur morgue et
le mépris qu'ils annonçaient à une armée, qui sans doute était moins
aguerrie encore que la leur, mais il est incontestable qu'elle était
plus généralement pénétrée de ces sentiments d'honneur et de délica-
tesse, qui peuvent seuls former une bonne armée. Ces généraux furent
tout à coup réveillés de cette inconscience par une attaque vive qui eut
lieu à la moitié de brumaire. Le général d'Argenteau, commandant
au centre, culbuté ; le général en chef de Vins qui s'était chargé de
défendre la droite, complètement chassé de la rivière du Ponent ; le
lieutenant général Colli ne put résister sur les crêtes de droite dans
la vallée du Tanaro. Les gens sensés lui ont même reproché de
l'avoir tenté trop longtemps, car il est hors de doute que, pour la vanité
de tenir les derniers sur ces positions avantageuses, il exposa totalement l'armée du roi qui, seule et découverte sur sa gauche, ne pouvait
s'opposer avec succès à l'assaillant ; aussi perdit-il, faisant retraite,
beaucoup de troupes et d'artillerie. N'importe, cette audace parut
étonner les Français ; et le camp retranché de Ceva occupé par le
général major d'Argenteau, ainsi que la ligne de Saint-Michel tenue
par l'armée piémontaise leur en imposèrent encore pour cette campagne. La neige vint heureusement mettre fin à cette lutte entre ces
officiers supérieurs (discussions plus communes sans doute dans l'armée autrichienne, que dans aucune autre et une des causes principales de leurs revers) ; elle vint mettre aussi un terme aux succès des
Français, qui promettaient à tous les spectateurs du nouvel ordre de
choses que le Piémont allait être envahi.

Cette neige parut rassurer les plus alarmés, on paraissait déjà ne
pas prévoir que quelques rayons de soleil allaient détruire cette barrière, on était plus loin encore de deviner ce que le génie du grand
homme à qui le Directoire venait de confier le commandement de
l'armée opérerait dans moins d'un mois. L'arrivée du nouveau général en chef autrichien (Beaulieu) paraissait suffire aux coalisés pour
leur promettre la destruction de l'armée française, qu'ils affectaient de
mépriser quoiqu'elle eût eu constamment des succès sur eux, et l'arrivée du nouveau général leur faisait renaître l'espoir de donner des
lois à la France.

On eut le temps dans cette circonstance d'apprécier la position de
Saint-Michel ; cette position n'était pas seulement une de celles qu'un
officier qui a le coup d'œil militaire, a jugée à première vue, et sur
laquelle on a entassé des troupes, comme cela se fait si souvent à la
guerre, quitte à rectifier ensuite ce qui n'est pas avantageux ; celle-ci
était réfléchie, bien connue, et l'armée piémontaise avait été à même

de juger de ses moindres avantages. Les ingénieurs géographes, soit
les officiers d'état-major (1), l'avaient parcourue avec soin ; les généraux en avaient calculé toute la force, je dirai plus, les corps qui y
avaient été établis et toujours portés à grossir les dangers qu'on doit
craindre sur une position militaire en avaient découvert eux-mêmes
les avantages. Ils avaient indiqué ces petits détails qui échappent
nécessairement toujours à ceux dont le coup d'œil doit embrasser
l'ensemble ; aussi, dès le commencement de la campagne, à l'instant
où on avait le projet de vouloir faire résistance à Ceva, établit-on les
troupes d'élite sur la position de Saint-Michel ; elles y étaient comme
en réserve ; mais le 3 floréal, l'armée piémontaise ayant été attaquée
à la Pedagera, et pendant qu'elle y faisait résistance s'étant aperçue
que les Français tâchaient de dépasser sa gauche par Dogliani et de
lui couper la route du pont d'Arazza et celle de Mulazzano, celle de
Lesegno pouvant lui être enlevée d'un instant à l'autre (elle craignit
même de se voir précéder par les hauteurs de la droite sur Mondovi),
elle se hâta donc de quitter la position de Ceva et de se rapprocher de
cette forteresse en se portant sur la position de Saint-Michel. Les
corps commandés par le brigadier Brempt furent destinés à Cherasco, ceux commandés par le colonel comte Mouroux étaient déjà
aux Frabouses, et, conjointement avec la neige, enlevaient toute
espèce de crainte pour la droite.

5 pièces de 8 furent placées à la roche d'Arazza.

1 batterie de 2 pièces à la madona delle Casette.

2 pièces de 8 et 1 obus aux Rucchini.

1 pièce de 8 à l'entrée du village.

2 pièces de 4 furent placées à l'ancienne paroisse.

2 canons de 4 à Bon-Jésus.

Le parc d'artillerie fut établi dans les prés en avant de Saint-
Michel.

Les craintes augmentaient chaque jour dans ce village avant l'attaque de Ceva ; le général Colli y craignant un coup de main sur son
flanc droit rappela un général, homme de cour qui, on doit l'avouer,
s'était distingué plus d'une fois par sa valeur, mais qui manquait
encore d'expérience et de ce coup d'œil prompt sans lequel on ne
commande jamais avec succès, et donna le commandement de Saint-
Michel au brigadier chevalier Dichat qui avait acquis pendant la
guerre l'estime générale, et que nous avons vu périr couvert de
gloire quelques jours après au Briquet. Enfin la nuit du 1er au 2,

(1) Dans l'armée piémontaise, comme dans l'autrichienne, on avait jugé
nécessaire que ces deux titres fussent réunis sur le même individu.

vers les 2 heures du matin toute l'armée piémontaise se porta sur la
ligne de la Corsaglia ; la cavalerie fut placée dans la plaine de la
Niella, les grenadiers au centre et des troupes légères sur l'aile
droite. Toute cette troupe était bivouaquée ; un corps de chasseurs de
Nice placé à la Torre en arrière du Casotto préservait totalement la
droite d'une surprise, mais était loin de pouvoir la défendre (1).

Le quartier général qui était à Lesegno vint le 2 s'établir à Saint-
Michel ; les habitants de ce dernier village se mirent aussitôt à fuir
leurs chaumières, emmenant leur bétail et emportant ce qu'ils
avaient de plus précieux ; le petit village de Saint-Michel parut alors
une place d'armes et un asile dans lequel on n'avait plus aucun risque à courir, mais cette sécurité devait avoir peu de durée.

Attaque de la position de la Corsaglia. — Le général Masséna s'établit dès le 3 à Castellino, et poussait ses postes avancés jusqu'à Pian-
fin et Montairon, ceux-ci fusillèrent tout le jour avec l'ennemi. Ce
général avait été destiné à chercher un gué sur le Tanaro pour tourner la position de la Corsaglia ; après s'être emparé de Castellino, de
Bocca Ciglie et de Marsaglio, il fit des attaques à la région d'Arazza
aux Isole Soprane aux Morande, et toutes sans succès. Le général
Cervoni devait attaquer en face de Lesegno, et la division du général
Sérurier, suivant la plaine et les hauteurs qui bordent la droite de
la Corsaglia, devait, après avoir chassé les avant-postes de Saint-
Paul et s'être emparée de Battifollo, descendre en face de Saint-
Michel par le chemin qui y conduit et attaquer le pont qui sert à
parvenir au village. La colonne française qui marchait dans la
plaine parvint presque sans difficulté jusqu'à Lesegno Depuis là, les
troupes piémontaises firent valoir tous les obstacles qu'elles avaient
réunis sur la ligne ; mais c'est ici le lieu de parler de ceux que rencontra dans son attaque la brigade Guieu de la division Sérurier
qui marchait à la gauche de cette division, qui suivait elle même la
grande route.

Le marquis de la Chiusa avait établi un bataillon de la légion
légère à Saint-Paul, un des chasseurs de Nice à Mont Augero et le
2e bataillon de la légion légère au centre sur le bric Chiapuzza. Il
y avait encore une garde avancée sur le bric delle Cioche ; le chef
de ces avant-postes était le chevalier de Bellegarde, lieutenant-colonel de la légion légère, il s'était établi à Saint-Paul

Les serres de Pamparato avaient été forcées dans la nuit du 1er au 2.
Le chevalier de Bellegarde en fut presque aussitôt averti, il en fit

(1) Voyez pour la distribution des troupes la légende du plan de Saint-
Michel.

passer l'avis au général major qui commandait la ligne. Celui-ci donna ordre de suite à tous les avant-postes de repasser sur la rive gauche de la Corsaglia. Ce mouvement fut à peine exécuté, que le baron Colli arriva : il sentait que les Français n'avaient pas besoin de cet encouragement, et ordonna aussitôt qu'on reprît ces postes.

C'est à cette même époque qu'il donna, comme on l'a dit, le commandement de la ligne et des avant-postes au chevalier Dichat.

Le régiment de grenadiers, commandé par le colonel, avait été précédemment destiné par le major général à défendre le pont de la Corsaglia, et comme il eût été trop amoncelé dans ce village, ce colonel poussa un de ses bataillons en avant, et porta plus en avant encore 60 volontaires et quelques chasseurs de Nice, pour former une espèce de liaison entre la ligne et les avant-postes dont il est parlé plus haut ; telles furent ses dispositions pour recevoir l'attaque. Des propos répandus, sans doute à dessein (c'est assez l'usage d'un assaillant qui a des succès), apprirent dans la nuit du 3, au chevalier Bellegarde, le moment et le mode dont il devait être attaqué. Il fit aussitôt parvenir ces notions au baron Colli. Ce général fit répondre au chef de la ligne d'avant-postes que lorsque les Français paraîtraient, on se battît à outrance, et qu'on ne fît retraite qu'après y avoir été absolument forcé ; et que dans ce cas elle devait avoir lieu sur Saint-Michel. Le chevalier de Bellegarde attendait l'assaillant à l'aube du jour, mais la matinée fut tranquille ; ce ne fut que deux heures après le lever du soleil qu'on aperçut les Français.

Une avant-garde de la division Sérurier, commandée par le général Guieu, arriva à Saint-Paul par les routes de Scagnello et de Mombasilio, elle n'éprouva jusqu'à Saint-Paul aucune espèce de résistance ; deux canons vinrent en même temps de Battifollo. Dès que les avant-postes piémontais aperçurent cette colonne, le chevalier de Bellegarde détacha quelques piquets en avant, et les autres chefs de postes firent de même à leur imitation. Ces piquets fusillèrent à l'abri des châtaigniers. Les tirailleurs français ralentirent leur attaque et donnèrent ainsi le temps aux chefs de corps de faire leurs dispositions pour la retraite. La colonne française s'arrêta peu avant d'attaquer ; ce ne fut que le temps nécessaire pour les dispositions de marche ; elle se forma sur trois colonnes. Celle du centre se porta sur le bric de Saint-Paul ; celle de gauche, par le bric delle Chioche et le bric di Dent ; enfin celle de droite entre Saint-Protasio et le bric Chiapuzza sur Mont Augero. De ces trois colonnes, il n'y eut que celle de gauche qui perdit deux hommes pour s'emparer de toute la ligne d'avant-postes ; ce fut la colonne qui chassa l'avant-garde du bric delle Cioche qui éprouva cette perte.

Le soldat piémontais était au moment de manger la soupe, on fut obligé de la jeter. Après avoir fusillé de part et d'autre, toute l'avant-garde piémontaise fut obligée de faire retraite. Déjà le colonel chevalier Dichat marchait de Saint-Michel avec un bataillon de grenadiers, pour soutenir son avant-garde, mais le mouvement de retraite était trop décidé, et la pente où il se trouvait trop peu avantageuse pour pouvoir résister. (Les Français s'étaient établis d'abord sur les brics de Babara, situés au sud-est, hors du plan, sur ceux de Nusei et de Canavin qui font suite de la même chaîne). Il ne put donc qu'appuyer les dispositions du chevalier de Bellegarde et ordonna à celui-ci de passer la Corsaglia et d'aller prendre position à Bon Jésus. Dès que les Français furent maîtres de toutes les hauteurs, ils poursuivirent ces troupes légères, l'épée aux reins, avec cette ardeur qui les caractérisait. Au même instant déboucha la colonne Sérurier par la plaine de la Pra, qui s'ébranla avant que Bonaparte eût des rapports de la colonne de Masséna. Ce héros calculait l'instant où il espérait que ce général serait aux prises sur la gauche avec l'ennemi pour faire attaquer de front ; il désirait en avoir la certitude, mais son désir de vaincre ne lui permit pas d'attendre.

Les postes avancés de la Corsaglia emportés, les trois colonnes du général Guieu s'avancèrent vers la plaine. La plus forte suivit la route qui, de Saint-Paul, conduit à Saint-Michel, et vient descendre au Teit del Rossarin, puis au Pilon de Saint-Cristofano. Le général Guieu la précédait ; celles du mont Augero et Rocca di Dent descendirent par les bois de châtaigniers ; celle du centre marcha à Saint-Michel. Pendant l'attaque, un corps de réserve resta au-dessus du Pilon de la Monta, et un autre sur le bric di Dent ; un petit corps de cavalerie resta aussi aux Aschieri, 1.000 mètres environ en arrière de Saint-Paul.

Le chevalier Dichat replaça son bataillon en arrière de la Corsaglia, car il était trop exposé dans la plaine, et sans utilité Il se hâta aussi de repasser lui-même le pont, afin de tout préparer pour faire à Saint-Michel une vigoureuse résistance. Comme on voyait, de Saint-Michel, que le feu des grenadiers et celui des batteries en imposait aux Français, on y était avec assez de sécurité ; cependant les Français poursuivaient vivement les éclaireurs, ils crurent même les avoir en leur pouvoir, en leur enlevant la retraite du pont ; mais ceux-ci passèrent sur l'aqueduc et apprirent aux Français qu'ils pouvaient faire de même. Le chevalier de Bellegarde, après avoir passé la Corsaglia, avait pris position sur le petit escarpement qui se trouve dans les prairies au-dessous de Bon Jésus ; une colonne française qui avait suivi, à l'abri des bois de châtaigniers de la droite, fusillait sa troupe avec avantage, le força d'abandonner cette position et de monter à Bon Jésus. Ce fut à cette époque qu'une petite colonne française, poursuivant les tirailleurs que le chevalier Dichat avait jetés en avant, passa la Corsaglia sur l'aqueduc, prêtant le flanc à la batterie de Bon Jésus, vint traverser le ruisseau Greu et se jeter par Codvilla dans le village.

Le régiment des grenadiers Chiusa, n'ayant aperçu aucun mouvement devant lui, et désirant donner à son corps le moyen d'être utile, voyant d'ailleurs toute l'attaque essentielle se diriger contre Saint-Michel, quitta sans ordre le pont Greu et se dirigea vers le château, d'où il fut bientôt chassé ; il gagna alors la Bicocca. Ce faux mouvement assura le succès de cette petite colonne ; la terreur fut extrême dans le village, le général en chef faillit être fait prisonnier, ainsi que son général major ; les grenadiers séparés, puisqu'ils tiraillaient dans les maisons, ne purent se réunir, plusieurs tentaient de se cacher avec le secours des habitants, espérant profiter de la nuit pour rejoindre leur corps ; les plus braves sortaient et étaient faits prisonniers. Le chevalier Dichat lui-même, qui donnait des dispositions à l'entrée de Borgo, entendant faire feu dans le village n'écoute que son courage et vient voir ce qui s'y passait ; il est rencontré à l'angle de la place par un vieux sergent fançais qui le met en joue, et le force à se livrer à discrétion prisonnier, il tente avec son argent de racheter sa liberté ; ce vieux sergent accepta, il permit au brave colonel de rejoindre les siens. Jetons un voile sur ce trait indigne d'un Français ; on ne le rapporte ici que pour donner un garant de plus de la vérité avec laquelle on écrit l'histoire ; au reste, il est mille traits de bravoure et de dévouement en opposition avec celui-ci ; on regrette seulement que cette lâcheté ait fait périr sur le Briquet le lendemain, ce colonel et tant de braves, à qui il tenta vainement de défendre l'accès de cette butte.

Presque au même instant le capitaine-lieutenant Schreiber, déjà prisonnier (qui commandait les grenadiers du régiment de Christ), se voit entouré d'un grand nombre des siens Il profite de l'avantage que lui donne la langue allemande pour leur parler sans être entendu des Français ; il les invite à tomber sur leurs gardes. Ce ne fut que l'affaire d'un instant ; ils se saisissent des armes des Français, reprennent les deux canons qui étaient déjà sur la place, et celui-ci les mène au moment même triomphant à Mondovi. Ce succès inattendu ranime les grenadiers piémontais ; ceux qui s'étaient cachés sortent des maisons, attaquent tout ce qu'il y a de Français dans le village ; ceux-ci avaient éprouvé longtemps des privations sur les montagnes de Gênes, ils avaient profité de la mêlée pour se jeter chez l'habitant où ils étaient sûrs de trouver des subsistances ; aussi les Piémontais eurent-ils l'avantage de les combattre séparés, comme ils l'avaient été eux mêmes un instant auparavant. Au moment où la colonne de gauche tournait le village, celle du centre n'attaquait pas avec moins de succès, et avait besoin encore de plus de bravoure. Nous avons vu que le pont de Saint-Michel était protégé par la batterie des Rucchini, celle de la vieille église, celle de Borgo et celle de Bon Jésus ; n'importe, une nuée de tirailleurs se jettent à la droite du pont, sur les escarpements où se trouve la Cassina Ruffa; au moyen des bâtiments et de quelques arbres, ils se mettent à couvert de l'artillerie des Rucchini, et de là tirent des coups assurés sur les artilleurs piémontais. Ceux de la vieille église abandonnent bientôt leurs pièces, mais le brave Dichat anime par sa présence ceux des pièces placées au Borgo, les force à les servir et à faire un feu meurtrier. Celles-ci, chargées à mitraille, et soutenues du feu nourri et assuré des grenadiers placés dans les maisons du village, paraîtraient devoir être un obstacle insurmontable au passage du pont. Cependant les Français, malgré le danger, le traversent un à un à la course, vont se réunir derrière l'escarpement de la vieille paroisse, et de là mar- chent ensemble sur le village où ils se réunissent à la colonne de gauche, après avoir enlevé les canons de la vieille paroisse. Dans le même moment, une autre colonne, conduite par le général de brigade Fiorella, qui contre l'intention du général en chef, et sans qu'on puisse trop en deviner la cause, s'était jetée beaucoup trop sur la gau- che, fut ramenée par le général Despinoy ; elle tenta de guéer la Cor- saglia un peu au nord de l'Isola della Marchesa ; quelques-uns, mais en petit nombre, y parvinrent ; ils avaient déjà gravi les vignes supé- rieures et étaient dans la grande route qui conduit de Saint-Michel à Lesegno par la rive gauche de la Corsaglia. Le chevalier Debutet, colonel d'artillerie, officier aussi distingué par sa bravoure que par son génie, s'apercevant qu'une colonne de Français est déjà parvenue à la hau- teur de Saint-Giorgio, et que sur la gauche ils sont tout près d'arriver à la batterie des Rucchini, juge qu'il n'y a plus moyen de la défen- dre. Il fait mettre le feu à un petit magasin à poudre qui était auprès et fait enclouer les canons ; lui et sa troupe gagnent la crête delle Coste. Qu'on s'imagine quel effet fit cette explosion sur le moral des deux armées. Mais cette impression est détruite presque à l'instant même, parce que c'est le moment où les Piémontais commençaient à avoir des succès sur la crête ; quelques soldats aux gardes venaient même déjà se réemparer de la batterie qu'ils avaient dû abandonner et, au moment où ils y arrivaient, l'explosion du magasin à poudre en blessa plusieurs. Un instant auparavant, le baron Colli était arrivé sur la Bicocca, avait ordonné aux grenadiers de Varax de charger l'attaquant et aux grenadiers Dichat de descendre la rampe des Rucchini et de tâcher de couper la retraite aux Français Le 1er bataillon de Savoie, éparpillé par petits postes sur les pentes de la Bicocca, se réunit comme par instinct autour du brave Déloche, leur lieutenant-colonel ; il éprouve longtemps un feu meurtrier de la hauteur qui les domine, y tient avec courage, et y a beaucoup de blessés. Le sous-lieutenant Duchanay fut chargé d'empêcher aux Français de s'emparer du petit mamelon de Saint-Giorgio, contre lequel les Français paraissaient diriger leurs efforts ; il y réussit. Dès que le colonel Varax eut repoussé la colonne française, qui cherchait à le chasser de cette hauteur, ce colonel s'y établit avec son régiment, et Savoie poursuivit les Français l'épée aux reins. Le jeune Duchanay, enflammé par le succès, passa le pont avec plusieurs volontaires, il voulait essayer de reprendre les deux petits canons dont les Français s'étaient emparés derrière la vieille paroisse ; mais il fut bientôt chargé à son tour par des troupes fraîches, conduites par les généraux Despinoy et Fiorella, qui n'avaient pas réussi à guéer la rivière et venaient soutenir la retraite du général Sérurier. Ce jeune homme et sa troupe ne dut sa retraite, qu'il fit en guéant la rivière, qu'à la précaution qu'ils prirent, lui et ses soldats, de la passer en se tenant par la main, car ils avaient de l'eau jusqu'au menton. Les Français, qui redescendaient par Saint-Paul, leur avaient enlevé tout moyen de repasser le pont.

Les Français ont séjourné près de deux heures à Saint-Michel ; leur plus grosse perte a été causée par la rapidité de la Corsaglia, dans laquelle plusieurs se sont noyés ne pouvant rejoindre le pont. Les habitants évaluent leur perte à 200 hommes entre morts et noyés ; ils auraient eu à peu près autant de blessés ; on assure qu'ils perdirent encore deux drapeaux. Cependant rien d'officiel n'en fait mention. Ils prirent deux pièces de canon aux Piémontais qui perdirent aussi plusieurs volontaires du bataillon de grenadiers placé sur la rive droite de la Corsaglia, et du 1er bataillon de Savoie qui soutint longtemps le feu des assaillants. Les Français portaient, en revenant à Saint-Paul, leur perte à 500 hommes y compris les prisonniers ; cependant d'après les relations des habitants il est au moins douteux qu'elle ait monté à ce nombre. Ils reprirent position après l'attaque de Saint Michel sur mont Augero et bric di Dent, couronnant l'espèce de demi-lune naturelle qui se trouve en avant de Saint-Michel.

Les Français disaient hautement après l'affaire qu'ils venaient prendre Mondovi, et que ce petit revers ne changerait rien à ces dispositions. Le général Guieu le dit lui-même au maître de la maison où fut établi son quartier général (il était logé au Teit Gandolf). Le général Fiorella le fut au Teit Cioquet.

Avant d'achever les détails sur le combat du 4 floréal, on doit dire que le général Masséna, qui avait été destiné, comme on l'a rapporté plus haut, à tourner la gauche de l'ennemi, en guéant le Tanaro, avait suivi la crête des hauteurs qui bordent cette rivière ; et qu'après avoir fait plusieurs tentatives pour y réussir, la gauche de l'armée piémontaise les repoussa toutes avec courage. La veille de l'attaque quelques chasseurs piémontais s'étaient jetés dans la cassine d'Arazza ; les Français tentèrent vainement de s'en emparer. La batterie de la roche d'Arazza soutint ces tirailleurs avec succès mais à la nuit ils repassèrent le Tanaro, et on retira aussitôt le pont volant. Le lendemain matin les tentatives furent plus décidées encore : le général Joubert essaya lui-même, sous une grêle de mousqueterie et le feu le plus vif de l'artillerie, de passer sur l'autre rive tout près de l'embouchure du petit ruisseau qui fait tourner la roue du moulin d'Arazza, dans le point où le Tanaro s'élargit. Il alla jusque sur l'autre bord sans être suivi des siens, revint à ses grenadiers, et après s'être assuré lui-même du danger leur dit : vous avez raison, il est impossible de passer. On tenta la même chose, comme on l'a dit sur d'autres points, mais toujours sans succès. Masséna vint, dit-on, lui-même s'assurer de la difficulté que l'intrépide Joubert lui avait rapporté exister sur ce point. Digne héros, quel jour de combat ne fut pas pour toi un jour de gloire. Si la valeur la plus entraînante eut pu surmonter les obstacles que présentent la nature et l'art, tu eusses sans doute toujours eu des succès, tu conduirais encore des Français à la victoire, et la France n'aurait pas eu à pleurer ta perte à Novi.

Le général en chef français fut instruit presque par des rapports simultanés, des obstacles insurmontables qui se présentaient sur la droite, et du revers que venait d'éprouver le général Sérurier ; il ordonna aussitôt de cesser toute attaque ; les ordres de Bonaparte et la nuit mirent donc fin au combat.

Le 5 floréal, Bonaparte vint lui-même vers le midi accompagné de Masséna au Teit Gandolf, parla quelque temps à ses généraux, y fit un repas frugal et repartit pour Lesegno.

Conjecture sur le combat de Saint-Michel. — Le succès de l'armée piémontaise dans cette journée fut dû sans doute au peu d'ordre qui régna dans le village. Les Français, d'abord après leurs premiers avantages, se jetèrent dans les maisons où ils burent et pillèrent (un riche habitant fut tué voulant défendre ses propriétés) ; mais cette affaire, sous les rapports militaires, n'en est pas moins très intéressante. On voit d'une part l'audace et l'intelligence des assaillants au commencement de l'attaque, de l'autre la fermeté naturelle aux troupes piémontaises que leur rend un petit succès, après avoir éprouvé un instant de découragement aussi complet. Ces sortes de vicissitudes prouvent combien la célérité dans l'attaque peut aider aux succès.

Il paraît qu'on peut reprocher aux Français de n'avoir pas attaqué vivement par le flanc gauche les Molline ; car cette attaque n'eut lieu qu'après que celle du Saint-Michel eût manqué. Aussitôt le général Guieu fit apporter un canon sur le bric di Dent, fit canonner le bataillon de chasseurs de Nice placé à la Torre, et, après les avoir chassés, les généraux Sérurier et Despinoy vinrent s'établir dans ce village. Le général Guieu eût mieux fait sans doute, au lieu de faire tirer pendant l'attaque de Saint-Michel des coups incertains sur Bon Jésus et Saint-Michel depuis l'escarpement placé au-dessous du bric di Dent, de faire d'abord usage de cette artillerie pour chasser ce corps de troupes. Il eût pu alors attaquer les Molline et Bellana au moment où on attaquait de front Saint-Michel.

Après ce succès le général Guieu fit apporter ses petits canons à Saint-Pio, d'où il canonna vivement à l'entrée de la nuit le poste de Bellana. Le général Sérurier eut peut-être réattaqué aussi avec succès en prenant la brigade Fiorella, toute fraîche encore, au moment où elle se présentait pour appuyer sa retraite ; on assure même qu'on le lui proposa, mais qu'il refusa, disant qu'il était trop tard pour faire de nouvelles tentatives.

On pourrait peut-être dire encore qu'on n'a pas fait de démonstrations assez vives, vis-à-vis de Lesegno ; malgré ces fautes de détail, si un officier supérieur ferme se fût porté à Saint-Michel sans doute la position était forcée ; car sans la décision et la bravoure du baron Colli la ligne piémontaise, malgré tout ce désordre, était déjà complètement ébranlée, et ce jour même les Français fussent probablement entrés à Mondovi où l'alarme fut excessive, le peuple de Saint-Michel fuyant avec son bétail et ses effets les plus précieux ; les canons pris par les Français et repris presque aussitôt dans la chaleur du combat et conduits dans le même instant à Mondovi contribuèrent surtout à l'augmenter. Le gouverneur de cette place, dont on a parlé dans le mémoire de Mondovi, n'avait encore reçu aucun ordre pour des circonstances semblables, n'y était point préparé et il est difficile de dire comment il aurait improvisé. Quant aux Piémontais, il est sûr que le faux mouvement du régiment des grenadiers placé au pont Greu fut la vraie cause du succès des Français, et que le désordre qui suivit cette attaque fut au comble jusqu'à l'arrivée du

général en chef sur la Bicocca. Le désir qu'eut le colonel Chiusan de
faire paraître son régiment d'une manière avantageuse et de le rendre utile, le décida à se porter au château, il s'y battit avec courage,
fut même très utile pour donner au régiment Dichat le temps de se
retirer, mais il dut alors s'opposer aux deux colonnes réunies auxquelles il était trop inférieur en force, et il eût peut-être eu de l'avantage en chargeant de flanc celle qui venait par Codvilla sur laquelle
se serait dirigée avec fruit la batterie de Bon Jésus, et cette colonne
eût peut-être été surprise d'être chargée ainsi à son début.

La fermeté du bataillon de Savoie fut aussi sans doute une des
causes du succès des Piémontais, car sans sa résistance le régiment
de Varax n'eût pas été à temps d'exécuter le mouvement que lui
ordonna le général baron Colli.

La manière dont se fit cette attaque fit généralement penser à
l'armée piémontaise que ç'avait été une forte reconnaissance dont
les Français eussent néanmoins profité, si, sur la fin, ils avaient eu
autant de succès qu'ils en avaient eu au début.

*Dispositions pour la seconde attaque de la ligne de la Corsaglia et
inquiétude de l'armée piémontaise et sa retraite sur Mondovi.* — Le
général en chef français assembla un conseil de guerre à Ceva, dont
les résultats furent des châtiments graves pour le pillage, et où on
reconnut la nécessité de forcer sans délai la ligne de la Corsaglia.
Toute la journée suivante se passa en préparatifs, on fit descendre
dans la plaine toute l'artillerie française, et Masséna eut ordre de
marcher sur Lesegno, ne laissant que 1.500 hommes devant Ceva et
deux petites pièces d'artillerie. Toute la nuit du 5 au 6 fut employée à
porter les colonnes sur les points d'attaque.

Les Piémontais avaient repris d'abord après l'attaque leur position ; ils firent abattre le pont de Saint-Michel. Tous les soldats qui
avaient profité du moment de terreur qui avait existé sur la ligne
pour abandonner leurs postes et gagner Mondovi (nombre qui fut
dans cette occasion très considérable), eurent ordre de rejoindre. Le
général commandant autrichien s'occupa tout le 5 d'observer les
mouvements de l'armée française et de réunir des rapports sur leur
position pour n'être pas prévenu par quelque manœuvre hardie de
Bonaparte. On sut surtout par les feux qu'elle montra à l'entrée de la
nuit qu'elle avait fait de grands progrès sur les collines de la droite
du Tanaro, poussant l'avant-garde commandée par Rusca jusque
vers Montfort. On croyait savoir sûrement à cette époque que l'intention de Bonaparte était de se porter sur Alba. Le général Colli qui
avait son quartier général à Saint-Michel, maison Michelotti, assembla le conseil de guerre dont on a parlé dans le mémoire précédent

dans le château de Saint-Michel, résolut de faire abandonner cette position et de prendre celle des hauteurs en avant de Mondovi, faisant abattre le pont de Saint-Michel, espérant par là faire changer de dessein au général français et voulant gagner du temps pour évacuer les magasins de tout genre qui étaient à Mondovi. On a vu dans ce moment quels furent les succès de cette mesure; il reste maintenant à présenter quelles furent les dispositions qui se préparaient pour l'attaque, car les Français n'eurent que tard connaissance du mouvement rétrograde de l'armée piémontaise.

Le général en chef Bonaparte arriva à minuit au village de Lesegno, et avant de mettre en mouvement sa colonne envoya reconnaître le pont de Saint-Michel ; il avait ajouté à l'attaque de l'avant-veille une colonne destinée à forcer le passage des Molline qui devait prendre de revers les Rucchini dans le cas où l'ennemi eût tenté de résister. On lui fit le rapport que le pont était abattu et qu'il était impossible de rien tenter sur ce point. Il paraît que les obstacles sur l'esprit de ce grand homme ne font d'autre effet que d'exciter sa volonté et de la rendre immuable ; il résolut de ne rien varier à ses ordres et qu'on descendrait avec des échelles dans le lit de la rivière. Il réussit ainsi à ne point changer le mouvement général ordonné et à ne pas retarder son attaque d'une minute. Le 6, de très bonne heure, on jeta vis-à-vis de Lesegno quelques tirailleurs sur l'autre rive qui passèrent à gué et sans éprouver aucun obstacle; ils revinrent bientôt et dirent qu'ils avaient trouvé à la vérité les feux ennemis allumés mais aucun soldat sur la ligne.

Marche de l'armée française à la poursuite de l'ennemi; elle le rencontre à Vico où commence la bataille de Mondovi. — Bonaparte n'en hâta que davantage le mouvement des colonnes; dès qu'il eut reçu l'avis que les Piémontais avaient abandonné la ligne de Saint-Michel, il donna ordre aux colonnes de se mettre en mouvement et de marcher sur Mondovi.

Le général Guieu suivit pour cette marche la crète du bric delle Cioche faisant passer une colonne par la grande route de Saint-Michel et une par les Molline ; lui, parut en partant de Saint-Paul, avoir le projet de passer par Bellana. On marcha dans cet ordre à la poursuite de l'ennemi qu'on trouva en bataille à Vico, comme on l'a déjà dit précédemment (à cette époque commence l'affaire de Mondovi).

Le général Stengel vint le 6 au matin par le pont de Lesegno à la Niella et alla avec sa cavalerie par Briaglia et la Gavassa sur le champ de bataille au delà de l'Ellero; c'est là où il reçut le coup mortel qui l'enleva à l'armée française. Masséna, aussitôt après qu'on se fut emparé de Mondovi, arriva à la Niella où il séjourna trois jours. Il reçut à cette époque l'ordre de marcher en avant et prit la route de Carru.

V̇

Mémoire sur la bataille de Mondovi (1)

Description topographique de cette place. — . . . . . Mondovi autrefois
séjour d'un gouverneur, et capitale de la province du même nom, est
devenue le séjour du sous-préfet du département de la Sture. Cette
ville est sur une butte formée par trois mamelons dont on a abaissé la
sommité, et dont la réunion forme pour ainsi dire une seule éminence ; cependant celui au nord est élevé de 521 mètres au-dessus du
niveau de la mer, et celui au sud, de 526 ; (le plus haut n'est élevé que
de 187 mètres au-dessus du niveau de l'Ellero, prenant le niveau de
cette rivière au pont de Breo). Les trois buttes sont comme réunies
par la chaîne des bâtiments contigus qui les soutiennent.

Ce monticule est assez escarpé pour que l'ensemble de la ville présente un coup d'œil imposant à un corps de troupe qui voudrait s'en
emparer d'un coup de main. La ville est entourée, comme on l'a dit
plus haut, d'une muraille qui est peu élevée ; et sur le mamelon le
plus méridional et le plus haut des trois, se trouve une enceinte très
irrégulière à laquelle on a toujours donné, on ne sait trop pourquoi,
le nom de citadelle. Celle-ci n'est entourée que d'une muraille comme
la ville ; la route qui y conduit à l'orient est flanquée par une
espèce de bastion placé au sud est de l'enceinte générale. C'est au
milieu de cette citadelle et de ce bastion que se trouve la porte de
Vico. Cette face est bien sûrement celle sur laquelle les ouvrages
approchent le plus des formes que l'art nous apprend à leur donner ;
sans doute parce qu'elle est moins escarpée ; les autres le sont toutes beaucoup, cependant les rampes d'aucune ne sont inaccessibles.

A quelque distance, cette ville offre au coup d'œil de l'attaquant
bien plus de difficultés encore qu'elle n'en présente réellement. Sa

(1) Par Martinel.

position très dominante fait cependant que l'artillerie y jouit du plus grand avantage ; les formes accidentées et irrégulières de ses pentes fournissent aussi plusieurs moyens de retarder l'attaque de l'assaillant.

Une vieille église dans laquelle on a fait des murs de refend, et qui se trouve dans la citadelle, a été destinée à servir de logement militaire, et peut recevoir de 3.000 à 4.000 hommes ; nombre plus que suffisant pour la défense de ce réduit. Un puits y fournit de l'eau assez bonne et en quantité suffisante ; il y avait encore une citerne, mais en mauvais état. On ne trouve absolument dans cette enceinte, aucun bâtiment à l'épreuve, qu'un petit magasin à poudre que le général de brigade Seras fit sauter en l'an VIII au moment où le général en chef Championnet s'en retira avec son armée.

Aperçu topographique et militaire sur les contreforts qui peuvent concourir à la défense de cette place. — La ville de Mondovi est située sur une butte à l'extrémité du grand contrefort qui présente plusieurs diramations à mesure qu'il s'éloigne de la Corsaglia ; une principale au levant de Mondovi, et au nord-ouest de Vico, paraît plus particulièrement destinée à la défense de cette place ; c'est celle dans le centre de laquelle on remarque le Briquet et le Pilon de Vuril dont la droite vient s'appuyer à l'Ermena terminant par la pointe de Li Gari, et dont la gauche a comme un fossé dans le petit ruiseau d'Otteria et finit par le bric de la Ciocca ; au nord-est et au pied de ce croissant coule l'Ellero, rivière peu profonde, le plus souvent guéable et sur laquelle se trouvent quatre ponts de pierre, savoir : celui de Carasson, celui de Breo, celui de Pian della Valle et celui de Borghetto. Cette crête aiguë sur presque toute son étendue, est parfois d'un abord très difficile ; sur d'autres points, les murs de clôture des cassines qui y sont bâties présentent comme des retranchements à l'abri desquels on pourrait en défendre les abords avec succès. Celui qui l'occupe peut profiter de sa forme assez peu arrondie pour y combattre longtemps, mettant ses troupes à l'abri de l'arête.

La plus grande partie des pentes de cette position sont cultivées en vignes, quelques bois cependant se voient çà et là ainsi que d'autres petits contreforts secondaires dont un officier qui a le coup d'œil militaire, peut faire usage pour flanquer les points qu'il voudrait défendre avec moins de troupes en y plaçant de l'artillerie ; car il est à remarquer qu'avec des préparatifs on pourrait en établir un sur tous les points, parce que rien n'est plus aisé que de tracer des routes sur ces pentes cultivées.

On ne fit aucun ouvrage en l'an IV sur cette position avant d'y établir l'armée. Les troupes y furent placées comme par hasard, et amoncelées sur plusieurs points en en laissant de très importants découverts. 13.000 hommes environ étaient sur ces collines au moment où commença le combat, et ce nombre était plus que suffisant pour les défendre avec avantage conservant une bonne réserve. La croupe saillante de Vico peu faite pour recevoir bataille, et qui n'eût dû être occupée que par des troupes légères, servait cependant en grande partie à cet objet. La terreur dans la plupart des corps qui y étaient placés fut la suite de cette mauvaise disposition, tout le reste fut le résultat de cette première faute ; les talents du général en chef français et la rapidité de ses opérations firent qu'on ne put plus rien réparer.

La butte du Briquet est assez vaste pour être défendue avec avantage par 300 à 400 hommes ; elle est comme l'anneau qui lie les deux flancs ; il eût été nécessaire qu'on y eût construit quelques retranchements, mais on n'y avait élevé qu'une batterie dans laquelle on avait placé quatre canons et deux obus ; cet ouvrage était de l'année précédente et fut réparé dans la matinée ; il y avait encore de l'artillerie à Santa-Croce et à Li Gari.

La face méridionale du Briquet peut être flanquée avec le plus grand succès ainsi que la pente septentrionale ; mais au levant, c'est-à-dire sur son front, cette position est moins heureuse. Il y avait aussi quelques retranchements à la butte placée en arrière, dite Santa-Croce, de même qu'à Li Gari. Ils avaient été construits en l'an III, par les ordres du major général autrichien comte d'Argenteau, lorsqu'il fut forcé de se retirer sur Ceva.

Ce qui a conduit les troupes piémontaises, sur la position de Vico et du Briquet. — L'armée piémontaise avait senti que le camp retranché de Ceva allait tomber de lui-même sans être attaqué, parce que Bonaparte menaçait tout à la fois de lui enlever, en forçant la Pedagera, la retraite de Mulazzanno, et celle du pont d'Arazza par le contrefort de Castellino ; et d'un moment à l'autre, descendant des hauteurs de Scagnello et de Mombasilio, de la priver du seul moyen de communication qui lui serait resté (la grande route de Mondovi par Lesegno). Elle se décida donc à la retraite et prit la belle position de la rive gauche de la Corsaglia sur laquelle elle faillit d'être forcée de front le 4 floréal an IV (19 avril 1796). Enfin cette attaque n'ayant pas réussi, Bonaparte se disposait à l'attaquer vigoureusement le 6. Il avait déjà poussé des colonnes sur son flanc gauche au delà de Roccaciglie et avait chassé des hauteurs de la rive droite tous les avant-postes austro-sardes.

Masséna s'était porté avec sa division, passant le Tanaro, de Ceva à Lesegno à 2 heures après minuit, et paraissait vouloir forcer à la

Pra le passage de la Corsaglia, dont on avait coupé le pont. Menacé ainsi, le général en chef autrichien baron Colli ne crut pas devoir y attendre l'ennemi ; il assembla dans la nuit du 4 au 5 dans le château de Saint-Michel, un conseil de guerre où furent convoqués tous les généraux et les chefs de corps ; il y fut décidé, et de suite mis par écrit par l'intendant général de l'armée Ponseglion, que, vu qu'on n'avait en arrière aucune réserve, et qu'il importait d'avoir un corps en état de garder le camp retranché de Turin, on ne pouvait donner bataille sur ce point sans être exposé à être privé de cet avantage, et qu'il fallait faire retraite. On expédia aussitôt les ordres aux troupes sur la ligne de la Corsaglia.

Les troupes piémontaises, après avoir abandonné la ligne de la Corsaglia, prennent position en avant de Mondovi. — On marcha la même nuit, on prit position à Vico, dans le but d'évacuer les gros magasins qui étaient encore à Mondovi et de marcher aussitôt après sur la rive gauche de la Stura.

Le général en chef autrichien parcourut de bonne heure toutes les hauteurs, harangua ses troupes sur quelques points, leur dit le but de cette position instantanée, les engageant à y tenir autant qu'elles le pourraient, cependant sans courir risque d'être cernées. Quoiqu'il eût découvert la grande route de Saint-Michel sur laquelle l'ennemi avait accès par le pont de la Torre, il avait cependant fait abattre la veille le pont de Saint-Michel et plus antérieurement celui de la Pra, et au moyen de cette demi-mesure il avait le projet d'appuyer sa droite aux hauteurs au dessus des Molline, et sa gauche à la petite butte de Saint-Jean-de-Vico, dominée par celle de Mollea qui l'est à son tour par le bric de la Guardia. Le brigadier Brempt commandait un corps détaché à Cherasco et le brigadier Monroux, établi aux Frabouses, empêchait que les montagnes de droite qui n'étaient pour ainsi dire pas encore abordables en raison des neiges, ne fussent entourées par un corps entreprenant.

Cette position était peu étendue, il est vrai, mais bien peu militaire ; les troupes y étaient entassées, aucune réserve n'était prête à secourir les points vivement attaqués ; aucun travail de campagne n'avait été préparé sur la première ligne pour en imposer au moins aux yeux de l'assaillant, non plus que sur la seconde : on ne peut même guère expliquer cet emplacement qu'en supposant au général la volonté de choisir à l'instant même une deuxième position en avant de Mondovi, pour y établir les corps les plus distingués, et de placer en ligne, tour à tour, ceux qui seraient forcés, pour livrer enfin la bataille avec ces corps d'élite sur le point destiné par lui à cet objet s'il y était absolument obligé, et qu'il ne pût exécuter sa retraite sans prendre ce parti qu'il désirait éviter.

La position secondaire prise par plusieurs corps de grenadiers au Briquet et aux Moje simultanément, prouve que tel avait été son but ; mais ses projets furent très dérangés, comme on le verra, par l'attaque hardie des Français et le peu de fermeté des troupes à la défense desquelles il avait confié Vico.

Aperçu sur le général autrichien baron Colli. — Les malheurs du général baron Colli dans cette campagne et dans celle de Rome, ne donnent point le droit de le supposer inepte ; on n'oserait avancer qu'il eût tous les talents nécessaires pour conduire une grande armée, mais il est hors de doute qu'il agissait de bonne foi pour les intérêts du monarque dont il conduisait les troupes, qu'il était très brave et avait beaucoup d'esprit naturel.

Premier mouvement de la droite de l'armée piémontaise couvrant Vico et Mondovi. — Le matin d'assez bonne heure, le chef de la légion légère, le brigadier Civalieri, qui avait avec lui son 1er bataillon du 1er régiment et son second régiment à Bon Jésus sur la ligne de la Corsaglia (le colonel marquis Colli), qui avec ses chasseurs et un bataillon de ceux de Nice, gardait la droite de Bon Jésus, enfin le major de Casal (M. Fea) qui était avec son bataillon un peu au-dessus de cette chapelle, avaient ordre de tenir aussi longtemps que cela paraîtrait possible ; on espérait qu'ils le pourraient quelque temps, parce que leur droite était encore couverte par les neiges ; on savait cependant déjà que les généraux Guieu et Fiorella occupaient la Torre et faisaient des mouvements qui annonçaient une attaque prochaine.

Ces trois officiers voyant les colonnes françaises pénétrer : une par la grande route de la Torre à Saint-Michel, l'autre après avoir tourné derrière le bric de Fraschei pour se couvrir du feu que lui faisaient les tirailleurs de la roche de Pisol, passant la Corsaglia à gué vis-à-vis des Molline, enfin une autre préparant un pont à la hâte pour la traverser et monter par Bellana, et conséquemment leurs avant-postes au moment d'être tournés, se réunirent et décidèrent qu'il était temps d'abandonner cette position. Le marquis Colli qui, dans toutes les circonstances, cherchait à accroître ses droits à la reconnaissance de sa patrie, se chargea avec ses chasseurs de soutenir la retraite. J'ai dit que les troupes étaient déjà trop amoncelées sur Vico ; il est aisé de concevoir que cette arrivée dut augmenter encore le désordre, et que la droite de cette position étant complètement découverte, elle ne devenait pas meilleure.

Position des troupes piémontaises sur les flancs de Vico. — Le régiment d'Oneille placé à la sommité de la butte Saint-Roc, Casal et la légion au bas de ce contrefort, flanquaient la nouvelle droite de l'armée, qui fut dès ce moment à la droite du teit de Vœna près du pilon de la Madona à l'extrémité du hameau de Vico, appelé le Poggio. Le régiment d'Asti, commandé par le comte Sainte-Rose, les pionniers, les chasseurs Colli, Savoie, un bataillon du corps franc de Giulay, un bataillon de chasseurs de Nice, et Belgioso furent chargés d'en défendre l'entrée. Ils étaient dans les prés au-dessous de Poggio. Les premiers coups de canon tirés par l'avant-garde française, partie à la droite de la chapelle Saint-Stœvo les ébranlèrent bientôt et les mirent dans le plus grand désordre; Asti, les pionniers, le corps franc, Belgioso, le corps même du marquis Colli, abandonnèrent très rapidement leurs positions; la plus grande partie se retira par le village pour être plus à l'abri de la mousqueterie, les plus braves faisaient halte dans les points les plus avantageux et fusillaient par les intervalles que laissent les bâtiments. La fusillade fut surtout plus vive sur les petits plateaux qu'on trouve sur les flancs de ce village, des murailles d'enceinte qu'offrent ses jardins et notamment du plan du château. On fusilla beaucoup aussi dans la grande rue, se servant du tournant qui est près de l'église, comme d'un retranchement. Les moins braves culbutèrent les corps plus en arrière; les grenadiers royaux tinrent ferme un moment sur le flanc droit du village en avant de la chapelle de Saint-Joseph; l'aide-major Perrin du mont Blanc y périt, voulant tenter avec un petit corps des siens, de rétablir le combat. Le corps du colonel Colli fut bientôt rallié et prit position sur le petit contrefort de Vuril et Blangin-Soprano

Dispositions des Français pour l'attaque du village de Vico. — Déjà des tirailleurs français de la colonne qui avait passé par la route de Saint-Michel, commençaient à se montrer et les troupes piémontaises placées à la Costa avaient abandonné cette première pente; une colonne française descendait à la course par le bric Ceirole et se mettait à l'abri derrière la petite maison de Blengin, qui est à l'extrémité du contrefort, du feu qu'on lui faisait de la Madona et de l'extrémité du bric Saint-Roc; dès que cette colonne eût aperçu que celle de droite faisait des progrès, elle se jeta tout à coup dans les cours et le bâtiment de la Madona.

Celle venant par la Pra de Lesegno devait être bien près de là, et ce fut sans doute elle qui pressa la retraite des corps de gauche qui, de très bonne heure, abandonnèrent Saint-Giovanni de Vico sans qu'on en ait pu découvrir la cause, mais il paraît positif qu'on n'a même pas fusillé de la butte sur laquelle se trouve cette chapelle détruite.

Retraite précipitée de Vico et désordre qui la suit. — Il est difficile de peindre la terreur des habitants de Vico, le désir de quelques chefs de corps de rétablir l'ordre et l'impossibilité où ils furent d'y réussir par l'encombrement continuel qui eut lieu sur ce point. Plusieurs régiments furent déjà à cette époque absolument mêlés ; les Français profitèrent avec rapidité et audace du moment de désordre qu'avait occasionné leur attaque. Deux pièces d'artillerie qui avaient été placées par les Piémontais sur Mercato Vecchio, tentèrent un moment de ralentir l'ardeur des assaillants en tirant quelques coups sur la tête des colonnes, mais avec peu de succès ; elles furent bientôt forcées de se retirer, parce que, pendant que les tirailleurs français fusillaient avec leurs adversaires, une colonne gagnait les derrières par la route qui passe au sud et au-dessous de Pasque ; une autre, ayant trouvé trop de résistance pour pénétrer de front, se jeta, de Vico, dans le vallon de Mons, et passant la planche du fossé d'Otteria vint, laissant à sa gauche li Canei, menacer de les tourner, car elle avançait déjà plus que celle du centre conduite par le général Dommartin ; les troupes piémontaises, et notamment les chasseurs Colli, soutinrent quelque temps le feu ennemi à la faveur du mur d'enceinte de la cour et des bâtiments du pilon de Vuril d'où ils firent un feu très vif, appuyés par la batterie du Briquet qui était défendue par le 8e et le 9e bataillon de grenadiers ; ils avaient sur ce point deux pièces de canon de 8 ; deux de 4 et deux obusiers.

Le chevalier brigadier Dichat commande le Briquet. — Le chevalier Dichat qui les commandait était un de ces officiers, qui ne calculent jamais avec leur devoir, jouissant de la plus haute estime de ses chefs et de sa troupe, il avait ordre de tenir ; c'est le seul point de toute la ligne où le désordre ne soit point encore parvenu ; longtemps il a commandé des feux de peloton très meurtriers qui, joints à celui des chasseurs Colli, arrêtèrent un instant la colonne française au Pilon, après qu'elle en eut débusqué l'ennemi Mais les tirailleurs français redoublent d'audace et de nombre, le feu se fait de très près, il fut terrible de part et d'autre. Un officier d'artillerie piémontaise fut tué au bas de la butte ; le capitaine des grenadiers de Sardaigne Caudia et les chevaliers Cerrutti et Gianasso de Pampara des grenadiers de la reine y furent blessés. Cependant quelques arbres plantés sur la butte du Briquet, mettaient à l'abri les grenadiers piémontais, et une batterie élevée, comme on l'a dit, sur ce mamelon y garantissait leurs artilleurs. Déjà le soldat français s'impatiente de cette résistance, un officier suivi de quelques braves, monte jusqu'aux canons ; on assure que pour y parvenir il se donne pour parlementaire ; mais ce qu'il y a de positif c'est qu'arrivé aux

pièces il a sabré les canonniers. Lui et les siens sont assaillis si vivement qu'ils redescendent bientôt la rampe ; le feu redouble alors de
la part des grenadiers piémontais, ils eurent même un instant l'espoir
de la victoire. Les Croates qui s'étaient mal battus le matin et avaient
quitté lâchement les prés de Vico sans combattre, se jettent avec bravoure dans le bois au-dessous des Moje, y poursuivent les Français et
les repoussent encore une fois jusqu'au pilon de Vuril ; le général
baron Colli qui voyait le combat de la grande route de Mondovi, fait
aussitôt battre la charge et marcher à l'ennemi tous les corps qui,
ayant été repoussés de Vico, étaient encore pêle-mêle dans la grande
route ; il envoya en même temps au Briquet un bataillon de Stetler
et tout ce qu'il put réunir du corps des grenadiers royaux. Ces renforts furent placés à la droite et à la gauche de la butte, mais y restèrent bien peu de temps ; le canon français placé déjà au bric Saint-
Agnes et dans les vignes vis à-vis du Briquet un peu au sud-est du
pilon di Vuril, rétablit bientôt le combat. Le chevalier Dichat fut
blessé, il expira !...

Brave Dichat, tu ne parais avoir conservé la vie que jusqu'à l'instant où tu la crus utile à ton roi ; peu d'heures après que tu en fus
privé il reçut la loi du vainqueur, et dès cette époque sa vie devint
une suite d'infortunes auxquelles malgré ta valeur tu n'eus pu
t'opposer.

On ne plaça point sur le Briquet, comme le baron Colli l'avait
ordonné, les troupes de renfort qu'il avait envoyées, sous prétexte
qu'il y avait assez de monde; cependant les troupes qui, dès le matin,
avaient été destinées à sa défense, avaient beaucoup diminué, tant
par le nombre des blessés que par celui toujours plus considérable
encore des soldats qui les accompagnent, et surtout un jour de
défaite.

Disposition des troupes piémontaises sur la seconde ligne. — La
mort du respectable Dichat avait abattu les plus braves, le 9e bataillon formait la droite de cette position importante, les grenadiers
Chiusa étaient plus à la droite encore, enfin les grenadiers de Varax
occupaient les Moje ; Oneille était au-dessous de la Mista, et les
chasseurs Colli, ralliés à plusieurs reprises par leurs braves chefs,
préservaient cette position d'être tournée par la gauche ; telle était la
seconde ligne établie par le baron Colli pour ainsi dire pendant le
combat. Le 9e bataillon avait déjà beaucoup souffert, le régiment
Chiusan, menacé d'être tourné, avait été forcé, abandonnant sa
position, de se jeter sur la gauche du Briquet dans le vallon des
Moje.

Le Briquet est forcé. — Le chevalier Ulerlini, par la mort du che-

valier Dichat, était resté l'officier le plus ancien sur le Briquet, et
commandait depuis sa mort cette position essentielle. Prêt à être
enveloppé par la droite, attaqué vivement de front et sur le flanc
gauche, il prit le parti de l'abandonner, et manquant de chevaux, il
est forcé d'y laisser toute l'artillerie ; il fut sans doute très pressé par
les colonnes environnantes, car il n'en fit enclouer aucune; lui et ses
troupes se précipitèrent dans le vallon des Moje, où déjà avait été
forcé de se jeter, comme on vient de le dire, le régiment des grenadiers de Chiusa. Le bataillon de Stetler et les compagnies de grenadiers royaux qui étaient à la gauche de cette butte, avaient de même
été contraints d'abandonner leur position.

*Toute l'artillerie placée en troisième ligne fait feu sur les Français
qui déjà sont sur le Briquet.* — Les Français arrivèrent sur le Briquet que les Piémontais y étaient encore ; à peine ceux-ci y parurent-
ils, que l'artillerie de la citadelle, celle de l'espèce de bastion qui
est à l'angle sud-est de la ville, celle de la batterie de Li Gari et
celle de la redoute de Santa Croce commença à faire feu sur eux.
Ces travaux, placés pour ainsi dire en troisième ligne, avaient été
construits, comme on l'a dit plus haut, l'année d'auparavant ; les
Français retournèrent l'artillerie du Briquet, et tirèrent immédiatement sur la ville ; ils forcèrent presque au moment même dans la
maison de campagne du comte Sainte-Christine, dite les Moje, une
compagnie de grenadiers de Chablais qui y fit une vive résistance ; il
périt à cette attaque un officier et un sergent français, mais presque
toute la compagnie de Chablais fut faite prisonnière.

*Les Français forcent les deux extrémités septentrionales du contre-
fort, la pointe de Li Gari et le bric de la Ciocca; les Piémontais ne
conservent plus que Santa Croce, et l'armée piémontaise commence
à passer sur la rive gauche de l'Ellero.* — Les Français harcelaient
déjà vivement le gros du corps de Varax, qui avait été destiné à
défendre la gauche, et avait passé, en se retirant, par le bric de la
Ciocca, où il trouva l'appui des chasseurs Colli. La légion légère qui
était à Li Gari fut de même forcée à venir se ranger sous le canon de
la citadelle, et par ce mouvement les Français restèrent maîtres de
toutes les hauteurs au sud-est de Mondovi. Si le désordre avait été
considérable à Vico dans la matinée, il le fut bien davantage encore
dans cette circonstance ; la grande route était pleine de fuyards. La
porte de Mondovi était fermée et gardée par un piquet de dragons
qui avait ordre de n'y laisser entrer personne, de sorte que tout
reflua sur ce point, et, de Santa Croce à Mondovi, la grande route
était devenue absolument impraticable. Le parc d'artillerie avait été
évacué du grand pré qui est derrière Santa Croce au point où le che-

min se bifurque ; la petite place en avant de la porte était occupée
par le régiment de Savoie, qui avait été forcé à Vico le matin, après
une vive résistance et après avoir perdu quelques hommes (la compagnie des chasseurs de ce régiment avait été un instant sur le flanc
du Briquet, où le chevalier Maistre, leur capitaine, fut blessé) ; on y
avait réuni aussi les débris épars de Belgioso qui avait été mis dans
la plus complète déroute dès le matin dans les pentes de Vico.

Cette troupe ne tint qu'un instant dans cette dernière position,
elle reçut ordre, ainsi que tout ce qui restait de l'armée, de passer
sur la rive gauche de l'Ellero, et elle fit retraite avec tout ce qui était
à Santa Croce.

Le général Colli, obligé dès ce moment d'abandonner Mondovi à
sa propre défense, laissa dans cette place le régiment aux gardes,
un bataillon de Stetler, quelques compagnies du régiment de Tortone et les artilleurs nécessaires pour le service des pièces d'artillerie
qui y restaient.

Le général Guieu avait déjà forcé la légion légère chargée de la
défense de la pointe de Li Gari, où elle perdait le chevalier Asinara, et
le général Meunier s'était emparé du bric de la Ciocca que gardaient
les chasseurs Colli. Ce général avait aussi sur ce contrefort un peu
de cavalerie qui faisait, ainsi que les demi-brigades d'infanterie, jouer
des airs républicains qui animaient la valeur des assaillants en même
temps qu'ils abattaient le courage des troupes piémontaises.

*Le gouverneur avertit le corps de ville de Mondovi que le général
baron Colli est décidé à abandonner leur enceinte et à céder la ville
aux Français.* — Avant d'aller plus avant, on doit savoir que le gouverneur de la place de Mondovi, le chevalier Dellera, alla dès le
matin, on ne sait pourquoi, faire part au corps de ville de Mondovi
que le général baron Colli était décidé à abandonner cette ville aux
Français dans la journée. L'intérêt parle dans ces circonstances au
plus grand nombre bien plus haut que l'honneur. Le corps de ville,
réuni à quelques propriétaires, décida aussitôt d'écrire aux vainqueurs et d'envoyer sur les deux flancs des hommes hardis chargés
d'une lettre. Une parvint sur le flanc droit des Français au chef de
brigade Alingri, l'autre fut remise au général Guieu dans la cour de
la Madona de Vico. On conçoit que les habitants de Mondovi
imploraient la clémence du vainqueur ; ils lui recommandaient aussi
que le beau temple de la Vierge vénérée à Vico ne devînt pas la proie
des flammes et la victime de l'impatience des assaillants.

Le général Guieu ne laissa pas échapper cette occasion d'animer
la troupe, il lui lut en entier cette lettre et termina cette lecture par ce
cri devenu celui de tous les Français : Vive la République, vive Bona-

parte. Cette lettre eut le double effet d'exciter le soldat et d'apprendre à leurs chefs les projets du général ennemi.

Le général Sérurier envoie un parlementaire que le général baron Colli garde comme prisonnier de guerre. — Le général Sérurier envoya, dès qu'il en fut instruit, son aide de camp le citoyen Renaud comme parlementaire. Les troupes piémontaises occupaient encore la redoute de Santa Croce. Celui-ci fut présenté au général Colli au moment où il rentrait dans les murs de la ville ; on découvrit qu'il n'avait pas seulement pour but d'intimer à la ville de se rendre, mais encore qu'il était porteur d'une lettre pour le corps de ville, en réponse à celle que cette administration avait écrite le matin. Le général en chef autrichien le fit arrêter, et ordonna qu'il fût traité comme prisonnier de guerre.

Bonaparte envoie un second parlementaire. — Bonaparte avait traversé la Corsaglia à la Pra, n'ayant pu la passer à gué à Saint-Michel à cause des chevaux de sa suite pour lesquels on craignait la rapidité de la rivière Il avait vu, du bric de la Guardia, les succès de son armée ; il vint aussitôt lui-même au Briquet hâter la défaite de l'ennemi et envoya un parlementaire au gouverneur. Le général baron Colli était déjà parti avec son état-major : le parlementaire somma le gouverneur et la garnison de se rendre, les menaçant, au nom de son général, en cas de résistance, de tout passer au fil de l'épée.

Le général Dellera avait ordre de retarder le plus possible l'entrée des républicains dans Mondovi, pour donner le plus de temps que faire se pourrait pour évacuer encore une partie des magasins et pour que les troupes harassées pussent faire retraite sans être inquiétées ; il tâcha pour y parvenir d'allonger le plus possible, sous différents prétextes, la rédaction de la capitulation.

Il y avait déjà près de deux heures que Mondovi avait été sommé, le feu avait totalement cessé de part et d'autre ; Bonaparte voit promener des soldats piémontais sur le rempart ; il s'impatiente de ces retards, il fait recommencer aussitôt le feu des canons et des obus ; on tira sur la ville encore près d'une heure.

Le gouverneur de Mondovi permet aux habitants de porter les clefs de la ville au général Bonaparte. — Après cet espace de temps, le gouverneur, pressé de plus en plus par les habitants, prit le parti de permettre (à 6 heures et demie du soir) au corps de ville, au vicaire général et à un chanoine du clergé de porter les clefs de la ville au vainqueur ; ils étaient accompagnés d'un officier du régiment aux gardes.

Le général Stengel passe l'Ellero. - C'est à l'instant même où

Bonaparte faisait sommer la ville de Mondovi de se rendre, que le général Stengel passa l'Ellero près de la cassine Gavassa, avec un petit corps de cavalerie qu'il avait amené par les chemins désastreux de la Niella et de Briaglia, peut-être dans le seul but de hâter la retraite; peut-être aussi jugeant du désordre qui régnait dans l'armée ennemie, pour achever de le mettre au comble; couper même tous les moyens de retraite au reste de l'armée en s'emparant des ponts de Pesio. Il est difficile cependant de croire que ce général eût conçu un projet aussi hardi, lorsqu'on réfléchit au mauvais état ou étaient les chevaux de la troupe qu'il commandait, et plus encore quand on considère leur petit nombre, car il n'avait passé qu'avec 200 dragons. Quelques personnes assurent, mais toutes ne sont pas du même avis, qu'un corps de 400 chevaux resta en réserve sur la rive droite de la rivière en avant de la chapelle Saint-Nicolas, et devait suivre en cas de succès. Ce qu'il y a de bien certain c'est que, quoi que le général Stengel eût tenté, tout eût probablement réussi, sans le marquis de Chaffardon, colonel des dragons du roi.

Terreur qu'inspire aux troupes piémontaises le passage de l'Ellero exécuté par le général français Stengel. — L'infanterie piémontaise complètement découragée, battue, harassée, pressée par le besoin le plus urgent de manger, était étendue sur la rive gauche de l'Ellero et prenait un peu de repos avant d'exécuter sa retraite. Les meilleurs officiers cherchaient à trouver dans la foule leurs soldats éparpillés. Les dragons de Stab, le 1er et 3e escadrons des dragons du roi veillaient aux mouvements de la droite et gardaient les ponts de Borghetto et de Pian de la Valle. Les dragons de la reine étaient au centre et étaient prêts à se porter à droite ou à gauche au besoin. Les 2e et 4e escadrons des dragons du roi commandés par le colonel étaient à la gauche et veillaient à ce qui pouvait déboucher par ceux de Breo et de Carasson. Tout à coup l'alarme se répand parmi la troupe, on apprend que la cavalerie française a gué l'Ellero près de la chapelle de la Pietra et paraît sur la gauche de cette rivière. Le chevalier Civalieri se trouve l'officier le plus ancien de ceux restés sur la position, il cherche à former les troupes en masse et fait, pour gagner du temps, marcher à leur rencontre deux bataillons de son corps; l'un commandé par le chevalier de Bellegarde, lieutenant-colonel de la légion légère; et l'autre par le major Sauti. Bellegarde marchait à la tête du bataillon carré de gauche, et le major Sauti commandait celui de droite. Ils allaient à cette cavalerie presque sans espoir de pouvoir lui résister, et avaient jeté sur leur flanc droit quelques tirailleurs qui suivaient la crête du ravin.

Le colonel des dragons du roi attaque le corps du général français qui a gué l'Ellero. — Mais le colonel Chaffardon sent toute l'importance d'un coup de vigueur dans cette occasion. Il n'a que 125 hommes (1) ; il se décide néanmoins à affronter le corps commandé par le général français. On ignore pourquoi le général Stengel l'attendit de pied ferme ; mais il est positif qu'il choisit une position où son adversaire fut forcé de l'attaquer de front, en raison de la plantation d'arbres à laquelle il appuya sa gauche et de la position oblique qu'il prit sur la région des frames, et qu'il l'y attendit ayant deux escadrons un peu séparés dont celui de gauche moins considérable. Il semble qu'il doutait que, dans la défaite générale, il y eût encore un officier capable de ce trait de vigueur. Chaffardon traverse la route de la Gratteria au-dessus de la petite chapelle de Saint-Paul. Il s'aperçoit bientôt que le général Stengel a deux petits corps. Il forme aussitôt sa troupe de même que celle de son adversaire, se met à la tête du plus considérable et donna le plus petit au comte Corde de Pampara ; il envoya en même temps quelques éclaireurs d'infanterie sur son flanc droit, et après cette disposition, il approche, fait sur eux le coup de pistolet, auquel ils répondent. C'est pour les Piémontais le signal de l'attaque, ils chargent, culbutent complètement ce petit corps et le poursuivent jusqu'au ravin ; arrivé là, le colonel fait sonner le ralliement, parce qu'il craint rencontrer une embuscade.

L'infanterie piémontaise sentit si vivement le service que ce bouquet de cavalerie venait de lui rendre qu'elle le reçut à son retour en battant des mains et avec une exaltation qui ne paraissait pas celle de la circonstance ; on dirait plus, qui n'était pas commune dans cette armée. Les dragons du roi avaient fait 20 prisonniers et tué quelques hommes. Le général Stengel fait prisonnier et mortellement blessé fut porté par eux à Carasson ; il eut la douceur, moins de deux heures après, d'être délivré par les siens et de périr au milieu des vainqueurs ; sa mort eut lieu cinq jours après cet événement.

Les fuyards de l'armée piémontaise tentent de piller Mondovi. — Au moment où les derniers soldats faisaient retraite de Breo ils se mirent à piller. Un officier piémontais marcha avec quelques troupes pour arrêter le désordre ; il n'y parvint qu'en faisant faire feu sur eux ; on y voyait des soldats de tous les corps, mais plus encore des troupes légères et surtout des chasseurs de Nice.

Une partie des troupes piémontaises fit retraite sur Fossano, l'autre sur la Madona dell' Olmo aux environs de Coni. Le 7, celles de Fos-

----

(1) On a eu l'état de la force remis le matin au colonel par l'aide major.

sano eurent ordre de se porter à la gauche de la ville. Les troupes de
la Madona marchèrent le 8 sur Fossano et on forma un camp à Cervere ; on a marché de Cervere sur Carmagnola après la trêve signée.
Le désordre fut au comble dans ces différentes marches ; arrivé à
Carmagnola on tâcha de rétablir la discipline dans l'armée.

*Les parlementaires de la ville de Mondovi se présentent au
général en chef français.* — On a laissé les parlementaires au sortir
de la ville et Bonaparte sur le Briquet ; les premiers rencontrèrent
d'abord le général Despinoy qui leur demanda compte de l'officier
parlementaire gardé par le baron Colli. L'officier du régiment aux
gardes répondit que le général Colli avait promis de le rendre dans
deux jours, mais qu'apportant une lettre au corps de ville il n'était
pas tenu de le traiter pour le moment comme parlementaire. Enfin
parut Bonaparte suivi de tout son état-major ; le syndic lui présenta
les clés de la ville et la recommanda à sa clémence ; les prêtres du
clergé lui demandèrent la liberté de suivre leurs fonctions ecclésiasti-
ques. Il les reçut avec cette grandeur qui présageait déjà ses nouvelles destinées et avec cette justice et cette bonté dont il donne journellement des preuves ; il y montra encore ce coup d'œil pénétrant qui
lui fait découvrir à l'instant même les hommes à talent. Il distingua
bientôt parmi les parlementaires, le chanoine Grassi de Sainte-Christine, auteur qui a écrit sur l'histoire de sa patrie, aussi recommanda-
ble par ses vertus morales que par ses talents.

Bonaparte entre dans Mondovi. — Il fit aussitôt après son entrée trium-
phante dans Mondovi suivi du commissaire du directoire Saliceti
(environ vers les 7 heures du soir), il trouva à la première barrière le
gouverneur et la garnison piémontaise. Il permit à celui-ci et aux officiers de garder leurs épées et leur fixa Nice pour séjour pendant qu'ils
seraient prisonniers de guerre, il continua aussitôt sa marche. Arrivé
à Mondovi, il donna les ordres nécessaires pour le bien-être de sa
troupe et retourna à Lesegno d'où il expédia son rapport au directoire. Son armée prit le 7 la route de Bene, un petit corps occupa
pendant quelques jours encore la Serra dei Rissi et le bric de Saint-
Martin en arrière du petit ruisseau d'Ermena ; un corps assez respectable resta aussi sur les hauteurs de Castellino.

Conjectures. — Il est difficile d'expliquer, et on ne saura peut-être
jamais, pourquoi le général baron Colli a laissé dans cette place le
premier régiment du roi, ainsi que cette garnison beaucoup trop
considérable pour les circonstances. L'a-t-il oublié comme on l'a pré-
tendu dans le temps ? a-t-il donné ordre au gouverneur de la renvoyer lorsqu'il serait au moment de capituler ? Cette dernière supposition paraît la plus probable, d'autant plus que le général Dellera

était un homme sans fermeté et sûrement très embarrassé de sa position ; tandis que celle du général Colli était celle de tous les généraux qui éprouvent une défaite ; qu'il n'a couru de dangers person-
nels que ceux auxquels il a voulu s'exposer. D'ailleurs les blessures
honorables dont ce général est couvert prouvent qu'il a su plus
d'une fois affronter les dangers de la guerre. Les militaires impar-
tiaux avoueront toujours qu'il a eu des journées très brillantes dans
les dernières campagnes, calculeront que les chefs de corps, hommes
de cour et en crédit, qui n'ont pas rempli leur devoir dans ces dernières journées ont eu le plus grand intérêt de jeter de la défaveur
sur un étranger qui n'avait plus à leur alléguer que son infortune, et
n'oublieront pas, en le jugeant, qu'il eut pour adversaire Bonaparte
dont les conceptions et le génie ont fait échouer toutes les combinaisons militaires que les plus grands généraux du siècle lui ont
opposées.

*Raisons qui ont empêché de dessiner exactement la bataille de
Mondovi.* — On n'a pas dans cet aperçu, suivi avec précision la
marche d'un corps d'une position à une autre, on a été forcé souvent de les abandonner pendant un long espace de temps ; mais il y
a eu un tel désordre dans cette bataille que même ceux qui y ont
assisté ne pourraient rendre compte de tout ce qu'on désirerait
savoir. Il suffit d'entendre deux témoins oculaires pour voir combien
peu on doit compter sur les détails de cette journée. Tous les corps
imputent la faute de leur défaite à ceux qui étaient sur leur flanc ou
devant eux. Ce qu'il y a de très positif c'est que les Français et les
Piémontais n'ont pas eu 100 morts dans cette bataille ; il y a eu
cependant beaucoup de blessés de part et d'autre.

Positions et mouvements des troupes austro-sardes gardant la position de Mondovi le 5 floréal an IV
(24 avril 1796 I. S.)

Général en chef des Français : BONAPARTE	A cheval au commencement de la bataille sur le bric de la Guardia, plus tard sur le Briquet.
Général en chef des troupes piémontaises : COLLI	Placé pendant la bataille en arrière de Santa Croce à pied. (On sait que les généraux autrichiens ne bougent point pendant la bataille pour qu'on sache toujours où les prendre lorsque l'on a quelque rapport à leur faire).

NOMS DES DIVERS CORPS	NOMS DES CHEFS	POSITIONS	OBSERVATIONS
2e régiment de la légion légère et le 1er bataillon du 1er régiment............	Chevalier........ Civalieri........ Brigadier........	A Bon Jésus, puis sur la crête de Saint-Roch, poussé sur Fiamenga, passé de là à Li Gari, et forcé de là sous les murs de la citadelle, d'où, sans combattre, ils vont par Breo sur la rive gauche de l'Ellero. 2 bataillons marchent de là en avant lors de l'escarmouche de Casal. Bellegarde conduit celui de gauche et le major Santi celui de droite.	Le 1er bataillon commandé par le comte d'Antignan faisait à cette époque partie de l'armée du Bourg Saint-Dalmas commandée par le major général Christ.
1er régiment, chasseurs Colli.........	Marquis Colli....	1er bataillon au Teit Madona, l'autre aux roches de Pisol, puis dans les prés au-dessous de Poggio : repoussé sur la crête de Vuril et de Blangin, de là sur le bric de la Ciocca ; font retraite sur Carasson en se précipitant dans le ravin.	
1er bataillon, chasseurs de Nice......	Vassal d'Auvarre..	Aux Molline, puis comme les chasseurs Colli.	
Grenadiers Dichat composés des 8e et 9e bataillons...........	Chevalier Dichat..	8e bataillon au Briquet ; forcé, se précipite à la gauche dans le vallon des Moje dont les grenadiers de Varax défendent la gauche. 9e bataillon à la droite du Briquet un peu en arrière, sur la crête en avant de la grande route de Saint-Michel à Mondovi	
Grenadiers Varax composés des 4e et 6e bataillons de grenadiers.......	Comte Varax.....	Sur la crête gauche du vallon Moje, à la cassine dite Le Moje.	
Grenadiers Chiusa composés des 1er et 3e bataillons.......	Comte Chiusa.....	A la crête du Briquet, sur le prolongement du contrefort de Costa Molline, passé de cette position dans le vallon des Moje sous la protection des grenadiers de Varax : bientôt il est	
4 bataillon de Casal............	Chevalier Fea...	Sur le bric de Bellana, de là sur les hauteurs du village de Vico, plus en arrière que la butte Saint-Roch.	
Oneille.........	Génér.-maj. comte Vital.........	Sommité de la butte Saint-Roch, de là à la gauche des grenadiers de Varax aux Moje.	Une partie de ce corps venant du Tanaro joignit le régiment sur ce point.
Asti....	Comte Sainte-Rose.	A la droite du Teit de Vœna.	C'est le premier corps qui ait pris la fuite, on vit le colonel pleurer de fureur dans Vico de n'avoir pu réussir à les rallier.
Pionniers.........	Comte Flumet....	A la gauche du Teit de Vœna.	
Grenadiers royaux	Marquis de Bellegarde...........	Sur le flanc droit de Vico dans une vigne en avant de Saint-Joseph. Il s'est battu avec valeur puis a été mis en déroute. Ce qu'on a pu réunir de ce corps est envoyé de renfort au Briquet, il est placé en arrière.	......La compagnie de chasseurs était le matin à Oreglia au-dessous du bric Pisol.
1er bataillon de Croates, corps franc de Giulay.........		Sur le flanc de la route de Saint-Michel en avant de Vico, mis en fuite et rallié sur le bric de Blangin, fusillé vivement, se précipite dans le bois des Moje d'où il réattaque l'ennemi un moment avec vigueur, bientôt après est poursuivi et forcé de passer l'Ellero.	
Savoie............	Le lieutenant-colonel Deloche.....	A Vico, dans un pré en arrière de la Costa, puis à la porte de Mondovi, tout le corps fit retraite par Bréo après en avoir reçu l'ordre.	La compagnie de chasseurs fut au moment au pied du Briquet, le capitaine de cette compagnie le chevalier Maistre y fut blessé.
Belgioso.........		Dans les près à la gauche du château de Vico, bientôt en déroute, et rallié à la porte de Mondovi où il reste pendant la bataille, puis reçoit ordre de faire retraite.	
1er bataillon de Stetler, régiment suisse bernois......		Envoyé de renfort au Briquet, on le place sur la grande route entre le Briquet et le Torrione.	
		Sur la fin toute l'armée est étendue pêle-mêle sur les bords de l'Ellero, du pont de Bréo à la route de Gratteria.	On a placé sur le plan les corps avec ordre ; mais le mémoire dit qu'il n'en existait aucun à cette époque.
Régiment aux gardes.........	Comte Deshayes, colonel en 2e...	Dans Mondovi.	
bataillon de Stetler............		Dans Mondovi.	
Quelques compagnies de Tortone...		Dans Mondovi.	

MÉMOIRES SUR LA CAMPAGNE DE 1796

NOMS DES DIVERS CORPS	NOMS DES CHEFS	POSITIONS	OBSERVATIONS
		Cavalerie	
		Le régiment, le matin, au point où le chemin se bifurque derrière Santa Croce; plus tard 2 escadrons sont au centre sur la rive gauche de l'Ellero, et deux à la gauche, 1 piquet est à la porte de Mondovi pour empêcher aux troupes en retraite de pénétrer dans la ville, parce qu'elles y font du désordre.	
Stab dragons autrichiens..........	Marquis de Chaffardon, colonel en 2e.............	Dans la plaine à la droite de la position sur la route de la Chiusa, un peu à l'Ouest de Borghetto, avec ordre d'observer ce qui pourrait guéer l'Ellero.	
Dragons de la Reine.............	Chevalier Deshayes	Au centre et très près de Mondovi.	
Parc d'artillerie..		Jusqu'à l'instant où Vico fut forcé, dans les prés en arrière de Santa Croce.	
		2 canons sur Mercato Vechio à la droite de la Monta di Odella	
Artillerie.,.......		2 canons de 8 2 canons de 4 } au Briquet 2 obus 2 canons à Li Gari. 4 canons à Santa Croce.	
1re position des corps français.....	Généraux de divisions SÉRURIER DESPINOY	**Mouvements de troupes françaises** A la droite de Saint-Stefano.	
2e position.......		Au bric Saint-Agnès et aux vignes en face du Briquet.	
		Une colonne conduite par le général Fiorella venait par les Molline à la Madona, puis à Li Gari.	
		Une par le général Guieu par le bric Bellana.	
		Une par le général Dommartin par la route de la Tour à Saint-Michel puis à Vico.	
		Une par le général Meynier sur le bric de la Ciocca. On suppose qu'elle venait de la Pra.	
		La cavalerie française est venue à Saint-Gioanni de Vico, puis aux Teits de Mollea, de Sargio, de Sainte-Anne et de la Cassine Vassal : de là à Carasson passant sur la planche du fossé d'Otteria.	
		Une autre petite colonne de cavalerie a passé par Briaglia de Santa Croce. Ce corps conduit par le général Stengel venait de la Niella.	

Le chef de la section chargé du levé des champs de batailles
27e division militaire

Signé : MARTINEL,
Chef de bataillon

MÉMOIRES SUR LA CAMPAGNE DE 1796

Relation de la campagne de 1796 depuis les débuts jusqu'à l'armistice de Chérasco (1)

La campagne de 1796 fut des plus glorieuses pour la France.

La seule énumération des travaux et des exploits exécutés par ses armées étonneront les races futures. La victoire parut enchaînée à la suite de l'armée d'Italie ; elle acquit la gloire immortelle de faire anticiper la célébration de la fête des Victoires en devançant l'ouverture de cette série d'actions mémorables qui commencèrent une invasion de l'Italie à faire époque parmi toutes celles qui ont si souvent changé sa face politique en ravageant ses superbes et délicieuses contrées.

Le Piémont fut forcé dans une décade à demander la paix, et le roi sarde, subissant la loi du vainqueur, ne resta assis sur son trône qu'aux conditions qu'il se plut de lui imposer.

L'enchaînement des causes et des opérations qui précipitèrent ce grand événement, forment un tableau aussi intéressant qu'instructif qu'on a essayé d'esquisser sur un point de vue qui puisse mettre les lecteurs à portée d'apprécier les divers degrés de gloire ou de honte, de louange ou de blâme que méritent ceux qui eurent part à cet événement, soit dans les cabinets soit dans les armées.

Pour mieux éclairer un sujet aussi important, il convient de reprendre les choses à la fin de la dernière campagne.

L'inaction de Schérer, après une victoire qui lui avait donné l'entrée du Piémont, permit à ses ennemis de revenir de la consternation où les avaient jetés leurs revers ; loin de la juger l'effet d'une circonspection mal entendue de ce général, ils l'attribuèrent à l'insuffisance

(1) Par M. de Malaussena.

de ses forces pour entreprendre sur le Piémont ; bientôt une entière sécurité succéda aux craintes les plus grandes.

Plusieurs circonstances concoururent, comme à point nommé, pour endormir les Autrichiens et les Piémontais dans cette dangereuse sécurité. Les revers des Français sur le Rhin à la fin de la dernière campagne, leurs troubles, leurs dissensions intestines, et surtout l'épuisement et le désordre extrême de leurs finances étaient pour des personnes accoutumées à juger d'après les exemples ordinaires, des motifs plus que suffisants pour croire la France aux abois, dans l'impuissance d'entreprendre avec vigueur au dehors, d'espérer enfin plutôt la dissolution que l'affermissement de son nouveau gouvernement.

Des attentes si flatteuses ne permirent point aux chefs des puissances liguées pour empêcher son établissement, de peser combien étaient redoutables et les derniers efforts d'un grand peuple qui avait fait tant de sacrifices pour devenir libre et la résolution magnanime de ses administrateurs de préférer une entière ruine à une paix qui ne fût avantageuse et glorieuse. On rejeta les fières conditions qu'ils voulurent imposer, mais le pire fut de ne se préparer à soutenir vigoureusement la guerre, de ne pourvoir d'une manière formidable à la défense de l'Italie.

La cour de Vienne n'expédia que des renforts insuffisants pour rétablir une armée battue, affaiblie et découragée, et le nouveau général qu'elle destina pour la commander, remédia si peu à son délabrement qu'à l'entrée de la campagne les troupes qui avaient perdu leurs effets de campement à la retraite de Ligurie, en manquaient encore.

L'Angleterre qui, dans ces circonstances, aurait dû augmenter les subsides du roi sarde ne satisfit pas même à l'arriéré de la campagne précédente. Exposé à perdre ses Etats, ce roi si mal secondé par ses alliés pouvait les abandonner sans déshonneur en faisant sa paix particulière avec les Français qui, moyennant la condition d'une alliance offensive, paraissaient disposés de la lui accorder avec des dédommagements avantageux en Italie, pour la cession de la Savoie et des pays de Nice.

Mais méconnaissant sa vraie situation et craignant de se livrer à un gouvernement naturellement ennemi des rois, s'il tournait ses armes contre ses alliés, il préféra de courir encore avec eux les hasards de la guerre : il expédia à Vienne le général La Tour pour solliciter des secours et pour concerter un plan de campagne sur les bases d'être généralissime des deux armées, et que l'autrichienne, chargée de couvrir les pays à la droite du Tanaro, s'appuierait à Cèva.

Le ministre autrichien, constant dans le principe d'éviter de compromettre ses forces, et de couvrir la Lombardie en rejetant les Français sur le Piémont, convient aisément de la seconde proposition ; mais il élude la première sous le prétexte que le concert qui devait régner dorénavant entre les deux armées pour la défense commune n'en devait plus faire qu'une ; propose de faire cesser toute distinction en abolissant le corps auxiliaire, et, sous l'appât attrayant de décharger Sa Majesté sarde d'une dépense, il renvoie La Tour concerter les opérations de la campagne avec le commandant en chef de l'armée autrichienne en Italie, mais il n'était plus temps de former des plans lorsqu'il le joignit, l'ayant trouvé tellement en prise avec les Français qu'il ne lui resta plus que d'être le témoin de sa défaite.

Cependant les généraux en chef des deux armées auraient pu encore remédier les faux calculs de la politique et les méprises des ministres. Le roi sarde ayant continué le commandement de la sienne au général autrichien Colli, rien ne les empêchait de bien combiner leurs opérations. Des lettres pleines de protestations d'amitié, d'empressement de s'entr'aider, répandues dans le public, donnèrent cet espoir, mais leur entrevue à Alexandrie se passa sans rien concerter ; incapables d'établir un bon plan de campagne, vains pour n'adopter ceux d'autrui, dépourvus du talent de l'exécution, on ne les verra se présenter devant l'ennemi que pour se faire battre. Avant d'entrer dans le détail de leurs manœuvres, voyons quels furent les préparatifs et les dispositions des Français.

L'armée dans la Ligurie, ayant consumé les magasins acquis par son courage et au prix de son sang, éprouva une disette de subsistances qui, jointe au manque de solde, la réduisit dans un état de misère qui la forçait d'agir offensivement dans l'hiver pour en sortir ; sur le point de s'ébranler pour fondre sur les quartiers piémontais, des neiges abondantes tombées à la fin de février, l'obligèrent de rester dans cette malheureuse situation. Sa constance à supporter les privations fit tourner cette crise à son plus grand avantage. Ses ennemis, confirmés plus que jamais dans le vain espoir qu'elle ne peut se remettre sur l'offensive, ralentirent encore le peu d'activité qu'ils mettaient à préparer leur défensive ; tandis que, contre toute attente, le génie et l'audace travaillaient à l'envi pour tirer glorieusement l'armée d'Italie de sa détresse, au manque de moyens pour pourvoir à ses besoins, le Directoire y suppléa en nommant Saliceti son commissaire près cette armée et Bonaparte pour général en chef ; deux de ces hommes extraordinaires qui, avec des armes et des soldats, savent trouver l'or et l'abondance en conquérant les nations opulentes.

Saliceti, en se rendant le premier à l'armée, prépara les moyens de la remettre sur le chemin de la victoire où l'autre la conduisit. Ce que la France ne pouvait lui fournir, ce que les neiges l'empêchaient de prendre sur l'ennemi, il l'exigea du pays neutre ; l'unique ressource à ses pressants besoins se trouvant dans Gênes, il s'y porte sans délai, met en usage tous les moyens pour l'obtenir ; il prie, il demande, il presse le gouvernement à se déclarer pour la France, il lui fait craindre une révolution dont il fomente les levains, il le menace jusqu'à déployer l'appareil de la force, faisant avancer un corps de 3.000 hommes à Voltri, se disant l'avant-garde d'un plus considérable ; 600 hommes font une apparition jusque dans les faubourgs de Saint-Pierre d'Arena. L'annonce enfin de commencer les hostilités par le pillage des magnifiques maisons de campagne des nobles de Gênes achève de lui procurer en subsistances et en argent de quoi fournir à tous les besoins pressants de l'armée ; en moins d'un mois, elle change entièrement de face, de nombreuses recrues viennent l'augmenter ; elle se forme en nouveaux bataillons, s'exerce sans relâche, travaille de même à border la mer de défenses, à les augmenter sur l'Apennin et au long de la ligne de Kellerman à travers la Ligurie. Par ces travaux, remplissant à la première maxime si souvent négligée, de pourvoir à sa défense avant que d'attaquer, donne le change sur ses grands desseins offensifs jusqu'au moment d'entrer en action, ce qui lui vaut d'éprouver une moindre résistance.

Tel était l'état de l'armée d'Italie dans la Rivière de Gênes, lorsque le général Bonaparte en prit le commandement. Il arriva le 4 avril à Albenga pourvu d'un million en numéraire qui acheva de la fournir. Les renforts qu'il amena portèrent sa force de 40 à 50.000 hommes, il mit d'abord tout en mouvement pour prendre une attitude menaçante, renforçant une chaîne de postes et de camps, couronnant l'Apennin depuis le Mont Settepani jusqu'à Montenotte, formant une ligne dont la droite s'étendait à travers la Rivière jusqu'à Voltri où elle appuyait à la mer. La gauche coupait la vallée de la Bormida occidentale et appuyait aux gorges d'Intrapa et d'Orméa dans celle du Tanaro. A cette ligne succédaient des corps en réserve, dont le principal, campé sur les hauteurs au couchant de Savone, formait le centre de l'armée, appuyant les postes de Montenotte.

Cette disposition était très avantageuse ; bonne pour la défensive, elle faisait craindre l'offensive par plusieurs débouchés, par les vallées successives du Tanaro, des deux Bormida, de l'Ellero, de l'Orba, et par la grande route de la Bocchetta. En position de porter la guerre en Lombardie et en Piémont, le général Bonaparte attendit de commencer ses opérations, que quelque fausse démarche de ses adversaires lui fournit l'occasion de le faire avec plus d'avantage. Son attente fut bientôt remplie, mais avant de s'engager dans ce détail, on doit encore prémettre les dispositions des Austro-Sardes.

Les appareils militaires dans la Rivière réveillèrent enfin la sécurité piémontaise et mirent en mouvement la lenteur allemande. Aux derniers jours de mars, Beaulieu se rendit à Alexandrie, suivi de son armée qui, manquant de tentes, marcha par cantonnements ; craignant, d'après l'avancement des Français à Voltri, aux bruits qu'ils répandaient de vouloir forcer Gênes à se déclarer pour eux, et de porter ensuite la guerre en Lombardie par la Bocchetta, il plaça sur ce passage 6.000 hommes au bivouac pour le garder et pour être à portée de contenir Gênes de se déclarer pour les Français, ou le protéger contre leurs tentatives. Il répandit en cantonnement les autres troupes au long et à portée de l'Orba et de l'Ellero et occupa la position de Dego sur la Bormida orientale, où furent aussi quatre bataillons piémontais, qui s'unirent à son armée ; n'excédant pas 20.000 hommes, elle ne put s'étendre jusqu'à la droite du Tanaro comme l'espérait le roi sarde. Obligé de couvrir plus de pays qu'il ne croyait, l'ouverture prématurée de la campagne lui en donnait momentanément le moyen, en y employant une partie des troupes destinées à la défense des Alpes, où les neiges ne permettaient pas encore d'agir, mais on ne sut jamais à la cour fixer l'état de guerre, ni diriger la force militaire, convenablement aux circonstances. Le penchant de ne craindre les Français qu'au moment de l'attaque, de croire leurs forces insuffisantes pour s'étendre dans l'Italie, enfin, la répugnance des princes de laisser détacher des corps qui leur étaient assignés pour la défense des Alpes, firent que Colli n'eut pas plus de 20.000 hommes à disposer en prolongation des Autrichiens qui, du château de Cosseria entre les deux Bormida, s'étendirent, jusqu'au Mondovi, ou soit à la droite de l'Ellero.

L'ensemble des deux lignes n'offrait qu'un éparpillement de 20.000 hommes du Mondovi aux hauteurs de la Bocchetta sur Gênes à travers un pays coupé et extrêmement varié, d'environ trente lieues de longueur ; c'était le résultat des dispositions faites sans concert avec des vues différentes, contraires à ce qu'exigeaient les circonstances de la guerre et la nature du pays, propre seulement à y soutenir une défensive active avec des forces peu inférieures à l'ennemi, appuyé à quelques postes de campagne pour servir de point de ralliement. Colli prépara une défense inactive à positions permanentes, à postes fixes. Beaulieu se décida d'agir offensivement, tandis que la situation de l'armée française dans la Ligurie exigeait à tous égards de temporiser pour la vaincre, aussi toutes ses démarches à l'ouverture de cette campagne ne furent qu'un tissu de maladresses. Son premier début l'exposa à le faire battre en détail ; les 6.000 hommes qu'il porta sur la Bocchetta étaient bien plus propres à précipiter les inconvénients qu'il voulait prévenir qu'à les empêcher, ils ne pouvaient qu'inciter les Français à se hâter de réunir des forces supérieures pour les attaquer. S'ils avaient eu les desseins qu'on leur supposait, rien de plus mal habile que d'entreprendre de fermer ce passage, car loin de penser à s'opposer au torrent de front, il convenait de lui donner lieu de s'étendre pour l'arrêter. On va voir pire encore, par ses attaques le faire refluer sur lui-même, accroître et faciliter l'impétuosité de son débordement.

Attaques des Autrichiens sur l'aile droite de l'armée française. Journée du 10 avril-20 germinal. — Beaulieu, avec le secours des Anglais par mer, entreprit de couper la droite de l'armée française, opération périlleuse depuis que Bonaparte, ayant pris le commandement de l'armée, en eût porté le centre sur les hauteurs au couchant de Savone ; mais le pire fut dans sa manœuvre : au lieu d'une opération simultanée, d'agir sur l'Apennin avec des forces supérieures pour en intercepter la communication en même temps que les troupes seraient arrivées sur tous les postes qu'il projetait de couper, il commença par attaquer ceux de Voltri à l'extrémité de la ligne. A cet effet, il descendit avec le gros de troupes qu'il avait sur la Bocchetta et un train d'artillerie à Saint-Pierre d'Arena, et marcha sur Voltri en côtoyant la mer, tandis qu'une forte colonne franchissant l'Apennin s'y rendit par les hauteurs.

Ces troupes, en nombre supérieur, attaquèrent le 10 avril deux demi-brigades garnissant les postes couvrant Voltri, commandés par Cervoni qui, les ayant défendus jusqu'au soir, se replia pendant la nuit par une marche forcée sur le centre de l'armée avec 1.500 hommes placés sur les hauteurs de Varaggio, pour protéger sa retraite.

Journée du 11 avril-21 germinal. — Beaulieu entra sans contraste (*sic*) dans Voltri, le matin du 11 avril, mais la manœuvre rétrograde des Français frustra son attente en déconcertant l'opération de 10.000 à 12.000 hommes qui agirent dans cette journée sur l'Apennin répartis en trois colonnes.

Celles du centre et de la gauche, composées de 4 bataillons chacune, qui, de Sassello, se portèrent sur les passages en tête de la vallée d'Ellero et les hauteurs de Varaggio ne rencontrèrent plus d'ennemis.

La colonne de la droite entreprit infructueusement sur les hauteurs de Montenotte, où elle essuya une défaite désastreuse à la suite

de deux actions qui, commençant la carrière des victoires immortelles
de Bonaparte, méritent doublement d'être connues en détail ainsi
que les lieux qui leur servirent de théâtre.

Leur ensemble présente une situation agréable quoique son nom
l'annonce différente ; c'est par des formes radoucies, couvertes en
bosquets ou gazons, en champs cultivés que les hauteurs de Montenotte couronnent la chaîne centrale de l'Apennin en direction de
Savone ; elles embrassent la tête d'un vallon qui commence par une
prairie au milieu de laquelle jaillit la source principale de l'Ellero,
près les granges connues sous le nom de Montenotte supérieur. La
tête de ce vallon tient par ses extrémités à deux monticules opposés : le
Castellazzo, situé au commencement des ramifications ou langhes
qui règnent entre l'Ellero et la Bormida orientale, le mont Prato dominant sur un contrefort aigu, couvert de rocailles, qui descend rapidement sur Savone resserré entre deux profonds vallons. Le chemin de
cette ville à Montenotte serpente sur ce contrefort, et sur son sommet
s'élève la butte arrondie de Monte Negino où se passa la première
action militaire.

Cette butte, fortifiée l'avant-dernière guerre par les Gallispans
pour couvrir leur communication au long de la mer, conservait
encore des retranchements en pierres. Son sommet était couronné par
une petite redoute ovale, en ressaut sur la pente de son front bordé
d'un parapet avec une flèche à son pied distant du mont Prato à la
grande portée du fusil.

Les Français, faisant de Monte Negino leur point de résistance,
ne portèrent que des avant-gardes sur les hauteurs de Montenotte.

L'étendue de cette position exigeait un corps d'armée ; ils ne pouvaient guère l'occuper qu'en affaiblissant leur gauche, exposer leur
communication, et donner à connaître ouvertement leur dessein.

Cependant ils laissaient à Beaulieu une situation unique pour bri-
der leurs mouvements ; s'il eût eu l'adresse d'y conduire toutes ses
forces et les y bien disposer, il les réduisait à ne pouvoir agir offensivement qu'en hasardant une affaire générale très périlleuse pour eux ;
au lieu qu'il leur fournit l'occasion la plus aisée de le battre en
n'envoyant qu'un corps disproportionné pour l'occuper et pour déloger les Français des hauteurs au-dessus de Savone.

Le général d'Argenteau, chargé de cette opération, partit avant jour
avec trois bataillons des cantonnements de Mioglia et Pareto gravissant
les langhes qui, de ces lieux, conduisent à Montenotte ; Rukavina partant du Dego et dirigeant d'abord sa marche par la vallée de la Bormida lui en conduisit deux, avec trois croates ; il arriva le premier au
point de rassemblement, et, dès qu'il vit paraître les autres, il atta-

qua en front les avant-gardes répandues sur Montenotte au nombre d'environ 400 hommes.

La matinée se passa à les déloger, elles se replièrent sous la protection de Monte Negino qui se trouva soutenu par 1.500 hommes en position, par les avantages du local, de ne pouvoir être tournés.

Les Autrichiens, placés sur mont Prato, attaquèrent Monte Negino à une heure après-midi en front de vive force, prirent la flèche située à son pied ; forcés de l'abandonner, ils revinrent encore deux fois à l'attaque infructueusement ; aux obstacles réunis de la nature et de l'art qui rendaient l'assaut impraticable, ils rencontrèrent la résistance la plus opiniâtre, Rampon, chef de brigade, commandant ce poste, par un de ces élans qui caractérisent une âme forte formée pour les grandes actions, ayant fait au milieu du feu prêter le serment à ses soldats de mourir tous dans la redoute plutôt que de l'abandonner. Là se renouvela une de ces boucheries inutiles que l'impéritie des généraux dans les attaques des postes de montagne rend si ordinaires.

Rukavina fut blessé et la plus grande partie des officiers qui conduisirent les troupes subirent ce sort ou furent tués ; malgré leurs pertes, les Autrichiens continuèrent le combat jusqu'à la nuit ; ils la passèrent sous les armes, sous la portée de Monte Negino, au lieu d'en profiter pour se tirer d'une position dangereuse d'où l'on pouvait observer pendant la journée l'armée française à portée de venir fondre sur eux ; ainsi le jugea d'Argenteau qui, dans les circonstances critiques, enclin à prendre le mauvais parti, s'occupa dans la nuit à faire des dispositions pour couvrir ses flancs et ses revers avec des forces insuffisantes, n'ayant pu se renforcer que de deux bataillons, dont un détaché de la colonne du centre, couvrit les revers de sa gauche, et l'autre, de réserve, occupa le mont Catellazzo. En avant de ce mont, sur la crête de l'Apennin, il répandit en échelons huit compagnies qu'il tira de son centre ; dans cette disposition, il attendit l'attaque.

Des attaques des Français, journée du 22 germinal-12 avril. — La carrière des victoires de Bonaparte s'ouvre par une suite de succès si extraordinaires que la connaissance des circonstances qui concoururent à les produire est nécessaire pour les croire ; si leur développement pouvait en atténuer la grandeur, la supériorité de son génie du général, de savoir profiter des fautes de ses adversaires, en paraîtra d'une manière plus brillante.

Bonaparte, au lieu de se hâter de dégager Monte Negino comme aurait naturellement fait un général moins habile, laissa fatiguer les Autrichiens toute la journée à cette attaque, et les craintes que sa

proximité leur inspira les empêcha de reposer la nuit ; par là il ajouta
à la supériorité du nombre l'avantage de mettre en action des troupes
fraîches contre des troupes harassées ; il combina son plan d'attaque
pour les prendre en front, en flanc, et à dos. Laharpe, chargé
de l'attaque de front, arriva dans la nuit avec toutes les troupes de la
droite sous Monte Negino, Bonaparte suivi des généraux Berthier et
Masséna se mit en mouvement à une heure après minuit avec les
troupes du centre qui s'unirent au passage d'Altare à une partie de
celles de la gauche ; en tête de la Bormida, divisées en deux colonnes,
une longea la crête de l'Apennin pour y attaquer les postes en échelons couvrant le flanc droit ennemi ; Masséna, faisant avec l'autre un
circuit dans le vallon de la Ferrania, se porta sur le revers du mont
Castellazzo pour prendre à dos le bataillon d'arrière-garde.

La pluie survenue dans la nuit ne dérangea point la marche des
colonnes, et le brouillard qui l'accompagna leur servit même le matin
pour les couvrir jusqu'à huit heures, qu'il se dissipa.

D'Argenteau, découvrant alors du haut du mont Prato les Français
en nombre autour de Monte Negino tirant à force de bras du canon sur
cette butte, fit retirer les avant-gardes qui se trouvaient à la portée
de la mitraille ; à peine cela s'exécutait que les avis des manœuvres
des Français l'appelèrent sur son flanc droit pour les reconnaître. Craignant d'en être enveloppé, il ordonna la retraite, revint sur le mont
Prato donner les dispositions pour en replier les troupes en combattant
sur le mont Castellazzo ; mais la célérité des attaques des Français
ne lui en laissa pas le temps. Le canon de Monte Negino commença
celle de front que déjà la colonne longeant l'Apennin arrivait sur le
dernier poste couvrant le flanc droit.

Ce poste fut investi et renversé presque en même temps que ceux au
pied du mont Prato. Sitôt après Masséna tomba sur le bataillon placé
sur le mont Castellazzo avec une telle supériorité de forces qu'il en
fut presque détruit. D'Argenteau qui, à la première décharge, accourut à son secours avec un bataillon descendant de mont Prato à travers
le vallon de Montenotte, fut culbuté dans son fond ainsi que le reste
de sa division qui se retira en déroute à Pareto. Il n'y eut que le
bataillon détaché de la colonne du centre, couvrant sa gauche, qui
n'entra point en action ; il se réunit à sa division qui, avec les autres
troupes qui s'étaient avancées sur l'Apennin, se replièrent à Sassello.
Les Autrichiens perdirent à cette occasion près de (1) entre tués et
prisonniers. Si l'on remonte à la cause primitive de ce revers, on la
trouvera dans la disposition de Beaulieu, d'avoir porté en personne

(1) Un mot manque dans le texte.

une attaque véritable sur Voltri où il n'en fallait faire qu'une fausse, au lieu qu'il aurait dû être à la tête des corps qui marchèrent sur l'Apennin pour les faire agir en conséquence des manœuvres des Français. Alors il aurait pu éviter le combat de Montenotte ou le soutenir avec moins de désavantages en y réunissant les huit bataillons des deux colonnes qui restèrent inutiles sur les crêtes del'Apen-nin, et dont seulement d'Argenteau en put obtenir un pour couvrir la gauche que l'on a vu encore ne prendre aucune part à l'action. Il ne sera peut-être pas hors de place d'ajouter que la discipline allemande qui ne permettait à un commandant particulier d'agir que d'après les ordres du général en chef, n'est bonne dans la guerre de montagne qu'à faire écharper les troupes en détail.

Bonaparte, sans s'arrêter sur le champ de la victoire, s'attacha vivement à poursuivre ses succès, faisant avancer son armée à des positions pour rentrer en action le lendemain, dans la vue de déconcerter son ennemi, de tenir ses forces divisées. Il ordonna à la division de Laharpe de se porter sur Sassello dans la vallée d'Ellero, y menacer d'enlever les huit bataillons qui s'y étaient repliés et de se rendre le lendemain par une marche rapide et cachée au Cairo dans la vallée de la Bormida orientale ; aux plaines de Carcare, au fond de cette vallée, vint se placer le centre de l'armée avec le quartier général. Sur les hauteurs de la droite se porta Masséna avec la division en face du Dego. Sur celles de Biestro, à la gauche, se plaça la brigade de Ménard, une brigade d'infanterie légère commandée par Joubert fouilla le pays en avant de Carcare jusqu'à Cairo et sous le château de Cosseria. Elle se rassembla le soir à la position de Sainte-Marguerite sur les hauteurs du Cairo.

Journée du 23 germinal, 13 avril. — Le 23 à bonne heure, l'armée française se mit en mouvement, la droite employa la matinée à se rassembler dans la plaine de la Rocchetta en face du Dego pour attaquer cette position.

Bonaparte avec la division d'Augereau et 300 chevaux s'avança directement de Carcare contre le château de Cosseria ; en même temps les généraux Ménard et Joubert l'investirent par une manœuvre prompte et hardie. La brigade de Ménard, descendant des hauteurs de Biestro, étendit sa gauche jusqu'à Millesimo d'où elle délogea une compagnie de chasseurs ; celle de Joubert, répartie en deux corps, monta directement de sa position pour gagner les hauteurs en arrière du château, chassa des Roches de Pattaria le régiment de Belgioso qui, avec deux compagnies de grenadiers en avant sur la crête dérivant de ce château, devait s'opposer à son investissement.

Le général Provera s'y renferma avec 1.000 hommes compris un bataillon de grenadiers piémontais de renfort qui eut à peine le temps d'y entrer, n'ayant pas d'artillerie, les Français le resserrèrent à la portée du fusil en nombre au moins de douze mille hommes, la plus grande partie placée sur le dos de la montagne, en arrière du château en opposition au côté le moins inaccessible. A neuf heures Bonaparte somma verbalement Provera de se rendre, et, sur son refus, il le fit battre par quatre pièces d'artillerie et un obusier. A 11 heures, ennuyé de se voir arrêté par une poignée d'hommes, il leur intima par écrit de se rendre dans un quart d'heure avec menace de ne faire grâce à personne.

Provera demanda de lui parler, mais le bruit d'une vive canonnade au Dego l'ayant obligé (1) de s'y transporter, il (2) parlementa avec Augereau jusqu'à deux heures; ne pouvant obtenir de sortir librement avec sa troupe, il persista de vouloir se défendre malgré qu'Augereau renouvelât la menace de ne faire aucun quartier.

Après avoir eu l'imprudence d'imposer à son ennemi la nécessité de se défendre à outrance, Augereau livra l'assaut contre un poste presque inexpugnable de vive force.

Le château de Cosseria extrêmement fort par son assiette sur une butte élevée, l'était bien davantage par les restes de son enceinte : des hautes murailles dans une grande partie dispensaient de les border, dans d'autres la hauteur à l'abri d'un coup de main, donnait encore des parapets commodes. Les débris des murs formaient seulement sur une courte étendue des rampes irrégulières dont la rapidité combinée avec leur longueur ne permettait point de les monter en colonne serrée, comme il est nécessaire pour renverser un ennemi intrépide à défendre une brèche. Provera dirigé par un ingénieur habile, accrut encore ses moyens de résistance par la construction des parapets, de retranchements internes, par des amas de pierres à rouler et jeter sur les assaillants, et enfin par une judicieuse distribution de troupes.

Le courage français affronta tous ces obstacles, offrant un spectacle terrible qui fut d'abord couvert par un globe de flammes et de fumée produit par le feu des défenseurs; c'est en essuyant ce feu meurtrier qu'au signal de deux coups de canon quatre colonnes s'avancèrent fièrement, sans tirer, au pied des murs du château, et s'acharnèrent d'y pénétrer pendant près de trois quarts d'heure.

Cette attaque environnante ne ralentit qu'après les pertes des

(1) Bonaparte.
(2) Provera.

généraux Banel et Quenin, et on crut encore mort le général Joubert renversé à terre d'un coup à la tête en s'élançant avec 7 hommes sur le parapet.

Six cents braves Français tués ou blessés furent les malheureuses victimes de cet assaut inconsidéré. Les défenseurs ne perdirent qu'environ 100 hommes, mais au nombre des tués se trouva le commandant du bataillon des grenadiers piémontais, le chevalier Carret qui mérite une mention particulière, non tant pour s'être élancé le premier le sabre à la main contre les Français qui montèrent sur le parapet que pour avoir été presque l'unique (1).

La proximité des corps de réserve donna aux assaillants la facilité de se retirer sans être poursuivis ; au combat succéda une suspension d'armes que le général Provera offrit aux Français pour retirer leurs blessés ; apprenant de cet échec à agir avec plus de circonspection, ils se bornèrent à resserrer le château à la demi-portée du fusil pour empêcher l'évasion de la garnison dans la nuit.

Journée du 24 germinal, 14 avril. — Le 24, à la pointe du jour, les armées étaient en présence depuis le Dego jusqu'à l'extrémité de la vallée du Tanaro. Augereau continuait de tenir bloqué le château de Cosseria que Provera lui avait offert de céder à 7 heures du soir de la veille, aux conditions de retirer ses troupes dans son pays ; il lui fit la réponse à 6 heures du matin d'en sortir avec les honneurs de la guerre, les officiers libres sur leur parole et les soldats prisonniers en France. Ayant demandé de modifier ces conditions, sans pourtant les refuser, on lui accorda encore quelques individus prisonniers sur parole, et la capitulation définitivement arrêtée à huit heures du matin, il évacua immédiatement le château.

La prise d'un poste aussi essentiel, sans trouver une action de vigueur pour le dégager, doit surprendre le lecteur ; son étonnement augmentera surtout en apprenant que le général Colli qui en avait ordonné l'occupation et la défense à toute extrémité observait l'action des hauteurs de Montezemolo, et qu'ayant 10.000 hommes à portée de donner un prompt secours, rien d'à propos n'ait été opéré.

De pareilles fautes à la guerre dérivent de l'imprévoyance des généraux (2). Si Colli, en prenant le château pour un point de rési-

---

(1) Ici un membre de phrase manque dans le texte.

(2) Si Colli, avant de prendre ce château pour un point de résistance, en avait connu l'importance, il l'eût fait réduire en poste de campagne, muni d'artillerie et de munitions pour tenir quelques jours, qui avec le fort de Ceva et la petite citadelle du Mondovi suffisaient presque pour y appuyer une défensive active, resserrée entre ces trois points, la seule convenable à la nature du pays, au lieu de l'étendre et d'en multiplier tellement les points forts que, n'osant plus les dégarnir crainte d'être pris sur le temps, il ne fit rien de convenable pour secourir le château de Cosseria (*Variante*).

stance, eût avisé aux moyens de le soutenir, il eût reconnu que le premier était de ne pas y enfermer du monde que le défaut de vivres réduisit à capituler dans 24 heures ; le second de le munir de quelques pièces de 8 qui, empêchant de le cerner de près eût grandement facilité de le dégager ; le troisième enfin de se ménager beaucoup de corps mobiles, toujours prêts d'agir partout où le besoin l'aurait requis. Ceci l'eût conduit au système de défense convenable à la nature du pays, de resserrer sa défense sur les langhes entre le Tanaro et la Bormida au lieu de l'étendre et d'y multiplier tellement les points forts que, n'osant plus les dégarnir crainte d'être pris sur le temps, il ne fit que des dispositions pitoyables pour secourir le château de Cosseria : une escarmouche insignifiante du côté de Millesimo pendant l'attaque, avec l'envoi de deux bataillons de grenadiers sur les hauteurs à la droite de la Bormida pour s'unir au régiment de Belgioso et tenter ensemble de dégager ou favoriser l'évasion de la garnison ; mais les grenadiers ne trouvant point Belgioso, replié fort en arrière, et observant les ennemis fort nombreux, repassèrent la Bormida et vinrent se réunir au cantonnement de Monbarcaro. Colli, apprenant leur retour le matin et observant que le château tenait encore, ordonna à six bataillons de marcher à la hâte à son secours, mais il n'était plus temps ; à peine eurent-ils passé la Bormida au point de Monesiglio que la reddition du château les fit rappeler.

Ceci fut heureux, car si les Français l'eussent cachée, ils pouvaient, par ce stratagème, les engager dans quelque embuscade à ne pouvoir plus retourner.

Le régiment de Belgioso ne fut pas si fortuné : l'ordre de concourir à l'attaque lui étant parvenu, il s'avança suivant la chaîne des langhes, et n'ayant pu apercevoir ni être avisé de la reddition du château il arriva à la hauteur de Mont-Cercio, où il fut repoussé vivement par Ménard qui lui causa une perte d'environ 300 hommes entre morts, blessés et prisonniers.

Les Français n'ayant plus d'ennemis à combattre sur les langhes entre les deux Bormida, Ménard dirigea sa brigade sur le Dego. Augereau disposa sa division pour seconder les opérations de l'aile gauche, à laquelle il donna le signal d'entrer en action sitôt après la prise du château de Cosseria ; jusqu'alors elle s'était bornée à inspirer des craintes à la gauche de la ligne de Colli pour l'empêcher de porter des secours aux Autrichiens.

Les attaques s'étendirent dans cette journée du centre de la vallée de la Bormida orientale jusqu'à l'extrémité de celle du Tanaro, et forment la bataille appelée de Millesimo par Bonaparte.

Ce général ayant fait dans la matinée les dispositions pour emporter la position du Dego, l'attaqua vers les deux heures après midi. Environ 4.000 Austro-Piémontais avec 19 pièces d'artillerie occupaient la hauteur dominante du Dego que le combat de 1794 avait appris à préférer à la position de la gauche.

L'intelligence de ces attaques exige de se rappeler la description donnée à cette occasion de ces environs et d'ajouter les détails qui lui sont particuliers.

Cette hauteur qu'on a dit s'élever presque à pic sur le cours de la Bormida et porter la haute partie du village du Dego, présente vers la venue de la vallée un front escarpé de demi-mille qu'on peut regarder comme inabordable ; elle termine de même par de grands escarpements sur une des origines du torrent qui coule sur son devant ; à cette extrémité la hauteur élevée en ressaut est surmontée par deux buttes au milieu desquelles est le hameau de Majani de dix maisons. Là, elle s'unit à une grande langhe ou coteau qui s'étend près de trois milles en descendant vers le nord jusqu'à Monte Alto de Spigno. Ce coteau est surmonté par beaucoup de buttes et mamelons et sur son dos règne le chemin du Dego à Spigno.

L'union de la hauteur et du coteau offre un angle obtus, dont le sommet correspond à la butte à l'orient de Majani ; de l'autre butte, à côté de ce hameau, dérive dans l'angle une langhe qui va terminer à la Bormida.

Les Austro-Piémontais firent des quatre buttes couronnant la tête de l'angle leurs points de résistance, les munissant à la hâte de retranchements en simples parapets de pierres ; celle de la droite seulement en était entourée et formait une redoute d'environ 300 hommes. Elles étaient en outre défendues par toute l'artillerie placée en grande partie à leurs pieds. Les troupes superflues à la défense de ces buttes occupaient les points avantageux circonvoisins ; la droite s'appuyait par un petit détachement à la haute partie du village du Dego ; la gauche se prolongeait en se repliant jusqu'au terrain rouge en face du village de Piana.

L'ensemble de cette disposition formait un angle adossé par son ouverture au cours de la Bormida ; on le crut assez à couvert par ses eaux ; erreur dont les Français profitèrent, ainsi que de la faute de n'avoir occupé des points sur la route du Dego à Spigno, pour s'assurer les secours qu'ils pouvaient recevoir de ce côté ; mais un défaut plus essentiel encore fut le manque d'un bon commandant si nécessaire pour la défense des postes.

Rukavina s'étant retiré à cause de ses blessures, un colonel piémontais, qui en suppléa les fonctions, manquait de connaissances pour diriger cette défense, et surtout de cette réputation militaire qui, inspirant la confiance aux troupes, est le premier ressort du succès.

Les troupes assaillantes se rassemblèrent dans la plaine de la Rocchetta au fond de la vallée. Bonaparte y laissa la cavalerie rangée en observation, il détacha les troupes légères sur le chemin de Dego à Spigno pour couvrir l'attaque; elle fut exécutée par deux fortes divisions : celle de Masséna gagnant les hauteurs à la droite de la Bormida, se trouva à une heure après midi en face de la position, débordant la gauche; la division de Laharpe, pour la prendre à revers, passa par le pont de la Rocchetta sur la gauche de la Bormida qu'elle guéa ensuite sous la protection de quelques pièces de canon, formée sur trois colonnes, serrées en masse; celle de la gauche commandée par le général Causse attaqua la gauche ennemie; le général Cervoni à la tête de la seconde marcha droit au centre; la troisième colonne, commandée par l'adjudant général Boyer, coupa la retraite aux fuyards, car sitôt que les défenseurs se virent attaqués de tous côtés, les Piémontais surtout, méconnaissant la voix de leur commandant qui leur criait de soutenir le choc intrépidement, ne pensèrent plus qu'à mettre bas les armes ou à fuir par les issues où ils croyaient pouvoir s'échapper.

La faiblesse de la défense rendit l'action très peu meurtrière, surtout pour les Piémontais.

On tenta infructueusement de secourir le Dego; deux bataillons placés à Monte Alto qui s'avancèrent les premiers sur le chemin de Dego, rencontrèrent les troupes françaises au moment qu'elles commencèrent d'arriver sur la cime de Sodan, dont l'occupation était décisive à l'objet des deux partis, ils tentèrent de les déloger, mais ils furent repoussés et poursuivis. Le général d'Argenteau qui, au bruit de l'attaque, accourut de Pareto avec deux bataillons, empêcha leur entière défaite, reprit un canon, repoussa même les Français; mais bientôt la prise du Dego leur permettant de tourner leurs forces contre lui et de manœuvrer pour l'envelopper, il dut battre en retraite, quoique joint en ce moment par un bataillon venant de Mioglia; il fut encore heureux d'être délivré par la nuit de la poursuite de l'ennemi en arrivant à Monte Alto. Ce général se fit battre en détail pour n'avoir combiné à propos le rassemblement des troupes des cantonnements circonvoisins, et surtout d'avoir mis trois bataillons venant de Sassello hors de portée d'y concourir en chargeant le colonel Wukassovich de faire une diversion vers les hauteurs en avançant de Sassello à Giusvalla. Consterné de ses défaites, il ne pensa plus qu'à se mettre en sûreté, profitant de la nuit pour se réunir au quartier général à Acqui, entraînant dans sa retraite les nouvelles troupes que Beaulieu envoyait au secours du Dego.

Les succès de l'aile gauche de l'armée française correspondirent dans cette journée à ceux de la droite ; elle déboucha dans l'après-midi des vallées du Tanaro et de la Bormida occidentale. Le général Sérurier chassa de l'extrémité de la première quelques compagnies de troupes légères, éclairant son fond des hauteurs moyennes et des collines qui terminent la branche des Alpes à la gauche du Tanaro. Ses troupes les bordèrent à l'entrée de la nuit après diverses escarmouches où elles firent 60 prisonniers avec un lieutenant-colonel.

Le général Rusca trouva plus de résistance sur les hauteurs à la gauche de la Bormida où il y avait près de 2.000 hommes aux environs de la redoute de Saint-Jean de Murialdo, garnie de deux canons. La division d'Augereau seconda son opération : ayant passé la Bormida au pont de Millesimo, elle menaça de front les postes de Montezemolo, en tentant d'investir Saint-Jean de Murialdo par la gauche et ses revers ; on l'enveloppait pour peu que le commandant eût différé d'abandonner la redoute et ses canons. Sa répugnance de se détacher d'un point fort dont la défense ne doit point s'appuyer à une avant-garde destinée à se replier, lui occasionna une perte d'environ deux cents hommes outre un débandement considérable dans la vive poursuite qu'il essuya en se repliant, suivant la langhe qui en deux heures mène à Montezemolo.

Colli venait d'ordonner d'évacuer cette position, reconnaissant alors l'inutilité des redoutes et des retranchements pratiqués à ses environs, couvrant la tête du Belbo ; la plus grande partie des troupes se retirèrent, longeant la langhe qui borde la gauche de l'origine de ce torrent et furent renforcer la ligne des hauteurs de Ceva ; le reste, avec le général Colli, se rendit dans cette ville et à ses environs, tenant la route ordinaire

Augereau occupa vers l'entrée de la nuit Montezemolo et ouvrit par là les communications avec la vallée du Tanaro et la division du général Sérurier, de sorte que l'armée française se trouva en correspondance directe presque sur le même alignement.

Combats du Dego. Journée du 25 germinal 15 avril. — Les combats que l'on va décrire sont de ces événements imprévus à la guerre, qui en changent souvent étrangement la face.

Si d'Argenteau n'eût précipité sa retraite, s'il eût attendu l'issue des opérations des trois bataillons aux ordres du colonel Wukassovich, vraisemblablement le hasard lui eût donné cette gloire particulière que la supériorité du courage et des talents militaires ont acquise à quelques grands capitaines, d'arracher la victoire à leurs ennemis en profitant de la sécurité qu'elle donne ordinairement aux vainqueurs.

Les Français, fatigués de la longueur du combat de la veille, se livrèrent entièrement au repos, surpris dans cet état par Wukassovich qui, ignorant la prise du Dego, venait à son secours, les attaqua de grand matin avec la plus grande hardiesse, malgré l'infériorité du nombre, les contraignit après deux heures de combat d'abandonner entièrement la position, leur faisant plus de trois cents prisonniers outre nombre de morts et de blessés.

A cet exploit de valeur succéda un combat opiniâtre, non moins digne de remarque. La générale battant d'abord de Dego jusqu'à Carcare où était encore le quartier général, mit incontinent les troupes sous les armes, elles vinrent se rassembler à la plaine de la Rocchetta, la direction des attaques fut à peu près la même que celle du jour précédent, mais il y concourut plus de monde. Masséna les commença, elles furent repoussées à trois reprises différentes. Le général Causse n'avait pas été plus heureux ; il avait rallié la 99ᵉ demi-brigade, chargeait les ennemis ; près de les atteindre à la baïonnette, il est blessé à mort ; dans cet état, apercevant Bonaparte, il rappelle le reste de ses forces, et lui demande : Dego est-il repris ? — Nous rentrons dans nos positions, répond le général. — Je meurs content, ajoute Causse : « Vive la République ».

La victoire cependant n'était point encore fixée à deux heures après-midi. Bonaparte ordonne à la 89ᵉ demi-brigade, commandée par le général Victor, de se former en colonne, tandis que l'adjudant-général Lanusse, ralliant la 8ᵉ demi-brigade d'infanterie légère, se précipite à sa tête, sur la gauche de l'ennemi. Un instant ses troupes chancellent, mais son intrépidité les décide. Wukassovich, forcé enfin de céder à la supériorité du nombre et des attaques vigoureuses et réitérées, sauvait encore une partie de ses troupes sans la cavalerie qui, s'attachant à sa poursuite, acheva de les mettre en déroute et recueillit beaucoup de prisonniers. Très peu s'échappèrent avec leur brave colonel, que son cheval tira d'affaire ; il laissa 600 blessés ou morts et 1.400 prisonniers. Les Français eurent environ 1.000 hommes hors de combat, ils louèrent l'attaque et la défense de Wukassovich, mais ils en diminuèrent l'éclat en supposant que c'était par un corps de 7.000 hommes d'élite que Beaulieu avait rassemblé pour tenter un effort. Remarquons, à son honneur, qu'avec moins de monde et sans artilleurs expérimentés pour servir ses canons, il soutint un combat plus long et plus fort que celui de la veille, et ne se laissa pas entièrement envelopper ; exemple frappant de ce que peut la différence des commandants, et combien à la guerre un accident imprévu peut en changer les événements. Il n'a dépendu peut-être de varier beaucoup ceux de cette campagne que de la faute de d'Argenteau de n'être resté à portée de soutenir Wukassovich.

Beaulieu, outré des pertes que l'impéritie de ce général multipliait, se repentit, mais trop tard, de lui avoir donné sa confiance ; pour s'en disculper, il demanda son rappel, alléguant d'avoir été séduit par les apparences de sa promotion au grade de lieutenant général, ensuite d'un conseil de guerre qui avait approuvé ses opérations à la fin de la campagne précédente. Ces motifs, pour être fondés, ne prouvent que mieux que les chefs, à la guerre, ne manquent jamais de prétextes pour excuser leurs fausses dispositions en rejetant les inconvénients qui en dérivent sur leurs inférieurs.

La première cause des revers de Beaulieu venait de son mauvais plan de campagne et de n'avoir su le varier ; à peine il le vit manqué après les affaires de Montenotte, qu'il en fut déconcerté au point de demander au général Colli de marcher à son secours en termes si pressants, à se donner pour perdu s'il ne l'aidait promptement, mais la destinée de ces généraux fut de se laisser battre séparément sans se prêter le moindre secours.

Après la dernière affaire du Dego, Beaulieu rassembla ses troupes aux environs d'Acqui, retira celles de Voltri et ne laissa plus qu'un petit corps sur le passage de la Bocchetta ; découragé d'avoir perdu plus du tiers de son armée, il n'osa plus rien entreprendre, et son inaction permit à Bonaparte de tourner plus de forces contre les Piémontais en diminuant le corps d'observation qu'il laissa sur la Bormida pour le tenir en échec.

Dans cette journée, le centre et l'aile gauche de l'armée française n'entreprirent rien, des éclaireurs seulement inquiétèrent vivement le poste des Terres Blanches sur la rive droite du Tanaro, opposé à la grande route de cette vallée à Ceva.

Journée du 26 germinal, 16 avril. Évacuation de la ville de Ceva, attaque de la ligne formée sur ses hauteurs. — Le général Colli, ayant donné toutes les dispositions pour évacuer la ville de Ceva, en sortit le 16 avant le jour, fut visiter sa droite alarmée de la descente d'une colonne française par le col de Casotto ; il revint le soir à Lesegno au confluent du Tanaro et de la Corsaglia pour se rapprocher de la ligne de Ceva que le général Augereau attaqua dans cette journée.

Produit des travaux multipliés sans discernement pour couvrir le fort de Ceva du côté des hauteurs, son front de plus de deux heures de marche, embrassait toute la langhe qui, de ce fort, remonte à la gauche du Belbo ; à l'autre bord se trouvaient sur le même alignement deux bataillons pour défendre Monbarcaro qui, craignant d'être enveloppés, aux approches de l'attaque vinrent renforcer les redoutes de la Pedagera, appuyant la gauche de la ligne ; 7 à 8.000 hommes la garnissaient avec une trentaine de pièces d'artillerie, distribués dans les redoutes, aux retranchements, et des batteries à des points avantageux.

Augereau, pour l'attaquer, partit de Montezemolo, répartit ses troupes en plusieurs colonnes dont les unes menacèrent de couper la retraite, pendant que celles commandées par lesg énéraux Beyrand et Joubert en attaquèrent la gauche.

Le feu bien nourri des redoutes de la hauteur de la Pedagera, se protégeant réciproquement, empêcha d'en approcher à la portée de les forcer, malgré que leur communication avec la ligne fût interceptée par une colonne qui pénétra sur son front à la faveur d'un des intervalles dégarnis de troupes Les grenadiers royaux ayant leur colonel à la tête marchèrent sans tirer pour les charger à la baïonnette à son flanc gauche, mais n'étant pas secondés par les troupes de l'autre côté, ils en essuyèrent un feu qui les obligea de reculer avec perte, elle (sic) se soutint dans le terrain qu'elle avait gagné jusqu'à la nuit, le combat, nonobstant sa longueur, ne fut pas meurtrier.

Les Français passèrent la nuit au bivouac, rassemblés sur un coteau en face de la Pedagera, et les Piémontais l'employèrent à évacuer la ligne de Ceva.

Journée du 27 germinal-17 avril. Retraite de la ligne de Ceva, les Français l'occupent avec la ville. — La crainte qu'on investît la ligne de Ceva pour couper la retraite aux troupes, avait déterminé Colli à écrire au commandant qu'il le laissait en liberté d'effectuer sa retraite dans la nuit de la manière qu'il jugerait plus sûre. 4.000 hommes de la gauche, sous les ordres du général Brempt, la firent par leurs revers pour couvrir Cherasco dépourvu de garnison, ils passèrent le Tanaro à Narzolle où ils reçurent l'ordre de repasser dans la journée sur la droite de cette rivière pour couvrir Alba et se replier au besoin à Narzolle ; et successivement sur la ville Cherasco dépourvue de garnison ; toutes les troupes du restant de la ligne avec l'artillerie se retira en côtoyant les rives à la droite du Tanaro.

Elles passèrent à 10 heures du matin cette rivière un peu au-dessous du confluent de la Corsaglia pour se réunir à l'aile gauche de l'armée ; on incendia les munitions de bouche et de guerre dont on avait pourvu mal à propos la ligne pour tenir quelque temps contre l'investissement.

Les Piémontais furent heureux d'en être quittes pour cette perte, car si les Français avaient mieux pris leurs mesures ils pouvaient l'obliger à capituler sans l'attaquer ; une faute qu'on pouvait encore leur imputer, c'est de ne s'être tenus à portée de harceler la retraite ; alors ils auraient écrasé les troupes qui la firent par les rives désastreuses du Tanaro, ou, tout au moins, fort maltraité et fait abandonner l'artillerie.

Au jour, Augereau occupa les hauteurs de Ceva, en même temps Sérurier entra dans la ville et le château fut investi. On destina un corps pour le bloquer. L'armée n'entreprit plus rien, reposa le reste de cette journée.

Journée du 28 germinal-18 avril. — Le général Bonaparte transporta le 28 son quartier général à Lesegno, et son armée se mit en position de rattaquer le lendemain le général Colli.

Les troupes piémontaises, en nombre de 14.000 à 15.000 hommes, bordaient la gauche de la Corsaglia, le centre au village de Saint-Michel ; la droite remontait en arc jusqu'à Frabosa Soprana, où deux bataillons observaient la haute partie de cette rivière ; la gauche en saillant curviligne se prolongeait 500 toises au-dessous de son confluent sur la rive du Tanaro.

Le fond de cette partie en plaine, admettant l'usage de la cavalerie, on y plaça deux escadrons en réserve pour soutenir l'infanterie rangée sur les rives moins élevées qu'ailleurs, où un terrain montueux augmente l'irrégularité de ce front tortueux ; sa longueur de plus de six heures de marche est rachetée en partie par sa force naturelle ; elle se compose de longs et grands escarpements et des rivières qui coulent profondément encaissées sur son devant, mais leur grosseur alors n'était pas un obstacle à les traverser que dans certains endroits, et on avait laissé subsister quatre à cinq ponts sur la Corsaglia.

Les parties accessibles, limitées à certains points, n'étaient presque pas secondées par les ressources de l'art, et la distribution des troupes et celle de l'artillerie n'était pas non plus la meilleure. Le centre seulement avait des troupes légères en avant sur les rideaux à la droite de la Corsaglia.

Journée du 29 germinal-19 avril. Attaque de la ligne de la Corsaglia. — Au lever du soleil, les éclaireurs français attaquèrent les troupes légères en avant du centre, elles se replièrent insensiblement dans Saint-Michel ; ensuite les tirailleurs, fusillant des rives opposées, établirent progressivement une escarmouche générale du centre à l'extrémité de la gauche qui dura plusieurs heures. A trois heures après midi, la division Sérurier attaqua brusquement Saint-Michel passant la Corsaglia à gué et sur le pont, sous le feu de trois pièces de canon qui, de la sortie du village, battaient en flanc le pont à la grande portée de la mitraille. L'oubli de mettre en usage les précau-

tions les plus ordinaires, joint à l'ignorance totale dans cette partie
du général divisionnaire commandant le centre, facilita aux Français
le moyen d'y pénétrer et d'en chasser un bataillon de grenadiers
avec plusieurs compagnies de troupes légères. Ce succès poussé avec
vigueur forçait le centre et la gauche à se retirer en déroute, mais
l'envie de piller et le besoin plus pressant de manger ayant fait arrêter beaucoup de soldats dans Saint-Michel, un petit nombre seulement tenta de gagner les coteaux qui le dominent et ne put en déloger
un bataillon savoyard qui leur opposa une résistance d'autant plus
opiniâtre que, pour soutenir la réputation de sa nation, il s'animait à
observer deux bataillons de grenadiers piémontais inactifs à sa
gauche, rangés sur la colline de la Bicocca; on vit alors combien
la confiance d'un général en chef un jour d'action peut devenir
funeste.

Colli, ne jugeant pas l'attaque sérieuse, s'arrêta inutilement plusieurs heures à la gauche; à peine il se rendit à temps au centre
pour réparer la faute grossière du général divisionnaire en ordonnant aux deux bataillons qu'il retenait inactifs de fondre sur les Français pour reprendre Saint-Michel; ceux en prise avec le bataillon
savoyard forcés de céder d'abord, tout ce qui était répandu dans le
village en sortit précipitamment à la réserve d'une centaine faits prisonniers. On reprit les canons et une soixantaine de chevaux du
train d'artillerie que le désordre fit oublier aux Français d'emmener.

Ce prompt changement permit de contremander à temps le repliement de la gauche. Les Français la harcelèrent vivement, n'ayant
pu passer le Tanaro pour l'attaquer de front, ce qui était un mauvais dessein, car en pareille circonstance on doit menacer et amu-
ser l'ennemi en face pour passer ailleurs la rivière au delà des flancs;
les Français, en longeant le Tanaro, trouvaient un gué commode sous
le village de la Niella, propre à tourner la ligne.

Journée du 30 germinal-20 avril. — Les Français, avisés par
l'échec de la journée d'auparavant, employèrent celle-ci à mieux disposer une nouvelle attaque; ils établirent des batteries en front de la
ligne ennemie, dont la principale devant Saint-Michel avec des obusiers; par des fausses évolutions, ils cherchèrent à cacher leur véritable dessein, inspirant des craintes sur tous les points, étendant
leur gauche et dépassant par leur droite le flanc ennemi. Ils se ren-
forcèrent de la division de Masséna qui se détacha du corps d'observation de la Bormida et se rendit par une marche forcée dans la nuit
à Lesegno.

Colli renforça sa position sur la Corsaglia des troupes légères de la
division du général Brempt, de qui, dès le jour auparavant, s'étaient

détachés deux bataillons pour entrer dans Cherasco ; les autres avaient repassé sur la gauche du Tanaro où, unis à deux régiments de cavalerie, ils éclairaient le cours de cette rivière aux environs de Carru.

Journée du 1ᵉʳ floréal-21 avril. Repliement de la ligne de la Corsaglia. Bataille et prise du Mondovi. Retraite des Piémontais sur Coni et Fossano. — Dans la nuit du 30 germinal au 1ᵉʳ floréal la lune éclairait, mais la multitude des feux des deux armées paraissait l'éclipser. Le grand nombre de ceux des Français présentait un spectacle d'autant plus imposant qu'il les annonçait en activité à ne pas laisser des doutes sur leurs desseins.

Cependant le faible avantage obtenu la veille par les Piémontais après tant de pertes, en ranimant un peu leur courage, fit renaître la présomptueuse confiance de leurs généraux.

Colli, ne pensant plus aux risques qu'il avait courus, ne pouvait se résoudre à quitter une ligne dont l'étendue rendait un combat décisif soit qu'on la perçât de front, soit qu'on la tournât par les flancs ; pour le déterminer, il fallut que les avis les plus alarmants se succédant annonçassent les généraux Guieu et Fiorella, maîtres du pont de la Torre, passant la Corsaglia ; alors seulement, vers les deux heures après minuit, il ordonna le repliement du centre et de la gauche ; il s'effectua en ordre et sans perte, et à 7 heures du matin, l'arrière-garde fut rendue au village de Vico éloigné d'une lieue et demie du centre de l'armée française.

Cependant Colli avait tout le temps de poursuivre sa retraite et d'éviter un combat que l'intérêt du Piémont commandait de ne plus hasarder ; mais loin d'avoir égard à cette importante considération politique, il ne jugea pas même qu'en restant si près d'un ennemi en mouvement pour attaquer, il n'aurait pas manqué de le faire. Au lieu de rassembler son armée et la disposer pour éviter la bataille ou la recevoir avec avantage, il laissa les troupes de la droite encore en position en avant de Vico, les autres répandues autour de ce village et au long du grand chemin qui mène en une heure à Mondovi. Son assurance était telle qu'il se rendait dans cette ville, lorsqu'il reçut l'avis vers les dix heures du commencement de l'attaque à Vico.

L'armée française avait occupé au jour les positions abandonnées ; passant la Corsaglia aux ponts de Saint-Michel et de Lesegno, elle fouilla le pays en s'avançant de front vers Vico, embrassant par sa droite les coteaux de Briaglia (les plus élevés entre l'Ellero et la Corsaglia), et par sa gauche, les hauteurs qui bordent cette dernière rivière qu'elle passa au pont de la Torre ; destinée par le premier projet de

Bonaparte de se porter contre le Mondovi en perçant la ligne, elle força d'abord le repliement des bataillons laissées en position et vint ensuite concourir à l'attaque de Vico.

Ce village en amphithéâtre couronne le coteau bordant au nord le petit bassin au fond duquel s'élève le superbe dôme de Notre-Dame de Vico. Son contour fort étendu, accessible de toutes parts, le rend impropre à être défendu, surtout la partie vers le levant plus basse que l'autre; l'art n'avait nullement remédié à ce défaut, pas même fortifié une petite butte dominante située vers son milieu; une batterie de deux pièces de canon à son extrémité orientale était l'unique défense que l'on eût pratiquée, et la ressource de garnir des maisons de troupes ne fut point mise en usage; rangées à grands intervalles à découvert sur les principales avenues elles ne pouvaient résister contre le feu supérieur d'une attaque environnante; aussi, dès que la partie basse fut investie, les corps qui la couvraient ne tardèrent pas de refluer pêle-mêle dans la haute; la foule des fuyards poussa Colli hors du village; au lieu d'imiter les grands généraux qui ont réordonné leurs troupes en leur indiquant au loin des points de ralliement, il voulut les arrêter au sortir de Vico, malgré qu'on lui en représentât les dangers. Le chemin, traversant une butte, forme une espèce de défilé que gardaient les grenadiers royaux; pour protéger la retraite, il leur ordonna de la barrer et de s'apprêter de faire feu sur les fuyards. Le mouvement de coucher en joue, accompagné des cris d'improbation, faisant reculer les premiers, la foule versa sur la pente à côté du chemin; elle parut un instant s'avancer par les revers de Vico au secours de la butte dominante où des grenadiers tenaient encore, mais ces fuyards épouvantés, se mettant à l'instant à tirer en tous sens, produisirent une confusion horrible qui termina par leur fuite au long des pentes et du chemin qu'on leur réouvrit.

La défense de la haute partie du village finit bientôt; la gauche de l'armée française, renforçant l'attaque, contraignit de l'abandonner en faisant plier les bataillons placés à son extrémité pour empêcher l'enveloppement. On se battit en retraite suivant le grand chemin, jusqu'en avant de Mondovi où le combat se rétablit dans la direction du chemin, soit dans le prolongement des coteaux de Vico qui se lient à la colline portant la ville du Mondovi par un terrain que domine la petite citadelle. Cette position donne une position où une arme faible peut attendre l'ennemi sans se compromettre, un petit rideau forme au pied de la colline une espèce de contre garde, dont les pentes finissent sur l'Ellero. Son saillant tourné vers la venue de Vico a comme des flèches qui le couvrent dans les huttes situées au long de cette venue, dont la principale, appelée le « Briquet », facile à mettre hors d'insulte.

Loin de profiter des avantages du terrain, en aidant par des fortifications et par une bonne distribution de troupes, les bataillons s'entassèrent confusément en arrière du « Briquet », sous la protection de quatre pièces de 8 et de deux obusiers placés inconsidérément à découvert sur son plateau.

Cette négligence permit aux Français de poursuivre leur attaque avec succès.

La manœuvre d'étendre les ailes pour embrasser la position ennemie en tenant le centre hors de la portée du canon du Briquet, disposa leur armée en croissant, bordant les coteaux et les buttes en face de celles qu'occupaient les Piémontais, leurs tirailleurs répandus dans les bas-fonds intermédiaires à couvert des armes et des irrégularités du terrain, visant particulièrement contre l'artillerie du « Briquet » et les troupes qui la soutenaient, les tourmentaient d'une manière d'autant plus intolérable que, rassemblés sur un point où on les tirait comme à la mire, ils recevaient beaucoup de mal, tandis que leur plus grand feu, dirigé au hasard sur une vaste circonférence, en faisait infiniment peu aux tirailleurs. Cette lutte inégale, soutenue près de deux heures par divers bataillons de grenadiers en se relevant, finit par un stratagème d'un genre nouveau. Le général Sérurier qui avait reçu une lettre des municipaux du Mondovi pour traiter de sa reddition, leur expédia dans le fort de l'action son aide de camp en parlementaire avec une invitation de bien traiter la ville s'ils obligeaient le gouverneur à faire cesser le feu de la place. Ce parlementaire servit de prétexte aux généraux de brigade Dommartin et Fiorella de s'avancer avec leurs troupes sous le Briquet sans tirer en criant : « parlementaires ». Leur constance à essuyer le feu en continuant de s'annoncer pour parlementer, malgré qu'on fondît sur les premiers et qu'on en fît une bande de prisonniers, engagea les soldats qui défendaient le « Briquet » à cesser de tirer. Les représentations de quelques officiers de ne pas se laisser tromper n'ayant pu les remettre à faire feu, on arriva au point de croiser les baïonnettes sur le front de la butte sans se heurter. Les Français, profitant du moment pour l'entourer, tout ce qui ne fut leste à fuir fut pris avec l'artillerie. Les officiers supérieurs de cette arme, occupés entièrement du repliement de leurs canons, avaient laissé la direction de celle du Briquet au dernier de leurs subalternes qui finit de manquer de munitions et d'hommes pour la servir, mais qui remplit parfaitement son devoir.

Ce singulier enlèvement du Briquet termina la bataille où l'on

compromit le sort du Piémont d'une manière d'autant plus pitoya-
ble, que soit à préparer l'action et pendant sa durée on ne fit rien qui
correspondît à l'importance de l'objet qu'elle décidait proprement.

Les éclaireurs français chassèrent une armée désordonnée qui se
battait encore par instinct.

Les Piémontais éprouvèrent dans cette journée les funestes effets
de la mauvaise organisation et du mauvais commandement qu'ils
eurent pendant toute la guerre ; on ne put opposer éclaireurs à
éclaireurs parce qu'on avait séparé les compagnies de chasseurs de
leurs corps. Ceux-ci variant continuellement de brigade et de division
n'en connaissaient aucune et restèrent confondus après le repliement
de Vico ; plus d'officier général ne fut à sa place que le brave Dichat
qui termina glorieusement sa carrière sur le Briquet. On voyait les
généraux divisionnaires déconcertés allant et revenant par le grand
chemin, ne donnant plus d'ordres, ne se montrant nulle part pour
réordonner les troupes. L'on entendait les soldats courageux se
plaindre hautement de n'être pas commandés.

Colli pouvant encore remédier au désordre, l'augmenta en se
tenant à la porte de Mondovi, à la queue de son armée repoussant
les fuyards et renvoyant les bataillons au secours du Briquet, au
lieu de l'abandonner et de resserrer le combat au rideau près de la
ville, garni de deux batteries épaulées, avec une redoute et protégé
par le gros canon de la citadelle qui, en balayant le terrain en avant,
le garantissait d'être forcé ; mais, par une précipitation inconcevable
à retirer l'artillerie de ces batteries et celle de la citadelle, on se priva
de cet avantage. Aussi, sitôt après la prise du Briquet, on dut abandonner le champ de bataille.

La retraite se fit sous la protection des troupes qu'on laissa dans
Mondovi ; l'armée, traversant la ville et filant par ses dehors, descendit dans les faubourgs de Bréo et de Carasson, passa l'Ellero sur
leurs ponts et, sans plus s'arrêter, gagna à (1) la gauche de la Stura,
la majeure partie se rendant à Coni et l'autre à Fossano.

La bataille fut si peu meurtrière que la perte ne tirait pas même à
conséquence pour les Piémontais, sans la déroute qui la suivit. Elle
aurait causé la ruine totale de leur armée, si le petit nombre et le
mauvais état des chevaux de la cavalerie française ne l'eussent empê-
chée de s'attacher à sa poursuite ; elle eut pourtant l'adresse de
l'essayer.

Conduite par le général Stengel, elle marcha de Lesegno à la droite
de l'armée, guéa l'Ellero au-dessous du Mondovi, mais sitôt que deux

(1) Mot illisible.

cents cavaliers débouchèrent dans la plaine, deux escadrons des dragons du roi bien montés, quoique moins nombreux, les forcèrent
par leur choc à repasser la rivière, laissant leur général blessé à
mort.

La cavalerie piémontaise ne rendit pas d'autre service signalé dans
cette guerre, mais soit imprévoyance du général Colli ou faute du
gouvernement, on manqua d'en retirer un très grand à cette occasion. On eût évité cette déroute désastreuse si, au lieu de n'en avoir que
quelques escadrons sur l'Ellero, on l'y eût toute rassemblée en la tirant
de ses cantonnements ; composée d'environ 2.500 chevaux, elle eût
protégé suffisamment l'armée, pour se former après le passage de
l'Ellero, où Colli, craignant d'être poursuivi par un ennemi qui
avait pris sur lui l'ascendant de la victoire, n'osa plus s'arrêter
comme il convenait pour évacuer la ville de Mondovi.

Les Français l'ayant cernée, y entrèrent vers le soir ; le jet de
quelques obus soulevant les habitants, leurs clameurs en hâtèrent la
reddition au point que la garnison se rendit presque à discrétion,
composée de 1.200 à 1.400 hommes, commandée par plusieurs officiers en grade, avec un lieutenant général. La moitié dirigée par un
officier intelligent aurait suffi pour protéger la retraite et obtenir
après une capitulation honorable, si on eût su profiter des dépenses
employées à mettre la citadelle à l'abri d'un coup de main, ainsi que
la ville ; mais pour ne savoir combiner la défense du pays avec celle
des places, on résolut de les abandonner.

L'on retira de la citadelle le peu d'artillerie et de munitions de
guerre dont elle était pourvue et, par cette mesure inconsidérée, on se
mit dans la nécessité de perdre, honteusement, infiniment plus en
hommes qu'on ne conserva de valeur en effets ; sans trop connaître
la cause, le public se récria sur cette perte ; les grands particulièrement, parce qu'elle comprenait la presque totalité du régiment des
gardes, celui de la haute noblesse, inculpaient Colli, mais ce fut bien
plus la faute du régiment que la sienne. S'il se trouva renfermé dans
le Mondovi, c'est qu'au poste d'honneur que lui assignait son ancien-
neté devant l'ennemi, il préféra de profiter du service de lâcheté que
lui rendit un général divisionnaire, qui, pour le mettre à couvert
du danger, le fit entrer pour garder la ville après le repliement de
Vico.

Les vainqueurs du Mondovi traitèrent humainement ses habitants ;
quoique livrés comme à discrétion, ils n'éprouvèrent les horreurs de
la guerre que de la part de leurs défenseurs : les soldats débandés en
se retirant, pressés de la faim et de la soif, irrités de trouver le monde
resserré dans les maisons et les boutiques fermées se mirent à les

ouvrir à grands coups de fusil ; méconnaissant toute subordination, ils se portèrent jusqu'à maltraiter les officiers qui essayèrent de les réprimer. Les campagnes sur la route de la retraite se ressentirent de ces désordres affreux plus nuisibles aux armées que la perte des batailles ; on ne les évite dans ces journées malheureuses qu'autant que les généraux préviennent par une bonne discipline la désorganisation des corps et pourvoient surtout à leur ravitaillement.

Les magasins que les Français trouvèrent dans le Mondovi n'étaient pas considérables, mais cette ville opulente avec le fertile pays qu'on leur abandonna à la droite de la Stura mit leur armée dans l'abondance de tous les genres de subsistances, et pour fournir à leurs transports.

Enfin la conquête du Mondovi lui ouvrit la plaine du Piémont ; du haut de cette ville, elle vit cette belle contrée, que le vaste contour des Alpes environne, s'offrant vaincue à ses regards conquérants avant d'avoir subjugué ses forteresses ; car la déroute de la dernière bataille répandit la consternation parmi ses habitants ; elle gagna la cour au point de n'avoir plus d'espoir que dans la prompte conclusion d'un traité de paix.

L'empressement fut tel qu'on engagea l'ambassadeur d'Espagne à Turin de se rendre en toute diligence à Gênes avec deux plénipotentiaires pour la négocier, sous sa médiation, avec l'envoyé français auprès de cette république, quoiqu'on ignorât s'il en avait les pouvoirs ; aussi la démarche fut inutile et ne servit qu'à faire connaître aux Français le besoin et le désir qu'on avait de la faire.

Journées du 2, 3, 4, 5, 6 floréal-22, 23, 24, 25, 26 avril. — Jusqu'à la prise de Mondovi, l'armée française avait poussé ses succès avec une activité inouïe ; on dirait que ses triomphes semblaient la rendre inaccessible à la fatigue dont elle devait être excédée ; aussi sa marche ne peut plus suivre la victoire qui la devance, et parcourir le pays aussi rapidement qu'on le cédait. Elle employa trois jours pour s'étendre dans celui que lui donna la dernière bataille (le quatrième seulement elle rejoint son ennemi pour le mettre en fuite).

Colli profita de ces trois jours de relâche pour compléter les garnisons de Coni et de Demont, retirer les troupes des vallées des Alpes, et rassembler un corps d'armée à Fossano ; comptant sur la profondeur de la Stura et des hautes rives qui la bordent à trois différents ressauts de plaine depuis Fossano jusqu'à Bra en face Cherasco, il revint à la pernicieuse routine des lignes, en forma une nouvelle appuyant la droite à Fossano, l'infanterie allongée sur la haute rive, la cavalerie campée à sa gauche dans la rive moyenne, les troupes légères en avant, sur la droite de la Stura, éclairant la route de Fossano à Mondovi ; la gauche était en quelque manière couverte par Cherasco et par les troupes aux ordres de Brempt, repliées devant cette place le 22 au matin après avoir retiré un pont en pontons sur l'Ellero et rompu ceux du Tanaro ; chargé de surveiller particulièrement le passage de cette rivière aux environs d'Alba, il détacha deux compagnies de grenadiers et deux de fusiliers au village de Sainte-Victoire en opposition à cette ville.

Cette partie était la plus mal gardée, quoique la plus essentielle ; car si les Français y avaient dérobé le passage du Tanaro, ils arrivaient à Bra au commencement des collines entre le Tanaro et le Pô, en position de masquer Cherasco et de s'opposer au repliement de l'armée de Colli sur Turin ou de l'y devancer, ce qui était encore plus dangereux. Cette capitale n'ayant pour toute garnison que ses milices et si peu de troupes réglées à ne pouvoir contenir les mécontents et les partisans des nouveautés, il était à craindre que la seule apparition des Français devant la place ne suffît pour y exciter un soulèvement qui leur en eût ouvert les portes.

La Cour redoutant cette catastrophe, le roi envoya l'ordre au commandant du corps replié devant Cherasco, de surveiller soigneusement la colonne ennemie qui s'avançait sur Alba, de lui disputer le passage du Tanaro et, ne pouvant l'empêcher, de s'opposer à son avancement sur Turin sans jamais se laisser précéder.

Le danger que les Français passassent le Tanaro à Alba devint si imminent, le 24 au matin, que le commandant de cette ville, sur le bruit de leur approche, se retira avec un détachement de police sans brûler le bac. En vain on expédia un détachement pour réparer cette négligence ; les habitants d'Alba, l'ayant retiré sur leur rive, refusèrent de se prêter à sa destruction, crainte d'indisposer les Français et leur conservèrent ainsi le moyen de passer le Tanaro.

Colli, pour en prévenir les dangereuses conséquences, n'avait qu'à rassembler son armée dans la journée même aux environs de Bra, en laissant un rideau de troupes légères sur les bords de la Stura pour observer les mouvements de l'ennemi ; mais au lieu de faire une disposition commandée par les circonstances, il fut en donner une pernicieuse à Cherasco avec le général La Tour, que le roi avait envoyé à l'armée comme en second, depuis la dernière défaite.

Ces deux généraux considérant que la garnison de 2.000 hommes fixée pour la dotation de cette place était insuffisante pour défendre ses vastes fortifications, qu'elle serait d'abord forcée de se rendre, pour perdre moins de monde, résolurent de la diminuer en ordonnant à Brempt de ne pas la compléter en se retirant, ce qui fut la cause première de l'abandon honteux de Cherasco que nous résumerons sous peu. L'ordre des choses exige d'observer ici que d'après les ordres du roi, Colli avait demandé, le 23, une suspension d'armes, pendant les négociations de paix qu'on voulait entamer à Gênes.

La réponse de Bonaparte qui lui fut rendue le 24 au soir à Fossano par le premier aide de camp de ce général, lui apprit que, le Directoire s'étant réservé le droit de traiter de la paix, les plénipotentiaires devaient se rendre à Paris ou attendre ceux que le gouvernement français pourrait envoyer à Gênes ; mais que la position militaire et morale des deux armées rendant toute suspension d'armes pure et simple impossible il ne l'accorderait qu'autant qu'on mettrait à son pouvoir deux des trois forteresses qu'on voudrait de Coni, d'Alexandrie et de Tortone ; on vit à cette occasion combien les moments sont précieux à saisir à la guerre. Si Colli avait eu les pouvoirs d'accepter cette proposition, les opérations militaires auraient terminé par une capitulation beaucoup plus avantageuse pour le roi de Sardaigne que celle qu'on dût souscrire après le délai, pour avoir son consentement, pendant lequel l'armée française, poursuivant sa marche, varia considérablement l'état des choses.

En même temps que Bonaparte s'avançait du Mondovi avec le centre de l'armée vers Cherasco, Augereau conduisait la division de Ceva sur Alba ; Sérurier, partant avec la sienne du Mondovi, tenait la grande route pour arriver directement sur le bord de la Stura, vis-à-vis Fossano ; on employa la journée du 22 à passer l'Ellero et à jeter des ponts sur le Pésio. Le soir, l'avant-garde du centre arriva à Carru ; le 23, après quelques escarmouches de cavalerie, on entra dans la ville de Bene.

Le 24, la division de Masséna se trouva en position de se présenter le lendemain devant Cherasco. Son avant-garde à Narzolle ayant inquiété pendant la nuit les postes avancés de la place, le corps campé en avant se replia partie dans le chemin couvert et partie sur le glacis ; les deux régiments de cavalerie entrèrent dans Cherasco et, traversant la ville, se rendirent, sans en avoir reçu l'ordre, sur la gauche de la Stura ; le 25 au matin, l'avant-garde française s'étant présentée devant Cherasco vers la Chapelle de Saint-Jacques, le commandant de la ville s'adressa à Brempt pour compléter sa garnison qui n'était que d'environ 750 hommes au lieu de 2.000, comme on l'avait fixée lorsqu'on résolut de réparer cette place. Brempt lui ayant répondu que, d'après les ordres qu'il tenait, il ne pouvait adhérer à sa demande, le gouverneur assembla en conseil de guerre son état-major et les officiers supérieurs de la garnison qui, sur les motifs de l'insuffisance de la garnison et des artilleurs au nombre de 30 pour servir 28 pièces, résolurent unanimement de sortir de la place avant qu'elle fût dans le cas d'être cernée. On notifia cette détermination à Brempt qui, ayant fait défiler son infanterie, fut suivi par la garnison. Ainsi fut abandonnée Cherasco vers les 9 heures du matin, mais si précipitamment qu'on ne pensa à rien évacuer ni à dégrader.

Le corps de la ville ayant immédiatement porté les clés aux Français, les canons de la place leur servirent à faire désister la destruction du pont de bateaux sur la Stura et pour éloigner les troupes piémontaises de ses rives.

Voilà le fait pur et simple de la cession de Cherasco que les uns crurent le résultat d'une trahison du général et d'autres d'une intelligence secrète du roi de Sardaigne avec les Français, au point que dans le parlement d'Angleterre, un de ses membres dit : que jamais il ne s'en justifierait, apparemment qu'il ne pouvait se figurer qu'une suite de fausses dispositions et la lâcheté suffiraient pour produire cet événement. C'est ce qu'on achèvera de mettre en évidence en observant qu'il fallut pour le produire que Colli, qui n'avait pas concerté la reddition de la garnison avec le gouverneur, oubliât de contremander ses ordres dès qu'il eut l'assurance d'obtenir une suspension d'armes, à des conditions modérées, que, reposant aveuglément sur cet espoir, il négligeât d'user la précaution la plus essentielle pour prévenir que son ennemi ne prît de nouveaux avantages avant sa conclusion ; il fallut encore que le corps de Brempt précipitât sa sortie de Cherasco et qu'enfin la lâcheté des officiers supérieurs de la garnison l'entraînât précipitamment hors de la place ; car si elle ne l'avait empêché d'écouter les sentiments d'honneur, le gouverneur surtout devait sentir qu'avant de se porter à cette démarche extrême, sa réputation demandait de prévenir le général Colli de sa résolution s'il ne complétait sa garnison ; et d'autant plus qu'étant à portée d'en recevoir promptement la réponse, il ne pouvait courir le risque d'être cerné pendant ce délai ; cela aurait suffi pour éviter ce honteux abandon, car aux premiers avis que la garnison était sortie de Cherasco, Colli expédia des ordres pour l'y faire rentrer.

La conquête de cette place fut de la plus grande conséquence pour l'armée française, lui ayant donné un établissement solide au centre du Piémont, qu'elle embrassait en grande partie par la marche de ses ailes ; elles n'arrivèrent à leur destination que le lendemain de la prise de Cherasco ; dans cette journée cependant, l'aile gauche força les troupes légères, en avant de Fossano, de passer la Stura pour se replier sous cette ville.

Les Français ayant travaillé sans délai à rétablir le pont devant Cherasco, rendirent la tardive retraite de Colli urgente et périlleuse

à ne plus oser l'entreprendre qu'à la nuit ; il laissa les troupes légères en arrière-garde à Fossano, pour la protéger, en retardant sur ce
point le passage de la Stura aux ennemis. La cavalerie marcha suivant la grande route menant directement de Fossano à Bra par la
plaine de la rive moyenne, et couvrit par là l'infanterie qui, pour
moins risquer, eut ordre de gagner la colline de Bra en longeant la
haute rive. Mais, excepté une division qui se jeta dans la grande
route, les autres errèrent toute la nuit par des sentiers à travers les
vignes et les champs avec une pluie mêlée de neige qui les harassa
de fatigue ; les soldats s'arrêtent en chemin, s'égarent ou se déban-
dent, la moitié à peine se traîne en désordre à la suite des drapeaux.
Au jour la tête de la colonne se trouve sur l'alignement de Bra à
une lieue de sa droite ; apprenant qu'il n'y avait plus à ce village que
de la cavalerie pour protéger la retraite et que Colli, pour éviter d'être
attaqué, avait filé la nuit avec l'infanterie par la route qui côtoie le
pied de la colline, elle dirigea sa marche sur Sanfré pour s'éloigner
du danger et rejoindre plus tôt ; ces bataillons délabrés arrivèrent
par bandes dans la matinée, et la file des traîneurs continua toute
la journée.

Colli, redoutant de rester dans cet état au voisinage des Français,
poursuivit sa retraite jusqu'à Carmagnola, laissant la cavalerie
en arrière-garde, répartie à Sanfré et Sommariva avec ordre de
replier insensiblement à l'approche des Français ; leur marche
aurait suffi pour dissiper l'infanterie de cette armée ; mais dans cette
journée ils n'agirent offensivement que sur Fossano où ils entrèrent
après la retraite des troupes en arrière-garde qui le défendaient.
Pour la hâter, les Français, dès le soir d'auparavant, jetèrent de la
rive droite de la Stura des obus sur la ville et continuèrent pendant
la nuit, de sorte que ses habitants ressentirent un peu les horreurs
de la guerre ; mais le pire fut le soulèvement d'une bande de canail-
les qui se mit à piller les maisons, particulièrement celles des juifs ;
cet esprit de brigandage et d'insurrection se manifesta encore plus
ouvertement à Savillan où l'arrière-garde, en se retirant, fut obligée
de faire front et dissiper par la force un attroupement en disposition
de piller la ville. Le bas peuple enhardi à l'insurrection et l'armée
presque entièrement désorganisée, tels furent les résultats de ces
retraites désastreuses, de l'impéritie des généraux, et du conseil
militaire de n'avoir su combiner la défense du Piémont avec celle des
places.

Ces critiques circonstances comblèrent la détresse du roi de Sardaigne. Obéissant aux lois de la nécessité, Colli eut ordre d'accepter
les conditions de l'armistice proposées par Bonaparte ; mais ce géné-

ral les imposa bien différentes, conçut des espérances bien plus
grandes et des desseins plus vastes, voyant que le seul bruit de ses
armes suffisait pour lui faire ouvrir une place munie avec tant de
soin que Cherasco. C'est de cette ville que, dès le lendemain de son
entrée, faisant usage de la puissance de l'éloquence si propre pour
inciter les âmes libres aux grandes actions, il adressa sa première
proclamation à son armée où, retraçant à ses valeureux soldats
les hauts exploits qu'ils venaient d'exécuter en si peu de temps, il
les anima à la conquête de Turin, de Milan et de Rome et porta doublement l'effroi dans le cœur des dominateurs de l'Italie et des ennemis de sa liberté, en s'annonçant à ses peuples comme leur ami et
leur libérateur.

Dès lors Bonaparte, marchant sur les traces des conquérants,
règle ses opérations militaires sur la terreur et l'épouvante que répan-
dent ses armes, détermine de conduire son armée devant Turin ; en
disposition de la mettre en mouvement, le lendemain de la prise de
Cherasco, un aide de camp de Colli lui rend la lettre d'acceptation de
la suspension d'armes, offrant de remettre Coni et la forteresse de
Demonte ; si la situation de l'armée autrichienne y mettait empê-
chement, à céder celle de Tortone, et, qu'à l'exception de ces deux
places, les choses restant *in statu quo*, les armées respectives ne passe-
raient pas la ligne qui serait convenue. Quelle maladresse de ne laisser
le choix des places à Bonaparte, de supposer des empêchements de la
part des Autrichiens, et d'offrir Demonte qui donnait à soupçonner
qu'on eût des arrière-pensées en préférant de remettre celle vers
la France que du côté de l'Italie, pour favoriser les Autrichiens ;
enfin ne devait-on pas craindre, qu'en raisonnant sur les pactes de
l'armistice, d'inciter Bonaparte à décider le sort du Piémont avec la
même fierté qu'il venait de prononcer sur les destinées de l'Italie.
Tranchant alors toute difficulté, il exige Alexandrie jusqu'à ce que
l'on puisse remettre Tortone, veut le fort de Ceva ou la faculté d'en
poursuivre le siège ; ainsi de deux places dont il se contentait le jour
auparavant il en fallut quatre y compris Cherasco ; il assigna le
cours de la Stura et successivement du Tanaro pour ligne de démarcation à commencer de Demonte sans préciser l'autre terme, demande
que le roi trahisse l'Autriche en retenant prisonnier en ôtage le corps
auxiliaire. Pour déterminer la prompte acceptation de ces conditions,
il fit défiler une partie de l'armée dirigée sur les hauteurs de Bra, en
vue de l'aide de camp de Colli et le prévint, en lui remettant sa réponse,
qu'il n'arrêterait sa marche et ne suspendrait les hostilités qu'après
la remission de Coni.

Le même aide de camp fut chargé par Colli de rendre à la cour

les conditions de l'armistice et de lui faire le rapport des résolutions
et dispositions menaçantes de Bonaparte. Le roi en les recevant
assembla incontinent en conseil, les princes, le cardinal-archevêque
de Turin, les ministres, les grands de l'état et les chefs de la magis-
trature pour résoudre d'après leurs avis sur les circonstances aussi
urgentes que critiques où se trouvait l'état. Pour l'en instruire à fond
on y fit faire par l'aide de camp même la relation de tout ce qu'il
avait vu et entendu de l'ennemi; ensuite, l'archevêque ayant fortement représenté le besoin de la paix, la presque totalité des membres
du conseil adoptant son avis, mus plutôt par le sentiment des dom-
mages que la continuation de la guerre pouvait causer à leurs
possessions, que par des grandes vues d'état; le ministre de la
guerre à la tête du parti savoyard, trouvant les conditions de l'armistice trop dangereuses et dures, opina de courir les risques de la
guerre, que le roi et la famille royale abandonnassent la capitale plutôt que d'en souscrire les conditions. Cet avis, émis par des personnes qui, ayant tout perdu, hormis l'honneur, n'avaient plus rien à
risquer, parut une résolution désespérée. Le cardinal, pour la combattre, demanda qu'on fit rentrer dans le conseil l'aide de camp, et
le somma de déclarer au roi tout ce que Bonaparte lui avait insinué
de lui dire, de se méfier des conseils des savoyards qui l'entouraient.
Ce dire, soit véritable ou pure intelligence du cardinal avec l'aide de
camp, détermina la résolution de tout souscrire, quoiqu'il eût plutôt dû éclairer sur les dangers de suivre les conseils de l'ennemi;
d'autant plus que, s'agissant de se livrer à la discrétion d'une grande
démocratie, de ce gouvernement naturellement ennemi des rois,
c'est le dernier parti qu'un roi puisse prendre; aussi causa-t-il, sous
peu de temps, l'expulsion de la maison de Savoie du Piémont.

Comme général autrichien, Colli ne pouvait conclure l'armistice
sans se compromettre; la commission en fut donnée au général La
Tour et au chef d'état-major Costa, qui, s'étant rendus sans délai à
Cherasco, signèrent, dans la nuit du 9 au 10 floréal, les conditions
imposées par Bonaparte. On n'évita que le déshonneur de retenir le
corps auxiliaire prisonnier en alléguant que Beaulieu l'avait retiré.

Bonaparte voulut encore y ajouter la condition de passer le Pô avec
son armée sous Valence pour donner le change à Beaulieu sur la
direction de sa marche contre le Milanais; La Tour tâcha de l'engager à s'en départir; prenant le rôle de conseiller, il essaya de démon-
trer à Bonaparte que ce passage ne convenait point à ses opérations,
et qu'ainsi il le priait d'éviter ce déplaisir à son bon roi. Bonaparte
lui imposa en quelque manière silence, en lui répliquant hautement
que le Directoire, en lui donnant le commandement de l'armée

d'Italie, l'avait jugé capable de connaître ce qu'il convenait aux intérêts de la République, et qu'au reste il ne prendrait jamais le conseil de son ennemi. Ceci n'admettant plus de réplique ; La Tour dut tout consentir, d'autant plus que la consternation s'étant emparée de la Cour, il reçut l'ordre pendant la négociation de ne rien omettre pour conclure l'armistice.   -

Si La Tour eût réellement connu que le passage du Pô sous Valence ne fût le plus convenable aux opérations de l'armée française, pourquoi ne le faciliter et en tirer l'avantage de bien préciser les limites de la ligne de démarcation qui livra à la disposition des Français tous les pays à la droite de la Stura et successivement du Tanaro et du Pô, pour en avoir laissé la limite indéterminée vers l'orient par l'explication ambiguë qu'elle s'étendrait jusqu'à la droite de la Bormida. Cela servit de prétexte aux Français pour y comprendre toutes les possessions sardes à la droite de cette rivière. Ce fut en quelque manière le poids de l'épée du vainqueur ajouté à celui de la balance comme fit autrefois Brennus ; que la force abuse ouvertement de la victoire, c'est chose ordinaire à laquelle on doit s'attendre ; mais qu'elle y emploie l'ambiguïté des traités, c'est ce qui contraste tellement avec son caractère que, pour son honneur même, elle ne devrait jamais recourir à ce moyen ; combien serait désirable pour elle de la voir expliquer l'ambiguïté des conventions en faveur du faible et du vaincu.

Sitôt que l'armistice fut signé, les plénipotentiaires sardes l'expédièrent au roi par un aide de camp afin qu'il se hâtât d'envoyer les ordres pour la rémission des places, car Bonaparte s'était protesté de ne suspendre sa marche sur Turin que jusqu'à ce qu'il serait en possession de Coni, où les troupes françaises entrèrent le 10 floréal à 8 heures du matin. Le 11, elles prirent possession du fort de Ceva, et, le 17, de celui de Tortone. Pourvues abondamment pour soutenir un siège, ces trois places avec celle de Cherasco mirent à la disposition de l'armée française une nombreuse artillerie et une quantité immense de munitions de guerre et de bouche qui, avec les contributions de tout genre qu'on leva sur le pays conquis, nourrit, dès son entrée en Italie, la guerre par la guerre.

Conduite de Beaulieu pendant que l'armée française fut aux prises avec l'armée piémontaise ; sa retraite dans le Milanais ; manœuvre admirable de Bonaparte pour la précipiter. — Déjà l'on a vu que l'inaction de Beaulieu permit à Bonaparte d'agir avec plus de forces contre le Piémont, sur le point de succomber ; ce fut en vain qu'on le pressa d'en retarder la catastrophe, le ministre d'Angleterre près la cour de Turin se rendit inutilement à son quartier général pour l'en

solliciter. Cependant la chute du roi de Sardaigne ne pouvait qu'en-
traîner la ruine des Autrichiens en Italie, c'est ce que le cabinet de
Vienne, par un aveuglement fatal, méconnut toujours et encore plus
ses généraux qui se réglaient d'après ses instructions. Beaulieu ne
tarda pas d'en faire la triste expérience ; quoique prévenu et instruit
d'abord de la conclusion de l'armistice dont Colli lui expédia une
copie en toute diligence, il n'eut que le temps de passer précipitamment le Pô sous Valence, abandonnant ses magasins à Alexandrie
qu'il voulut vendre aux habitants, mais Masséna l'en empêcha en
arrivant à Alexandrie avec sa division à temps pour s'en emparer.
Avant son départ, il tenta d'occuper la citadelle d'Alexandrie, mais le
gouverneur qui se défiait de ses intentions les déjoua. Non seulement
les Autrichiens auraient occupé cette place, mais Turin même, si la
cour de Vienne eût agi franchement dans le cours de la guerre pour
défendre le Piémont, au lieu d'avoir fait craindre au roi de Sardaigne
de vouloir le dépouiller d'une partie de ses états pour l'unir au Milanais. Ayant également à se défier des Français que des Autrichiens
qui l'abandonnèrent toujours dans les moments critiques, ce prince
infortuné, autant que mal conseillé, se vit réduit dans la dure nécessité de se livrer à ses ennemis plutôt qu'à ses alliés. Beaulieu était
maître de garder Valence, mais cette place n'étant bonne qu'à faire
prendre une garnison prisonnière, la cavalerie napolitaine ne fit
aucune difficulté de l'évacuer, lorsque, pour donner aux Français le
passage du Pô convenu par l'armistice, la cour de Turin lui envoya
l'ordre de l'évacuer. Les Napolitains passèrent le Pô et suivirent
Beaulieu. Colli avec les restes du corps auxiliaire se joignit à son
armée qu'il disposa au long de la Gogna et du Terdopio entre la Sesia
et le Tessin, croyant que les Français voulaient marcher sur Milan par
Valence comme l'annonçait l'armistice, quoique la publicité donnée
à ce dessein dût être un motif pour Beaulieu d'y moins croire. Cependant comme il avait accouru vers Gênes, lorsque les Français parurent la menacer par Voltri, il crut qu'ils ne voulaient pénétrer dans
le Milanais qu'en passant le Pô sous Valence. La nature du pays et
celle des rivières, qui le coupent, beaucoup moins considérablement
sur la droite du Pô que celles à sa gauche, étaient des données plus
que suffisantes pour juger que Bonaparte ne devait pas choisir
le passage du Pô à un point qui l'obligeât ensuite à passer le Tessin,
rivière très considérable dans cette saison ; d'ailleurs maître de Tortone, et nul obstacle ne s'opposant qu'il longe la droite du Pô, il était
presque évident qu'il devait le tenter entre le Tessin et l'Adda qui le
conduisait directement dans le Milanais. D'après ces considérations,
Beaulieu devait placer son armée à la gauche du Tessin en position

d'en défendre le passage et de déconcerter la manœuvre de Bonaparte pour lui dérober celui du Pô qui, pour réussir, eut encore besoin de l'activité extraordinaire de ce général. Sept jours à peine s'étaient écoulés depuis l'armistice de Cherasco que toute son armée était disposée en échelons à différentes distances au long du Pô, de manière que le septième, à la tête de 5.000 grenadiers et 1.500 chevaux, il arriva à Castel Saint-Giovanni par une marche forcée. Son avant-garde parcourut dans la nuit la rive du Pô jusqu'à Plaisance. Elle arrêta 5 bateaux appartenant aux Autrichiens ; le lendemain à 9 heures du matin, Bonaparte arriva sur la rive du Pô vis-à-vis Plaisance ; à l'autre côté étaient deux escadrons de hussards en observation. Il se précipite avec ses troupes dans le bateau, aborde, et les fait replier après quelques coups de fusil. Du moment que le mouvement fut démasqué, toutes les divisions de l'armée accélèrent leur marche et passent dans la journée ; la rapidité de ce passage laissa doublement Beaulieu hors de mesure de s'y opposer ou d'attaquer avant que les troupes fussent formées. Ce fut en vain qu'il expédia à cet effet, en apprenant la marche des Français, un corps de 6.000 hommes avec 2.000 chevaux et 20 pièces de canon, il arriva seulement le lendemain du passage à Fombio au voisinage de l'avant-garde ennemie ; il se disposa à la hâte dans ce village pour tenir ferme ; attaqué l'après-midi sur trois points, après une vive canonnade et une résistance assez soutenue, il se retira sur Pizzighetone poursuivi jusqu'à l'Adda, perdant 500 hommes, 300 chevaux et partie de ses bagages. Un corps de 5.000 Autrichiens qui partit de Casal à 4 heures du soir pour secourir celui de Fombio, arriva à 2 heures après minuit près de Codogno où ses tirailleurs culbutèrent les vedettes françaises ; mais le général Laharpe à la tête d'une demi-brigade le fit reculer. Ce général frappé d'un coup de balle tomba mort sur le coup. Le général Berthier qui s'était rendu à Codogno poursuivit les Autrichiens et occupa Casal.

Le combat de Fombio couvrit le repliement de Beaulieu qui, en abandonnant ses magasins à Pavie et par une marche précipitée, porta son armée sur la gauche de l'Adda à la sortie du pont de Lodi ; ainsi se transporta le théâtre de la guerre des états du roi de Sardaigne dans le Milanais. Son pays fut délivré des horreurs de la guerre ; mais la paix que les plénipotentiaires de ce souverain signèrent à Paris le mit dans une situation pire encore que n'était celle de la guerre.

VII

Coup d'œil général et réflexions sur les opérations de la principale armée austro-sarde pendant les campagnes de 1795 et 1796.

Des bases politiques vicieuses, le manque absolu de plans, le défaut de précautions et d'ensemble ont rendu inutiles pendant ces deux campagnes des moyens peut-être suffisants pour sauver l'Italie.

Les trois puissances principales armées pour la défense de cette contrée pouvaient empêcher les Français d'y pénétrer, malgré la pusillanimité et l'avarice des petits états qui n'ont voulu contribuer en rien aux frais de la défense commune. Mais il aurait fallu concert, franchise et intensité d'efforts dans ceux qui se liguaient pour le bien général. Il aurait fallu avant tout, bannir d'entre eux l'égoïsme et la méfiance, ces vers rongeurs des coalitions.

Il aurait fallu que les Autrichiens eussent compris, dès les premiers jours, que, dans cette guerre, ils ne pouvaient avoir un intérêt différent du nôtre ; que la Lombardie ne serait sauvée qu'en sauvant le Piémont ; qu'un allié, maître des montagnes et des places qui ferment l'Italie, devait être ménagé de toute manière et soutenu à tout prix.

Qu'en laissant abattre cet allié, ils demeureraient nécessairement trop faibles pour défendre le Milanais, et que le roi de Sardaigne pourrait même, dans son désastre, se voir forcé à prendre les armes contre eux.

Qu'enfin les petites combinaisons d'une astucieuse politique ne pouvaient être que très déplacées et très dangereuses dans une guerre du genre de celle-ci.

(1) Conférence de M. Costa faite aux officiers de l'état-major piémontais le 10 mai 1798.

Il aurait fallu que, de leur côté, les Anglais, au lieu de tout oublier pour la Corse, se fussent bien pénétrés de cette vérité que, pour arrêter en Italie un torrent dévastateur, pour maintenir de ce côté une grande diversion des forces de la France ; enfin pour conserver leur ascendant sur la Méditerranée, ils devaient, à tout prix, empêcher que l'armée de la Rivière ne subsistât par la voie de la mer.

Si les hivers de 1794 et 1795 avaient été employés à convenir de ces importantes vérités, les deux campagnes dont il s'agit n'auraient pas été marquées par tant de fautes et de malheurs ; les généraux autrichiens, commandant en chef les armées coalisées, n'auraient pas cru faire leur cour à Vienne en servant quelquefois fort mal la cause commune. Ils n'auraient pas séparé l'intérêt de leur prince de celui d'un allié fidèle qui n'avait cessé de fournir la principale mise dans la coalition d'Italie, ils auraient fondé, sur les bases invariables de la morale et de la raison, des plans généraux, et ils n'auraient pas compté si présomptueusement sur leurs inspirations du moment.

Au lieu de déprécier notre militaire, ils auraient cherché à le rendre meilleur, ils auraient inspiré plus de confiance, et ils se seraient préparés des succès plus heureux. Enfin le dévouement généreux du roi, les efforts de son peuple, la valeur et la patience de ses troupes n'auraient pas été à pure perte. La postérité aura peine à comprendre comment, en 1795 et avant les événements du 23 novembre, 25.000 Français ont pu tenir en échec pendant huit mois de suite 40.000 Austro-Sardes dans les défilés de l'Apennin. Elle aura peine à comprendre comment quelques chaloupes canonnières semées le long des côtes du pays de Gênes ont pu rendre absolument nul pendant deux campagnes l'ascendant d'une puissante escadre maîtresse de la Méditerranée. Elle comprendra moins encore comment, au printemps de 1796, 58.000 Français ont pu dissiper en quinze jours deux armées de près de 25.000 hommes chacune, comment ils ont pu faire tomber, sans les assiéger, tant de forteresses renommées auxquelles ces armées étaient appuyées ; comment, sans vaisseaux, ils ont forcé leurs ennemis à abandonner la mer ; comment enfin, en si peu de temps, la moitié de l'Italie s'est trouvée subjuguée par une armée médiocre qui, à force d'audace et de célérité a su rendre tous nos avantages inutiles. Exemple prodigieux et à jamais mémorable de ce que peuvent le génie de combinaison, l'unité d'efforts et de volonté et la force d'impulsion.

Campagne de 1795

Tout nous présageait des succès heureux à l'ouverture de cette campagne : de grands renforts annoncés d'Allemagne, le commandement en chef des armées de Lombardie et de Piémont réuni pour la première fois dans les mains du même général, l'abattement où des maladies contagieuses avaient jeté l'armée française dans la Rivière de Gênes, enfin la supériorité décidée de nos forces nous mettaient à même d'agir offensivement contre l'ennemi, ou tout au moins nous assuraient l'avantage de prendre au début les positions défensives qui pouvaient nous convenir le mieux Mais il fallait pour cela être prêts de bonne heure, avoir pourvu à tout d'avance et ne pas perdre de temps.

Si 15.000 à 20.000 hommes, dès la fin de l'hiver, avaient débouché sur Garessio et de là sur Loano par un mouvement rapide, nous aurions pu très aisément envelopper toute la droite de l'armée ennemie dans ses cantonnements. Les Français ne doutaient pas que quelque grande opération ne fût concertée pour les chasser de la Rivière, ils parurent incertains et très agités pendant le combat qui eut lieu le 14 mars entre l escadre anglaise et la leur : ils s'attendaient à nous voir descendre en même temps des montagnes et tomber sur leur flanc. Mais cette chance n'était pas prévue par les généraux autrichiens ; elle ne faisait partie d'aucun de leurs plans, puisqu'aucun plan n'existait encore ; d'ailleurs ils se seraient bien gardés d'entreprendre quelque chose avant l'arrivée du général en chef dans la crainte de traverser ses vues et plus encore dans celle de blesser son orgueil. L'ennemi profita de cette inaction et nous prévint lui-même sur toutes les hauteurs dominantes. Il s'y établit tranquillement et s'y fortifia comme il voulut. Ce fut un grand mal, car non seulement il affermit par là sa ligne. mais il eut encore du temps de reste pour reconnaître et pour déterminer en arrière d'autres positions à prendre en cas de reployement ; d'un autre côté les Anglais restés maîtres de la mer depuis le combat du 14 mars se bornèrent à croiser au large. Cette croisière pouvait être bonne pour empêcher que d'autres escadres ne vinssent leur disputer leur prééminence. Mais rasant la côte et protégés par les batteries établies tout le long du rivage (1), fournissaient l'approvisionnement de l'armée française. Dans cet état de choses, on voyait bien que l'ennemi ne pouvait, de

---

(1) Un mot a été passé par le copiste à cet endroit.

quelque temps, se mettre sur l'offensive, mais il était évident aussi qu'il tenait les portes de l'Italie ouvertes pour s'y introduire dès qu'il se trouverait assez fort. Dans cette vue il s'était mis en liaison avec Gênes, il s'était couvert du côté de terre en fortifiant puissamment les crêtes de l'Apennin, et les batteries du rivage l'assuraient contre la crainte d'un débarquement en même temps qu'elles protégeaient ses bâtiments de transport. Le général en chef ne fut à l'armée et ne commença d'agir qu'au milieu de juin. Il écrivit à cette époque au général commandant de l'armée piémontaise de faire un effort pour percer la ligne française entre l'Ellero et le Pesio. pendant que lui-même pousserait l'ennemi de front ; il espérait par là le forcer à éva-cuer toutes les pentes de l'Apennin depuis Vado jusqu'à Albenga.

Cette vue était très saine et très militaire, sans doute, mais l'exé-cution en était dangereuse et demandait beaucoup de précautions, car on ne pouvait porter sur le Carnin un corps trop faible, attendu qu'il s'y serait trouvé dans un fond dominé de trois côtés par l'ennemi ; et y porter une force majeure capable de s'y soutenir par elle-même entraînerait les plus grands embarras pour l'y faire sub-sister, vu la longueur et la difficulté des chemins. Le général de l'armée piémontaise fit observer au général en chef ces inconvénients, et lui présenta en même temps un autre plan d'une exécution plus facile et d'un effet beaucoup plus décisif pour faire crouler d'un coup tout l'édifice de la ligne ennemie. Il s'agissait de percer cette ligne par la droite et par la gauche du col de Tende ; c'est-à-dire par le fond des vallées d'Entraque et de Pesio dont nous étions maîtres. Si cette première tentative avait réussi, nous aurions enveloppé tout ce qui se trouvait de troupes et d'artillerie sur le col de Tende et nous aurions désobstrué tout d'un coup le grand chemin de Nice.

Après quoi, le corps d'armée se serait réuni tout entier sur les hau-teurs qui séparent le bassin de Tende de celui du Carnin et où se trouvent les points connus des cols de Seccapoco, de Pertega, de Ves-covo, de Velega, de Tanarello, col Ardente et Croix de Fels. Une partie des troupes serait restée ferme sur ces positions avantageuses afin de couper la retraite à tout ce qui aurait voulu remonter des vallées du Tanaro, de la Roscia et d'Oneille. Le reste aurait filé rapi-dement sur Vintimille pour s'emparer du chemin de la Corniche. On conçoit qu'une pareille manœuvre exécutée avec précaution et mesure et surtout avec les moyens suffisants ne pouvait manquer de produire un grand effet. L'ennemi se serait trouvé complètement pris à dos, enveloppé ou forcé de se replier sur Nice avec la plus grande précipitation. Les Autrichiens n'auraient eu alors qu'à le sui-vre l'épée dans les reins, et si les Anglais avaient concouru à l'opération en débarquant 5.000 à 6.000 hommes à San-Remo (ce qui était très facile) il est à croire que toute la droite de l'armée ennemie se serait vue forcée à mettre bas les armes. Mais il fallait 12 à 15.000 hommes en action pour ne pas compromettre le succès ; et la chose devenait impossible sans quelques renforts fournis par le général en chef. Il étudia la demande qui lui en fut faite, il traita légèrement le projet sans le rejeter, il évita même de donner des ordres précis pour l'atta-que du Carnin, ordres que le général de l'armée piémontaise deman-dait en cas que ses objections contre cette attaque ne fussent pas admises, et la chose demeura dans le vague de l'indécision.

A peu de jours de là et dans la nuit du 24 au 25 juin, le général Colli reçut inopinément l'ordre d'attaquer sur le champ tous les points de la ligne ennemie qui se trouveraient à sa portée, afin de seconder une attaque générale que l'armée impériale devait faire en même temps sur différents points de la crête de l'Apennin. Cette grande attaque eut l'air d'une résolution prise sur le moment, moti-vée par la nécessité de barrer aux Français le chemin de Savone et déterminée par l'attaque spontanée de la Madona du Mont.

Le plan (si jamais il en exista un) demeura inconnu au chef de l'armée piémontaise, lequel s'empressa cependant d'exécuter un ordre formel, et ne fut pas heureux dans l'exécution. Ce mauvais succès fut en partie réparé dans la journée du 27 où le poste de la Spinarda fut enlevé avec assez d'éclat par nos troupes. L'ennemi fut forcé par là d'abandonner tout l'Apennin jusqu'au bric de Galé et jusqu'au contrefort qui descend sur Borghetto.

C'était là qu'il avait préparé d'avance sa deuxième position en cas de reploiement. Il ne s'y fut pas plus tôt retiré qu'il parut beaucoup plus imposant; son front très étendu était inattaquable, ses flancs fortement appuyés, et l'on s'étonna du peu que nous avions gagné à nos succès du 25 et du 27. Les Français avaient raccourci leur ligne d'un tiers, et, par là, ils l'avaient beaucoup renforcée. Cependant ils avaient dû craindre, après la prise de Settepani et de Saint-Jacques, de manquer de temps pour se retirer de Vado. Si le corps de 7.000 hommes avec lequel le général d'Argenteau s'empara des hauteurs de Melogno, avait été soutenu en arrière par une réserve de 5.000 à 6.000 hommes, et si, après avoir vaincu, comme elle le fit, la princi-pale difficulté en s'emparant du point éminent et central de Sette-pani, cette colonne avait défilé rapidement vers la mer, culbutant par son impulsion tout ce qui se serait opposé à elle, on ne voit pas com-ment toutes les troupes ennemies, de là jusqu'à Vado, auraient pu s'échapper. M. de Vins, par cette opération décisive, aurait coupé un bras à l'armée ennemie, et il se serait assuré un ascendant que rien n'aurait pu balancer pendant le reste de la campagne. Mais au lieu de finir ce qu'il avait si heureusement commencé, le général d'Argenteau demeura immobile pendant quatorze jours sur Settepani. Le général Cantu en fit autant à Saint-Jacques. Tous deux virent défiler à leurs pieds l'armée française qui se reploya lentement et sans être inquiétée.

Ainsi l'inconsidération et le hasard parurent présider à ce premier acte offensif de l'armée austro-sarde. Mais bientôt l'idée d'ardeur et de légèreté dans son chef disparut, lorsqu'on le vit, après ce premier élan, rester pendant deux mois de suite dans la plus parfaite inaction se confiant de sa personne à Leggine et faisant une espèce de forteresse du front resserré qu'occupait son avant-garde. Les Français, de leur côté, ne faisaient aucun mouvement entravés par plusieurs causes différentes.

Le modérantisme en vogue alors favorisait la désertion et ralentissait les recrutements. Les volontés du gouvernement paraissaient indécises et flottantes : l'intérieur était très agité, l'armée d'Italie était une des plus dépourvues d'hommes, de vivres et d'argent.

Enfin la paix conclue avec l'Espagne changea entièrement la face des choses. Nous apprîmes à la fin d'août qu'une partie des armées des Pyrénées et du Rhin allait se joindre à celle d'Italie ; que l'armée des Alpes presque entière marchait par sa droite pour s'y unir, et qu'un grand effort allait être tenté pour renouer les communications de cette armée avec Gênes, peut-être encore pour lui procurer des quartiers d'hiver en Italie, ou bien pour y continuer, suivant les circonstances, la guerre pendant tout l'hiver.

Ces annonces troublèrent un moment la tranquillité du général en chef. Il sortit de Légine et visita, pour la première fois, la partie de sa ligne qui s'étendait depuis Loano jusqu'à Garessio ; il reprit le projet d'attaquer l'ennemi en flanc avant qu'il eût reçu ses renforts, et il parut adopter enfin le système de pénétrer par la droite et par la gauche de Tende.

Il alla même jusqu'à écrire au général Colli qu'il lui prêterait autant de troupes qu'il pourrait en avoir besoin pour cette opération ; mais deux jours après il révoqua cet offre ; il lui annonça qu'il ne pouvait absolument se dégarnir sur sa gauche et il conclut par l'engager à tenter l'aventure avec les seules troupes du roi ; il est nécessaire d'observer à ce sujet que, depuis la formation du plan d'attaque sur les flancs du col de Tende, la situation des choses avait beaucoup changé. L'ennemi avait bien compris tout l'avantage que nous aurions à l'attaquer par là et il n'avait rien négligé pour mettre hors d'insulte les deux points de la ligne qu'il s'agissait d'enfoncer ; il eût

été donc inutile et dangereux de tenter l'expédition avec des demi-
moyens. La crainte de sacrifier inutilement les troupes du roi con-
fiées à son commandement obligea le général Colli dans cette circonstance délicate de prendre [l'avis] des généraux piémontais qui
étaient sous ses ordres et qu'il assembla en conseil de guerre.

Tous tombèrent d'accord qu'il fallait au moins 15.000 hommes en
action pour entreprendre de percer la ligne ennemie sur les flancs du
col de Tende et pour se soutenir dans le comté de Nice après y avoir
pénétré. Tous reconnurent que le corps d'armée qui devait fournir
ces 15.000 hommes n'en avait par le fait que 10.000 de disponibles,
la garde de toutes les places fortes et des principaux passages des
montagnes se trouvant nécessairement à la charge des troupes piémontaises.

Leurs opinions furent envoyées au roi et au général en chef. Ce
dernier, d'après un tel résultat, n'insista plus sur l'attaque, il se plai-
gnit seulement avec beaucoup d'aigreur et d'affectation, mais indirec-
tement, qu'on entravait toutes ses opérations, et personne ne le crut,
car il était évident qu'il n'aurait dépendu que de lui de couper court à
toute discussion en fournissant les secours qu'on lui demandait, ou bien
en donnant à tous périls et risques des ordres nets et sans réplique.

Bref son voyage ne produisit autre chose que l'occupation des
camps de Sambucco et d'Intrapa et les attaques malheureuses de
Rocca, Ciriegia et de Saint-Martin de Lantosca, après quoi le général
en chef se voua de nouveau pour deux mois à l'immobilité.

Cet étrange repos, ces velléités d'attaque, ces petites opérations
avortées lui nuisirent beaucoup dans l'opinion publique ; les uns le
taxèrent de légèreté et d'inconsidération ; d'autres, qui voulaient lui
supposer des vues secrètes et des projets suivis, s'affermissaient dans
l'opinion qu'il n'avait jamais voulu autre chose que couvrir les avenues de la Lombardie, éloigner de lui les Français et les rejeter sur le
Piémont suivant la misérable politique des Allemands dans les
anciennes guerres. D'autres enfin allèrent jusqu'à croire que
M. de Vins aurait vu sans peine un général, qu'il n'aimait pas,
s'embarquer dans une entreprise apparemment douteuse, puisqu'il
n'avait jamais voulu en donner lui-même l'ordre formel.

Quelque hasardées que pussent être ces suppositions, elles n'en
produisirent pas moins un mauvais effet en nourrissant les germes
de la méfiance entre les nations alliées et en fomentant les haines
personnelles entre les généraux. Le commandant de l'armée piémontaise n'avait cessé depuis le commencement de la campagne d'être
en butte à mille petites vexations de la part du général en chef.
L'espèce de nullité à laquelle il se vit réduit après le conseil de

guerre de Mursecco ? acheva de l'aigrir. Le général de Vins lui enjoignit à cette occasion de ne plus faire bouger aucune troupe jusqu'à nouvel ordre, et lui tint ainsi les mains liées jusqu'à la moitié d'octobre. Cependant les renforts annoncés avaient commencé d'arriver à l'armée française dès le mois de septembre et l'on ne pouvait douter que l'ennemi ne passât bientôt à l'offensive. Mais quelques nouveaux troubles élevés dans les provinces du Midi, la difficulté des recrutements et une prodigieuse désertion qui fondit presque entièrement en route les renforts venant des Pyrénées, retarda encore toute l'impulsion. Ce ne fut qu'au commencement d'octobre qu'on craignit sérieusement une attaque prochaine et générale. La neige allait bientôt rendre nuls les passages des hautes Alpes, et toutes les troupes ennemies par un mouvement de gauche à droite s'étaient resserrées dans l'Apennin entre Ormea et Albenga. Alors le général de Vins affecta de croire que son aile gauche était seule menacée. Le général d'Argenteau vit tout le poids de l'attaque dirigé contre le centre où il commandait, et sa sollicitude fut grande pendant quelques jours ; mais ces deux généraux se tranquillisèrent quand l'ennemi parut décidément n'en vouloir qu'à la droite de la ligne formée par les troupes du roi sous le commandement du général Colli.

Près de 20.000 Français s'entassèrent dans le bassin d'Ormea ; ils étaient soutenus en arrière par d'autres troupes campées à Pont de Nava et à la Pïève. Des avis répétés plusieurs fois le jour annonçaient une attaque par la droite et par la gauche du Tanaro, c'est-à-dire par les cols d'Enfer et de Saint-Bernard, pendant qu'une grande colonne forcerait le défilé d'Intrapa et s'avancerait sur Ceva par le fond de la vallée.

On ne peut douter que ce plan n'eût été exécuté dès la fin d'octobre, si les mesures prises en opposition n'avaient contenu d'abord l'ennemi et ne l'avaient obligé à attendre de nouveaux renforts. Notre position sur le Tanaro était alors des plus imposantes. Un corps considérable de cavalerie défendait la plaine de Garessio. Les buttes et les éminences qui entourent le bassin étaient garnies de batteries. Les points inexpugnables de Mindino et de la Cianea servaient d'appui à toute la ligne, et les troupes au bas et sur les flancs des montagnes devaient s'y replier tant du côté du nord que du côté du midi. Elles auraient ainsi empêché l'ennemi de s'avancer par le fond de la vallée, par les crêtes des montagnes latérales et par leurs revers, et dans tous les cas leur retraite sur Ceva était assurée par les hauteurs. Mais la neige qui tomba à la fin d'octobre changea toute cette combinaison. L'ennemi ne pouvait plus nous donner d'inquiétude par le revers septentrional des montagnes qui était entièrement obstrué. Les postes du col de Casotto, de Mindino et de Prato Rotondo n'étant presque plus tenables ne pouvaient plus être considérés que comme des points d'appui et non comme des points de résistance Ils faisaient par conséquent solution de continuité entre les vallées qui s'y adossaient et obstacle à la réunion des troupes destinées en premier lieu à les défendre. Il fallait se hâter de changer les dispositions défensives puisque la nature des lieux avait changé. Il fallait retirer des vallées de Corsaglia et de Casotto tout ce qui s'y trouvait de troupes pour en former à Priola une grande réserve propre à soutenir au besoin la droite et la gauche de la vallée.

Nous aurions eu par là une première et une deuxième ligne, et le tout ensemble aurait été fortement lié : les changements n'eurent point lieu et nous atteignîmes le 15 de novembre dans une position devenue faible et mauvaise, de très forte qu'elle était auparavant. Les troupes étaient harassées et dégoûtées de souffrir toujours dans l'immobilité, l'ennemi était toujours plus menaçant. L'horrible tourmente qui régna dans la nuit du 15 au 16 novembre, nous empêcha d'être attaqués à cette époque et vraisemblablement elle nous épargna un revers. Cette tourmente mémorable changea d'un coup toute la face des choses. Elle chassa M. d'Argenteau du Sambucco et forma par là un grand vide au milieu de notre ligne. Ce qui détermina subitement l'ennemi à diriger sur ce point l'attaque principale Il comprit qu'il y trouverait moins de difficultés et plus d'avantages. Il est bon d'observer que le général en chef affectait depuis quelques temps de ne rien répondre aux rapports du général Colli sur l'accroissement des forces ennemies et sur les menaces d'attaque dont il était l'objet.

Il avait l'air de croire ces rapports exagérés et d'en faire peu de cas. Apprenant ce que les troupes du général d'Argenteau avaient eu à souffrir pendant la tourmente du 15 et du 16, il les fit descendre des hauteurs dans le bassin de Bardinetto, et quatre jours après il envoya au général Colli un projet de cantonnement de ses troupes autrichiennes avec ordre de cantonner au plus tôt et sur les mêmes principes les troupes piémontaises. Mais la bataille coupa court à tous les arrangements. Pour motiver l'ordre de cantonner l'armée, le général de Vins avait allégué la retraite d'une partie des troupes ennemies qu'il supposait être parties pour leurs quartiers d'hiver. En effet, après la tourmente du 15 et l'abandon du camp de Sambucco, 8.000 Français partirent du bassin d'Ormea, publiant qu'ils allaient réprimer de nouvelles insurrections en Provence ; mais cette colonne fila par le vallon de Nasino et fut bientôt rendue à Zucarello

point principal indiqué pour la nouvelle attaque. Le plan général de
cette attaque était de percer notre ligne par le centre, qui venait
d'être dégarni inconsidérément, pendant que, par de fortes diversions,
les deux extrémités seraient tenues en échec. Suivant les circonstances, l'ennemi pouvait, après avoir fait brèche, envelopper sur sa
droite l'armée impériale ou sur sa gauche l'armée piémontaise ; il
pouvait couper la retraite à la première en s'emparant des crêtes qui
s'étendaient sur sa droite ; il pouvait couper la retraite à la seconde
en se portant rapidement à la Sotta par le col de Vetria. Et cette
dernière manœuvre aurait surtout réussi s'il avait pu forcer le pas
d'Intrapa et envelopper par le pied les hauteurs de la Spinarda et
du Saint-Bernard et s'emparer du col de Casotto.

Heureusement pour l'armée piémontaise, toute cette droite fit une
bonne et forte résistance ; plus heureusement encore pour elle, le
général d'Argenteau battu prit le parti de se réfugier avec ses débris
à la redoute de Tovetti au lieu de se replier sur les hauteurs de
Settepani auxquelles il était adossé. L'ennemi, voyant toute notre
aile non seulement immobile, mais plus forte qu'elle ne l'était au
commencement du combat, se désista de ses projets contre nous, et
voyant la crête centrale de l'Apennin découverte devant lui, il s'y
porta avec rapidité pour prendre à dos les Autrichiens. Il était bien
sûr, en les dépassant par leur droite, de les obliger au moins à une
retraite précipitée. En effet ces mêmes troupes qui venaient de soutenir avec intrépidité une attaque de front, tombèrent dans le désordre
et le découragement dès qu'elles virent les Français maîtres des hauteurs et en mesure de les prévenir à Finale. L'armée se débanda en
partie et, en se retirant, elle perdit son artillerie, ses équipages et
beaucoup de prisonniers. Cette journée pouvait avoir des suites terribles si l'ennemi avait poussé cet avantage avec autant de rapidité
qu'on le lui a vu faire au mois d'avril suivant. Heureusement la
contenance de l'aile droite lui en imposa, et la crainte d'être pris en
flanc par l'armée piémontaise qui lui présenta tout à coup un front
imposant vers les Bormida, l'empêcha de harceler et de détruire les
troupes impériales dans leur détresse. Il se borna donc à les chasser
tout à fait de la Rivière et à renouer ses communications interrom-
pues avec Gênes ; mais après avoir séparé l'une et l'autre les armées
alliées, il parut reprendre tous ses projets et réunir de nouveau tous
ses efforts contre les Piémontais.

L'armée de Colli put encore se flatter alors que sa bonne contenance aux camps de Ceva et de la Bicocca déconcerta les vues des
Français et leur fit abandonner un plan qu'ils avaient déjà entrevu
au mois de septembre 1794, et qu'ils ont malheureusement effectué

depuis. Ils n'agirent plus dès la fin de novembre que pour assurer leur établissement d'hiver qu'ils étendirent dans la vallée du Tanaro jusqu'à Priola, dans la haute Bormida jusqu'à Bardinetto, et le long du rivage de la mer jusqu'à Albissola. Cette ligne de cantonnements avait évidemment le même but que toutes leurs autres dispositions pendant la campagne ; c'est-à-dire qu'elle garantissait les pays de Gênes et de Nice et qu'elle menaçait le Piémont ; elle mettait à couvert les conquêtes des Français et leur ouvrait le chemin pour en faire de nouvelles.

On censura beaucoup les trois généraux autrichiens qui avaient eu le plus de part au commandement pendant cette fin de campagne ; mais le blâme principal tomba sur le général en chef, avec justice sans doute, puisque si les événements avaient été heureux, la principale gloire lui aurait appartenu de droit En saisissant l'ensemble de tout ce qu'il avait fait depuis le 1er juin, on trouvait qu'il avait frappé au début quelques coups précipités, mal assurés et inutiles ; qu'il n'avait cessé ensuite de recevoir la loi de l'ennemi, quoiqu'il lui eût été pendant longtemps supérieur en forces ; qu'il avait perdu pendant cinq mois le temps et les occasions et qu'il avait fini par une défaite honteuse. Si l'on s'arrêtait ensuite aux détails de sa conduite morale et militaire, on trouvait qu'il avait aliéné les puissances amies par son égoïsme et par ses dédains, qu'il avait exaspéré les puissances neutres par son avidité et par son orgueil ; qu'au lieu de resserrer, comme il aurait dû, les liens de la coalition en Italie, il les avait sensiblement relâchés par ses procédés hautains, par la méfiance qu'il avait témoignée et par celle qu'on avait prise de lui. On croyait qu'il n'avait jamais rien prévu, jamais rien préparé pour l'attaque ni pour la défense. Enfin on lui reprochait d'avoir désorganisé sa propre armée en y favorisant l'intrigue et l'insubordination, en se montrant susceptible de partialité et sujet aux passions haineuses.

Le commandant de l'armée piémontaise, n'étant qu'en sous-ordre, était chargé d'une responsabilité beaucoup moins grande au tribunal de l'opinion publique. Personnellement haï et vexé par le général en chef, son rôle avait été passif jusqu'aux événements du 23 novembre. Sa contenance fière dans cette journée fit honneur aux armes du roi, les positions successives qu'il prit ensuite pour faire tête à toutes les forces ennemies qui se réunirent contre lui, firent honneur à ses talents ainsi qu'à sa fermeté, et cette époque dut effacer quelques fautes de détail commises dans le courant de la campagne. Ceux qui le voyaient de près croyaient à sa probité. Il sentait bien lui-même que ce n'était pas à un général autrichien à commander l'armée du roi ;

mais honoré de cette commission, chargé de défendre la principale partie du Piémont, il voulait ne rien faire qui pût tourner contre les intérêts de Sa Majesté, ni par conséquent contre les intérêts bien entendus de la cause commune. De là sa résistance obstinée aux impulsions du général en chef qui, sans vouloir jamais se compromettre par des ordres formels, et prétendant n'y concourir en rien, l'excitait cependant à attirer l'ennemi de son côté et à le rejeter sur le Piémont. Le général major commandant au centre de la ligne était dépendant comme le précédent, mais il avait avec lui une extrême différence, puisque au lieu d'être désagréable au chef il en était particulièrement favorisé ; il avait mis à profit cette faveur passagère pour se soustraire en partie à l'autorité de son lieutenant général qu'il faisait profession de haïr personnellement et il avait intrigué pour grossir sa division de quelques bataillons piémontais dont les chefs de leur côté avaient voulu se soustraire au commandement direct du général Colli. Ce malheureux esprit d'intrigue infectait l'armée, et pendant que l'orage grossissait contre elle il n'y était question que de pareils intérêts.

Au surplus chacun rendait justice à l'activité et à la valeur personnelle du général d'Argenteau, il en avait donné des preuves à l'attaque de Settepani, mais on ne lui pardonna point d'avoir perdu tout le fruit d'un succès chèrement acheté, par son immobilité après la victoire. On pouvait encore moins louer sa présence d'esprit dans d'autres occasions, et les Autrichiens surtout durent lui pardonner difficilement de n'avoir eu dans la journée du 23 novembre aucun poste de réserve à Settepani dont il devait mieux qu'un autre connaître toute l'importance et de n'en avoir pas fait son point de reploiement après sa défaite.

Enfin ceux qui ne se départaient point de l'idée que l'instruction secrète du cabinet de Vienne à ses généraux en Lombardie, avait été de se débarrasser de l'ennemi, de pousser en avant les Piémontais et d'observer eux-mêmes en deuxième ligne et à l'écart ce qui pouvait en arriver, croyaient que nous avions plus gagné que perdu à la mésintelligence et à l'insubordination qui régnaient entre eux, puisque tout compte fait c'étaient les Allemands qui avaient reçu les coups ; que l'armée du roi, les frontières du Piémont et ses places étaient encore dans toute leur intégrité comme à la fin de 1794, et qu'après quatre années de guerre l'ennemi était encore obligé d'aller hiverner au delà des montagnes. Mais au milieu de toutes ces tristes et fausses combinaisons de l'égoïsme, le danger croissait pour l'Italie, et tous les bons esprit étaient frappés de l'urgente nécessité de mettre fin à cette guerre, ou, s'il était impossible de la finir, de ne la continuer

au moins qu'en se ralliant à de meilleurs principes. Il était évident
que les Français se disposaient à frapper de bonne heure un coup
décisif; il était en même temps probable qu'ils n'attendraient pas
l'époque ordinaire de l'ouverture de la campagne. Rien n'était donc
plus nécessaire que de mettre à profit l'hiver, soit pour négocier vivement avec nos alliés et avec nos ennemis, soit pour nous préparer à
soutenir vigoureusement la guerre. Cependant le mois de mars
arriva avant qu'il existât pour nous aucune donnée politique nouvelle, avant qu'aucune augmentation eût été faite aux troupes des
coalisés, avant qu'on sût qui commanderait leurs armées et qu'il y
eût ni plan de campagne, ni bases pour en établir un. On connaissait cependant fort bien les vues de l'ennemi, on était averti qu'il
tâcherait de pénétrer en Italie à tout prix, qu'il s'efforcerait de séparer de nouveau l'armée autrichienne de l'armée piémontaise afin de
combattre chacune d'elles avec plus d'avantages; qu'après les avoir
écartées l'une de l'autre, il se glisserait entre deux et porterait sur
Alba une tête de colonne afin de répandre l'épouvante jusqu'aux portes de Turin; enfin qu'il n'épargnerait rien pour accabler le roi de
Sardaigne et pour l'obliger à faire sa paix particulière, après quoi
toutes les forces de l'armée française se réuniraient dans le Milanais
afin d'y détruire la puissance autrichienne. Ces notions venaient de
très bon lieu pour laisser le moindre doute, et elles étaient d'ailleurs
si bien d'accord avec toutes les probabilités qu'elles méritaient une
sérieuse attention. Mais rien dans ce genre ne devait faire impression; Vienne et Turin étaient agités par cette foule d'intrigues et de
passions particulières que l'hiver développe, de grandes promotions
étaient attendues d'un jour à l'autre, et les agents de l'autorité obsé-
dés par des clameurs ou sollicitations indiscrètes ne pouvaient pas
s'occuper avec assez de liberté des grands intérêts du moment. Cependant le mois de février touchait à sa fin; les Français n'avaient eu
dans la Rivière que des cantonnements serrés et ils commençaient à
bouger. Nos troupes au contraire étaient encore tranquilles dans
leurs quartiers d'hiver; la moitié des soldats piémontais étaient en
permission chez eux, presque tous les chefs de corps, les officiers des
états-majors et beaucoup d'officiers particuliers étaient entassés dans
la capitale, uniquement occupés d'obtenir quelque avancement. On
frémit en pensant à la facilité avec laquelle l'ennemi, profitant de cet
état de choses, aurait pu enlever une partie de nos quartiers et se
rendre maître de Mondovi et de Ceva. Heureusement qu'une neige
prodigieuse tomba pendant plusieurs jours de suite au commencement de mars; cet incident dérouta les premières mesures de
l'ennemi et nous donna du répit pour plus d'un mois. Il parut enfin

qu'on allait mettre à profit ce bienfait du ciel, des renforts considérables étaient prêts d'arriver d'Allemagne.

Le commandement de l'armée de Lombardie fut donné au général
Beaulieu ; celui de la principale armée piémontaise au général Colli.
Ces deux généraux étaient amis, ils étaient indépendants l'un de
l'autre et l'on pouvait espérer que de ces nouveaux rapports il résul-
terait plus de bien que par le passé, et que l'on éviterait au moins les
inconvénients qu'avaient produits, l'insubordination et la haine entre
les chefs. On se flattait que le plan de campagne allait être réglé
avec franchise et de bon accord entre les commandants des deux
armées et l'on faisait des vœux pour qu'il le fût au plus tôt.

Cependant plusieurs militaires éclairés, agités par le grand intérêt
des circonstances, s'exercèrent en particulier sur cet intéressant sujet.
La plupart, sans s'être communiqué leurs idées, se trouvèrent
d'accord entre eux sur les principes suivants :

1° Qu'il fallait au début demeurer sur la défensive, lasser et affamer l'ennemi en temporisant, mais rejeter absolument le funeste
système des cordons ;

2° Que l'armée autrichienne et l'armée piémontaise en masses
devraient agir de concert, mais toujours séparément et suivant leurs
propriétés particulières ;

3° Que l'armée autrichienne ne saurait être de trop bonne heure
rassemblée au-devant d'Acqui et l'armée piémontaise au-devant de
Mondovi, afin de se mettre en rapport entre elles et à portée d'exécuter de concert toutes les opérations convenues ;

4° Que l'armée impériale devrait constamment être employée en
plaine ou en colline, se présentant de front à l'ennemi et masquant
successivement les débouchés de l'Apennin en marchant par sa
droite ou par sa gauche. Que l'armée piémontaise devait être
employée en montagne pour mettre à profit son expérience acquise
dans ce genre de guerre. Que, pendant que les impériaux se présen-
teraient de front à l'ennemi, les Piémontais devraient sans cesse
menacer son flanc par des mouvements courts et directs vers la
mer ;

5° Que tandis que les armées des deux puissances agiraient ainsi
en masse, et de concert, mais séparément, leur cavalerie pourrait se
réunir et leurs [troupes] légères faire la petite guerre au-devant d'elles,
éclairant de près les mouvements de l'ennemi et protégeant les têtes
des vallées ;

6° Que les alliés devaient soigneusement éviter toute action générale, mais que s'ils se voyaient obligés de recevoir la bataille, ils

devraient tâcher d'attirer l'ennemi dans la plaine afin de mettre à profit la supériorité de leur cavalerie ;

7° Enfin, que tant qu'on ne sortirait pas du système défensif, le Tanaro devrait servir de ligne de démarcation entre les deux armées alliées ; les Impériaux y appuyant leur droite et les Piémontais leur gauche.

Plusieurs plans très bien faits résultent de ces principes. Mais quoique la plupart eussent été demandés par le gouvernement, on n'en fit aucun usage. Les généraux autrichiens les rejetèrent pour cela seul qu'ils n'étaient pas de leur invention, car on sait que rien ne les blesse autant que la présomption des officiers de grade inférieur qui se hasardent à penser ou qui ne savent pas adroitement leur faire hommage de ce qu'ils ont imaginé. Un excellent projet pour rendre plus utile la croisière des Anglais dans la Méditerranée demeura confondu avec tous les autres ; il s'agissait de distribuer entre Nice et Savone six ou huit vaisseaux ou frégates à distance égale rapprochés de terre autant que les fonds et les vents pourraient le permettre ; trois brigantins armés, protégés et approvisionnés par ces vaisseaux auraient été toujours prêts à fondre sur les bâtiments légers qui se seraient hasardés à filer entre eux et la terre, ils auraient été montés par des soldats d'élite et leurs équipages composés de Corses et de Napolitains. L'appât du gain aurait rendu cette petite guerre fort vive, et il n'en aurait pas fallu davantage pour affamer entièrement l'armée française absolument dépourvue alors de bêtes de transport. Mais, comme on l'a déjà dit, il était trop difficile que de bons plans pussent trouver accès auprès des généraux autrichiens. Les hommes de génie capables de former de tels plans ont rarement assez de souplesse pour s'insinuer et pour plaire ; ils manquent de cette abnégation apparente de soi-même et de ces formes adulatrices qui peuvent servir de passeport au bien comme au mal. Bref, nos généraux n'étaient encore convenus de rien sur le système à suivre pendant la campagne ; il est vrai qu'il leur manquait encore une donnée bien nécessaire. Les bases politiques du plan de campagne n'avaient point encore été réglées entre les puissances alliées ; or il était évident qu'une armée de mer et deux armées de terre composées de nations différentes et soumises à des chefs indépendants les uns des autres ne pourraient jamais agir de concert qu'autant qu'on leur présenterait un but unique et connu, qu'autant qu'on détruirait d'avance entre elles tout germe de dissension ; il devenait donc indispensable et pressant que les cabinets de Vienne, de Londres et de Turin réglassent enfin clairement et de bonne foi entre eux ce qu'ils prétendaient de faire pour opérer le bien commun et donner par là un fondement solide aux plans militaires.

Malheureusement on ne s'était avisé de cette vérité si simple qu'à la fin de février ; on avait fait partir alors des ministres de Turin pour Vienne, mais il était trop tard ; quand les réponses qu'ils obtinrent n'auraient pas été de nouvelles évasions, elles ne seraient pas venues à temps. Ces réponses en date du 22 et du 24 mars n'arrivèrent qu'au commencement d'avril, et les opérations de la campagne étaient déjà commencées ; on sait avec quelle prodigieuse rapidité les faits se succédèrent depuis lors. Les généraux Beaulieu et Colli n'eurent pu qu'improviser malheureusement chacun de son côté, sans jamais s'être entendus sur rien, quoique leur intérêt et leur volonté fussent de s'entendre, et l'ennemi qui, depuis longtemps, avait tout prévu et tout calculé, l'ennemi dont la première maxime était d'employer les minutes pendant que nous perdions les jours, l'ennemi qu'attirait une proie magnifique et qui ne possédait que du fer et de l'audace, remporta dans moins de quinze jours une suite d'avantages dont il eut lieu de s'étonner lui-même, et qui influeront, peut-être pour longtemps, sur les destins de l'Italie et sur ceux de l'Europe entière.

Campagne de 1796

Les neiges du commencement de mars avaient retardé, ainsi qu'on l'a dit plus haut, l'ouverture de la campagne, laquelle, sans cet incident, aurait commencé, suivant toute apparence, par une tentative sur nos quartiers. Cette intempérie avait beaucoup augmenté la misère des troupes françaises dans la Rivière, et elle les avait forcées d'abandonner les postes élevés qu'elles avaient déjà pris ; mais malgré leur état de détresse, ces troupes augmentaient de nombre chaque jour, il leur manquait du pain et des habits, mais il leur arrivait en abondance des munitions et des armes, et l'on enflammait sans cesse leur imagination par l'idée de la conquête prochaine de l'Italie. Ceux qui jugent toujours des projets de l'ennemi par le volume de ses magasins, croyaient cependant encore l'attaque éloignée ; mais ceux qui faisaient une étude suivie de l'esprit qui l'animait, et qui combinaient ses principes connus avec ses démonstrations la croyaient au contraire très prochaine Le choix du représentant du pouvoir exécutif et du commandant général de l'armée étaient surtout des circonstances très marquantes. Ces deux hommes étaient des plus audacieux instruments de la Révolution française, et ils ne tardèrent pas à prouver combien peu les obstacles étaient capables de les embarrasser. Scherer, le vainqueur des Pyrénées, venait d'être remplacé comme trop âgé et trop circonspect. Plusieurs propos échappés à Saliceti et à Bonaparte, lors de leur arrivée dans la Rivière, jetaient un jour intéressant sur leur moral, et prouvaient qu'ils comptaient suivre le projet offensif duquel nous avions connaissance depuis l'hiver. On y fit malheureusement trop peu d'attention. On n'en fit aucune à d'autres indices non moins frappants ; il ne nous venait presque plus de déserteurs de l'armée ennemie, sa cavalerie s'avançait dans la rivière malgré la plus grande pénurie de fourrages ; ce qui prouvait assez qu'elle ne comptait pas s'y arrêter longtemps avant d'attaquer. Mais l'expérience a prouvé que plus on recueille de ces données précieuses, moins on prend la peine de réfléchir et d'agir en conséquence. La paresse s'endort sur ces moyens de salut ; il semble que leur possession acquise à prix d'argent doive suppléer à tout. On pourrait ajouter à ce propos que dans aucune autre guerre peut-être on n'avait été à portée de connaître aussi bien les moyens de l'ennemi et de lire aussi parfaitement dans ses projets ; mais tous ces avantages demeurèrent à pure perte. Ce ne fut que la marche d'une colonne de 7.000 à 8.000 hommes dirigée contre Gênes le 26 mars qui tira les alliés de leur léthargie. Il est encore douteux que les Français aient eu l'idée de tendre un piège aux Autrichiens par le mouvement hasardé Il est plus vraisemblable que le désir d'arracher de Gênes, par la peur, des subsides que cette République avait refusés à forme d'emprunt, détermina la marche sur Voltri, et que, par cette opération, Saliceti voulut mettre à profit le temps où l'armée autrichienne était encore hors de mesure de l'empêcher. Gênes ne pouvait soutenir un siège ; une force un peu considérable, en se présentant à ses portes, pouvait sans coup férir remplir l'objet désiré et obliger le gouvernement à mollir. Les superbes campagnes des sénateurs génois auraient servi de gages de la docilité de leurs possesseurs, lesquels on aurait embarrassés en même temps en excitant quelque insurrection dans leur ville. Telles étaient vraisemblablement les combinaisons de Saliceti. Quant aux alliés, ils pouvaient former trois suppositions différentes : ou l'ennemi allait s'emparer violemment de Gênes, et cet acte de brigandage lui procurerait tout d'un coup l'argent comptant, la grosse artillerie, les vivres et les bêtes de transport qui lui manquaient pour commencer son expédition d'Italie; ou les Génois étaient d'intelligence et ils n'attendaient, pour sortir de leur apparente neutralité, que de voir les Français en mesure de les soutenir, dans l'un et l'autre de ces deux cas, les trésors, les forteresses et les troupes de la République allaient se trouver en renfort contre nous, et les gorges de la Bocchetta allaient s'ouvrir pour introduire l'ennemi en Lombardie ; ou bien enfin les

Français n'avaient pas d'autre but que d'écarter par une diversion l'armée impériale de l'armée piémontaise, de l'obliger à s'étendre et à diviser ses forces.

On dut sentir à cette occasion combien avait été sage le conseil de rassembler de très bonne heure les deux armées alliées et de les tenir en mesure et en ligne pour rompre le premier choc de l'ennemi, de les tenir séparées l'une de l'autre, mais toujours en mesure de se soutenir mutuellement. Si elles s'étaient trouvées ainsi disposées au moment où les Français auraient marché sur Gênes, les Autrichiens, en marchant eux-mêmes par un à gauche, n'auraient pas eu de peine à les y prévenir, et la droite de leur ligne jointe à la gauche des Piémontais fondant en même temps sur Albissola auraient pu leur couper la retraite ; ainsi, par des mouvements toujours simples, la ligne des coalisés marchant par sa droite ou par sa gauche aurait pu présenter à tous les débouchés un front imposant et faire craindre en même temps à l'ennemi d'être cerné par ses derrières. Par là seulement on aurait pu se garantir de la terrible manœuvre de flanc de Bonaparte. En faisant perdre à ce général un peu de temps, en arrêtant au début son impétuosité, on aurait vraisemblablement déconcerté ses plans, et l'on aurait changé peut-être toute la chance des événements. Au lieu de cela le général Beaulieu rappela en hâte ses troupes encore éparses dans le Milanais et le Mantouan. Il perdit assez de temps pour en rassembler une partie, et il en forma un cordon faible et prolongé depuis la Bocchetta jusqu'à Dego, au travers d'un pays coupé qui lui était inconnu et sur un déploiement de plus de vingt milles d'étendue ; il attira en même temps, pour appuyer sa droite vers les Bormida, dix-sept bataillons de l'armée de Colli, laquelle par là se trouva tellement affaiblie qu'il lui aurait été impossible de résister à une attaque sérieuse qui se serait dirigée contre elle.

Dans cet état de choses, Bonaparte voyant l'expédition sur Gênes manquée, mais voyant aussi dans quelle mauvaise position les alliés s'étaient mis pour y faire obstacle, résolut de commencer tout de suite les attaques, et pour cet effet il replia sur Savone la colonne de Voltri. Par un hasard malheureux, le général Beaulieu frappé enfin, mais trop tard, de la facilité qu'il aurait eu à envelopper cette division, venait d'ordonner au général d'Argenteau de passer la ligne ennemie à Montenotte et de se jeter entre Savone et Albissola pour couper la retraite à l'ennemi.

Cette attaque, qui vraisemblablement aurait eu quelques jours avant un plein succès, en eut alors un très malheureux.

Le brave général Rukavina, après avoir pénétré jusqu'à Monte Negino avec l'avant-garde autrichienne, s'y vit accueilli par une force

très supérieure à laquelle il ne s'attendait pas et qui n'était autre
chose que la colonne reployée de Voltri qui arrivait dans ce moment
même. En même temps, toutes les troupes placées sur les hauteurs
de l'Altare se jetèrent sur les derrières du général d'Argenteau qui
s'avançait pour soutenir son avant-garde. Tout son corps faillit par
là être enveloppé, et il n'échappa qu'après avoir fait une perte très
considérable, prélude de tous les désastres qui ont suivi. Il faut
observer que cette attaque n'avait été nullement concertée avec le
général de l'armée piémontaise, que le projet même ne lui en avait
point été communiqué, et qu'il apprit en même temps que l'expédition
de M. d'Argenteau, sa défaite et l'arrivée de l'ennemi aux pieds des
murs de Cosseria. L'attaque du général d'Argenteau à Montenotte
ne hâta peut-être pas d'un jour celle de l'ennemi, mais elle y
donna une impulsion terrible en exaltant d'un côté les Français par
la victoire, et en jetant de l'autre les Autrichiens dans la plus grande
consternation. Le chef de l'armée impériale, dont rien jusque là
n'avait égalé la sécurité et la confiance, fut si troublé de ce premier revers, qu'il sembla qu'un esprit prophétique lui dévoilait l'ave-
nir; en écrivant au général Colli de venir promptement à son secours
avec toute l'armée du roi, il finissait par le post-scriptum : « N'étudiez
pas longtemps, c'est le moment du salut ou de la perte de Beaulieu ». Ce ton de désespoir parut étrange pour une première rencontre; d'ailleurs l'armée du roi était trop étendue et trop morcelée,
pour pouvoir tout de suite se mettre en masse et frapper un coup
décisif comme le général Beaulieu paraissait l'entendre. Elle ne devait
pas laisser le Piémont à découvert, ayant à bout touchant dans ce
même moment la division Serurier sur le Tanaro et celle d'Augereau
sur la Bormida, qui la menaçaient d'une grande attaque.

Ceux qui ont blâmé le général Colli de n'avoir pas, dans cette
occasion, tout hasardé pour dégager l'armée autrichienne, n'avaient
pas une idée juste de la position où il se trouvait lui-même par une
suite de mauvaises mesures générales prises antérieurement. S'il
s'était dégarni plus qu'il ne l'était sur sa droite, l'ennemi n'aurait
pas manqué de se jeter dans Mondovi, ce qui était le coup de partie. Tout ce qu'il crut donc de pouvoir tenter, fut de s'avancer sur-
le-champ avec quelques bataillons sur les hauteurs de Montezemolo,
afin de soutenir de là les crêtes qui séparent les deux Bormida. Ce
point formait l'anneau de liaison entre l'armée impériale et la
sienne. Le général Provera le défendait avec un petit corps de 2.000
hommes, et le vieux château de Cosseria y formait un avant-poste
excellent, mais les mouvements de l'ennemi furent si rapides, qu'en
arrivant, le général Colli trouva les troupes qui flanquaient ces hau-

teurs déjà battues, culbutées et en partie bloquées dans les masures du château. Toute la crête était occupée par les Français jusqu'en delà de Montecerchio.

Onze à douze mille hommes formaient le blocus impénétrable et tenaient ces éminences, il eût été de toute inutilité de les attaquer avec des forces médiocres et sans le concours des troupes de Dégo.

Le général Colli se borna donc à faire marcher quelques bataillons par un détour sur les hauteurs de Caretto, pour donner par là quelque jalousie à l'ennemi ; il menaça en même temps Millesimo par les hauteurs de la Crocetta, essayant ainsi d'engager la garnison de Cosseria à se faire jour l'épée à la main, et ne doutant pas que les Autrichiens, qui s'y trouvaient doublement intéressés, ne secondassent de leur côté cette sortie. Mais toutes ces tentatives furent inutiles, l'ennemi avait réuni sur ce point un volume de forces contre lequel devaient se briser tous ses petits corps détachés, et les Autrichiens ne firent rien du côté de Cairo. Les troupes de Cosseria n'ayant ni poudre ni vivres capitulèrent au bout de vingt-quatre heures. On vit dès ce moment toute la colonne ennemie se déployer sur les hauteurs qui séparent les deux Bormida, marcher à grands pas vers Lodisio, et former ainsi solution de continuité entre les deux armées alliées, lesquelles, n'agissant d'après aucun plan et n'ayant plus aucune correspondance entre elles, ne surent comment les empêcher, bientôt chacun de son côté n'eut plus à songer qu'à son salut particulier.

Cependant si l'on avait prévu ce cas, si l'on avait en conséquence garni les hauteurs de Caretto, jamais ce désastre ne serait arrivé et huit bataillons n'auraient pas été faits prisonniers à Dégo ce soir-là même. Il est bon de consigner ici un fait très caractéristique. Le jour même où Cosseria capitulait et, par une suite de cet événement, les troupes de Dégo étaient enveloppées et détruites, nous abandonnions de notre côté plus de vingt lieues de pays à l'ennemi pour nous replier sur Céva, on formait à Acqui la première ébauche du plan de(sic). Il était convenu à Vienne que ce plan serait concerté entre les deux généraux à qui l'exécution devait en être commise, et l'un des deux généraux qui s'occupaient de cette œuvre tardive n'avait cependant de commandement dans aucune des deux armées. Celui qui commandait en chef les troupes piémontaises n'était informé de rien de ce qui se traitait. Après le désastre de Dégo, l'armée impériale se resserra sur Acqui. L'ennemi, l'ayant mise pour quelque temps hors d'état d'agir, s'occupa de son grand objet qui, dès le principe, avait été d'accabler l'armée piémontaise et de dicter au roi les conditions de la paix après la lui avoir rendue nécessaire. L'ardent Bonaparte avait trop bien reconnu tout l'avantage de sa méthode pour en changer dans un moment aussi décisif. Ne pas perdre une heure, ne pas laisser à son adversaire le temps de se reconnaître ni à ses soldats celui de se refroidir, ne jamais hasarder un coup de vigueur que pour masquer une manœuvre réfléchie, enfin se préparer de loin des succès et n'avoir jamais l'air d'en douter ; telles étaient ses maximes constantes et il les suivit avec nous.

A peine l'armée du roi fut-elle resserrée dans la position de Céva, que l'ennemi fut prêt à dépasser ses flancs et manœuvra en même temps pour percer notre centre à la faveur d'une attaque vigoureuse sur le village de Mondovi.

Son principal objet paraissait être de couper à notre gauche sa retraite sur la Niella et Vico par le pont de Castellino. Ce que nous avions cependant le plus à redouter, était qu'il ne débordât à notre droite et qu'il ne nous prévînt à Mondovi. Il devenait pressant de nous en rapprocher et resserrer notre position. L'armée du roi reploya donc, le 17, sa gauche tout entière derrière le Tanaro, abandonna les retranchements du camp de Ceva en livrant la place à ses propres forces. D'après ce mouvement, elle présentait encore un front extrêmement vaste mais fort imposant, décrivant d'un angle aigu dont le sommet était au confluent de la Corsaglia et du Tanaro. Ces deux rivières coulaient dans des encaissements à bords escarpés qui rendaient tout ce front inattaquable, excepté dans quelques parties déterminées et d'une défense aisée. Deux batteries placées au moulin de Lesegno en défendaient le point saillant qui était le plus faible. Malgré tant d'avantages, le général français voulut tenter une grande attaque ; exalté par ses succès précédents, il était impatient d'en remporter de plus décisifs et qui pussent lui ouvrir tout d'un coup les plaines du Piémont, il lui convenait d'ailleurs d'engager une bataille en colline, parce qu'il reconnaissait l'infériorité de sa cavalerie. Il essaya donc cette attaque le 19 mai ; il ne put guéer le Tanaro sur notre gauche, et ayant sur notre droite forcé les passages de la Corsaglia à Saint-Michel, il fut battu et repoussé avec une perte assez considérable. S'il avait formé ce jour-là une troisième attaque plus vigoureuse dirigée contre l'angle saillant qui formait le centre de notre ligne et où se trouvaient les batteries des moulins de Lesegno, lesquelles il aurait fait taire aisément en établissant un feu supérieur de canon sur des plateaux qui les dominent, il est a croire qu'il aurait eu plus de succès ; s'il avait réussi à percer dans ce point, il aurait pu prendre à dos et à son choix la droite ou la gauche de notre ligne comme dans l'affaire du 23 novembre, et il aurait mis tout en déroute. Après son mauvais succès du 19, le général français

ne songea plus qu'à nous tirer du camp de la Bicocca et à nous forcer
de faire un nouveau reployement ; pour cela il eut encore recours à sa
manœuvre de flanc, faisant mine de nous déborder tantôt à droite,
tantôt à gauche. Il nous tint par là dans l'incertitude toute la journée
du 20 ; ce ne fut que vers le soir de ce même jour qu'il montra à
découvert son dessein de nous prévenir à Mondovi ayant forcé les
passages de la Corsaglia à la Torre, et occupa la tête du vallon d'Ermena qui débouche sur Vico et sur les bourgs inférieurs de Mondovi.
L'armée du roi n'avait pas un moment à perdre, elle exécuta pendant la nuit son dernier reployement et vint se mettre en mesure de
soutenir, à toute outrance, un point dont la conservation était pour
nous d'un si grand intérêt, et dont il convenait également à l'ennemi
de s'emparer à tout prix. Puisqu'il fallait en venir à une bataille
décisive, nous devions nous estimer heureux de la recevoir dans une
position pareille où tout nous favorisait.

L'éminence sur laquelle s'élève Mondovi est couverte au levant par
une crête assez aiguë formant entre le bourg de Vico et la ville comme
une contre-garde naturelle. Au sommet de cet angle ouvert est une
large butte appelée le Briquet, les côtés de l'angle vont finir l'un au
bourg de Carasson l'autre au Pian della Valle. Ils s'appuient à l'Ellero
et ont des ponts de pierre sur cette rivière. Plus d'un bataillon pourrait se développer sur la butte du Briquet ; 7.000 hommes au moins
pourraient être placés avantageusement sur les deux flancs dont on
vient de parler ; dans cette ligne, se trouvaient quelques retranchements faits en 1794, outre plusieurs maisons et des jardins clos de
murs et qui pouvaient équivaloir à des points fortifiés.

Si l'armée, au moment même de son arrivée sur le champ de
bataille, s'était resserrée dans cette position, si le Briquet, outre sa
batterie, avait été muni d'avance de bons retranchements, si Pian
della Valle et Carasson avaient été garnis pendant l'attaque de troupes
d'élite et de volontaires pour assurer les deux extrémités de la ligne,
enfin si toute la cavalerie dont nous pouvions disposer avait été déve-
loppée dans la plaine à droite et à gauche de cet angle saillant, prête
à sabrer tout ce qui aurait tenté de passer la rivière, il paraît impossible que l'ennemi eût pu pénétrer dans cette journée, et il est à
croire que son audace lui aurait coûté cher ; dans cette supposition,
6.000 hommes au moins seraient restés en deuxième ligne à couvert
dans la ville ou sur l'esplanade, au-devant de la porte de Vico, prêts
à renforcer tous les points que l'ennemi aurait pressés trop vivement
ou bien même à faire quelques diversions au besoin. L'infanterie
légère, alors réunie tout entière à l'armée, aurait pu être employée
très utilement soit à garnir les buttes et les maisons sur le front de la

ligne, soit à border en avant de la cavalerie les encaissements de
l'Ellero. Enfin les corps détachés du brigadier Brempt et du brigadier
Morrozzo qui se trouvaient à peu de distance, auraient dû se tenir en
mesure de tomber vigoureusement sur les flancs de l'ennemi toutes
les fois qu'il aurait cherché à dépasser les nôtres. Mais aucun de ces
avantages ne fut mis à profit et la valeur et la bonne volonté des
troupes furent inutiles. Quatre pièces de canon placées au Briquet
étaient la seule chose préparée d'avance sur un champ de bataille
dont nous avions été toujours maîtres et où devaient se décider de si
grands intérêts ; pendant qu'on avait prodigué inutilement les fortifications de campagne sur toute la ligne, on avait épargné là quelques toises de retranchement qui auraient pu rendre ce poste inexpugnable. Enfin l'habitude de perdre du temps fit qu'on le perdit
encore après avoir heureusement devancé l'ennemi sur ces importantes hauteurs, on ne mit pas les minutes à profit pour ranger les
troupes avec réflexion. Elles furent morcelées sur les hauteurs de
Vico et de Fiamenga, et la ligne par là se trouva mal liée et manquant
de solidité. On aurait eu le temps de se retrancher à la hâte au Briquet et l'on n'en fit rien. Les troupes se présentèrent serrées sur deux
ou trois rangs au feu meurtrier des tirailleurs français qui leur fit
beaucoup de mal, tandis que rien n'aurait été plus aisé que de parer
à cet inconvénient en tenant ces mêmes troupes à couvert derrière les
crêtes jusqu'au moment d'un choc sérieux et ne couronnant jusque-
là les hauteurs que de quelques volontaires épars La brave troupe qui
défendait le Briquet et qui supportait le choc principal, ne fut jamais
relevée, et on la soutint seulement à plusieurs reprises, mais sans beaucoup de succès, parce qu'on n'y employa guère que des troupes ralliées
après la défaite de la première ligne. Pendant que le Briquet soutenait
des attaques réitérées et qu'une nuée d'éclaireurs retranchés derrière
des arbres tenaient en échec le reste de la ligne, deux fortes colonnes
ennemies filaient par les vallons d'Ermena et d'Otteria pour envelopper la ville et l'armée par le pied des hauteurs. Pian della Valle
et Carasson n'étaient pas défendus, les ponts même sur l'Ellero
n'étaient pas gardés, rien, moyennant cela, n'était plus aisé à l'ennemi
que de nous envelopper entièrement. Le poste du Briquet fut emporté
après six heures d'un combat opiniâtre ; alors toute l'infanterie se
replia dans la ville et, de là, on se hâta de la faire passer à la gauche
de l'Ellero, où la cavalerie pouvait protéger ses flancs. On put juger
de l'effet qu'aurait produit sur nos ailes cette cavalerie en force suffisante, si tout eût été ordonné avec plus de prévoyance et d'ensemble.
Quelques escadrons suffirent pour battre et culbuter dans l'Ellero
une troupe considérable qui venait de guéer l'eau pour tomber sur

notre flanc pendant la retraite. Cette retraite s'effectua en partie sur Coni, en partie sur Fossano, et toute la partie du Piémont qui s'étend sur la droite de la Stura se trouva perdue d'un seul jour.

Il ne s'agissait plus que de calculer si l'armée du roi, abattue par un échec considérable, affaiblie par les nombreuses garnisons que la circonstance obligeait à jeter dans les places, et tout à fait isolée des Autrichiens, devait disputer à l'ennemi les bords de la Stura, ou si elle devait se replier immédiatement sur la capitale du Piémont, à la conservation de laquelle étaient attachées les destinées de l'Etat.

L'ennemi termina ces incertitudes en faisant paraître une tête de colonne vers Alba. Ce mouvement jeta le plus grand effroi à Turin, et fit craindre que nous ne fussions pas à temps d'arriver les premiers sur la colline de Moncalieri. Le général Colli, d'après une injonction formelle de ne plus compromettre l'armée et de couvrir Turin, ordonna au camp volant de Brempt d'abandonner Cherasco où il n'avait pas assez de forces pour se renfermer et pour soutenir un siège, et de se tenir en mesure de devancer toujours l'ennemi s'il marchait vers Moncalieri. Vu l'état des choses à cette époque, il était tout à fait inutile que le brigadier Brempt tînt à Cherasco quelques jours de plus ou de moins, et il aurait été très malheureux qu'il affaiblît encore l'armée en faisant prendre les 2.000 hommes qu'il commandait. Tout indiquait donc la nécessité de son reployement, il sortit par une des portes de la ville pendant que l'ennemi entrait par l'autre ; mais à peine nos troupes avaient-elles passé la Stura, qu'un message du général Beaulieu apprit qu'il venait de se déterminer subitement à attaquer l'ennemi pour dégager Cherasco, qu'il était en pleine marche, et que son avant-garde était déjà à Nizza della Paglia ; aussitôt l'ordre fut donné au corps volant de Brempt de rentrer dans Cherasco et toute l'armée se mit en marche pour l'y soutenir et pour occuper les hauteurs de Bra, mais il n'en était plus temps. Les Français étaient en possession de la place et il aurait fallu un siège pour les en chasser, et l'on vit bientôt que le général Beaulieu, informé de cet événement, rétrogradait de nouveau et marchait vers Alexandrie, ce qui détruisit toute espérance de la voir se rejoindre à nous et détermina la suspension d'armes signée à Cherasco le 27.

Ce dernier fait doit prouver plus que tout le reste à quel point les armées austro-sardes, manquant de plans et totalement déconcertées, agissaient alors au hasard et pouvaient peu s'aider mutuellement.

Le cabinet de Vienne et celui de Londres durent se reprocher leurs vains détours et leurs funestes lenteurs qui avaient tout perdu en forçant leur allié fidèle à se retirer de la coalition. Les princes et les

Républiques d'Italie eurent à gémir sur l'aveuglement qui les avait empêchés de seconder à temps leur défenseur naturel, celui de qui dépendait principalement leur destinée, un monarque magnanime et désintéressé qui n'avait cessé d'employer avec le plus entier dévouement tous ses moyens pour opérer le salut commun et qui n'avait succombé qu'après une lutte longue et trop au-dessus de ses forces.

Notes sur la reconnaissance du chemin de Cadibona à Montenotte inférieur et sur l'action qui a eu lieu près de Montenotte supérieur, le 12 avril 1796 (23 germinal an IV) (1).

Le général Masséna partit de Cadibona avec de l'infanterie, des dragons et deux pièces de canon ; il suivit le chemin qui longe en partie la limite du Piémont et des Etats de Gênes (voy. la note 1), il s'embusqua dans le bois qui s'étend de *u* jusqu'au delà du signal *b*, la tête de la colonne était un peu au-dessous de ce point en *a*.

L'ennemi était à sa droite sur la hauteur *c* et se prolongeait au-delà de Montenotte inférieur ; quelques troupes étaient placées sur les hauteurs *d* et un bataillon entre les deux Montenotte près la maison Aders-Oder (2).

Le combat s'engagea entre le signal *b* et Traversine, une colonne se porta sur *c*, ce fut là le fort de l'action (il y eut 30 à 40 hommes de tués). Je suppose qu'une autre colonne se porta sur la gauche de la première, tant pour débusquer les troupes placées en *d* que pour tourner l'ennemi qui se reploya en désordre sur Montenotte inférieur et effectua sa retraite par la vallée *g*.

Les Français se portèrent sur Montenotte inférieur par Cassinassa, Pegio del Orso et le chemin *fh* ; une colonne descendit par *f* sur Aders-Oder et fit prisonnier le bataillon autrichien placé dans cet endroit ; je suppose encore (l'indicateur n'a pu me dire rien de positif là-dessus) qu'une colonne aura passé par *d* sur *c* et sera descendue, par la vallée, sur Montenotte inférieur.

Depuis Cadibona au signal, il y a plus à monter qu'à descendre ; le chemin est bon dans plusieurs parties ; dans d'autres, principale-

---

(1) Par Schouany. Cette reconnaissance est jointe au premier mémoire dans l'exemplaire conservé aux archives du génie.

(2) Sur le croquis, ce nom est écrit *Adres oder*.

ment vers Z et X, il est étroit et pierreux ; je ne sais comme on a pu y faire passer les canons ; encore que la plupart du pays soit boisée, néanmoins le chemin est découvert excepté depuis *u* jusqu'au delà du signal.

Du signal à Montenotte supérieur le chemin descend, il est passable dans quelques parties ; de ce dernier point, à Montenotte inférieur, il y a peu à monter, il est très mauvais et file assez près de l'Erro, petit ruisseau nommé aussi Rio de Montenotte.

Le chemin Y est beaucoup plus court que celui qu'a suivi la division Masséna, mais il est très mauvais et très montueux.

La tour de Cadibona est carrée avec une petite enceinte crénelée, le tout en mauvais état. Les Français avaient construit deux redoutes, l'une un peu en avant de la tour et l'autre derrière sur le sommet de la montagne ; dans la première qui commande la vallée, il y avait deux pièces de position et trois petites.

De Cadibona, pour aller à Savone, il y a deux chemins ; le premier qui est l'ancien est bon, il faut 2 heures 1/2 à pied et 1 heure 1/2 à cheval ; le second qui est un peu plus long est plus commode, il fut fait pendant la guerre par les Autrichiens.

Pour aller à Altare, 1 heure. C'est un gros village sur la montagne au pied de laquelle il est situé, on voit les ruines d'un tour.

Au Cairo, 3 heures.

A Montenotte supérieur, 3 heures.

A Montenotte inférieur, petit village sur l Ellero, 5 à 6 habitants, 2 fabriques de fer et un moulin à grain.

A 4 heures de Savone, bon chemin, il y a une descente d'une heure.

A 3 heures du Cairo pour aller à pied ; si c'est à cheval il faut 4 heures et passer par Montenotte supérieur.

A 1 heure de Montenotte supérieur, petit village sur la rive gauche de l'Ellero, 3 habitants, 3 maisons ruinées par les Français.

A 9 heures d'Altare par la Colline.

Peu au-dessus de Sagna on trouve un chemin fait par les Autrichiens dans les anciennes guerres, il est en très mauvais état : j'ignore s'il est utile et facile de le raccommoder. Il traverse la montagne de Forque ou de Forgue.

Les Français ont occupé la montagne de Forgue et Monte Negino dix à onze mois.

Ferania, village dans une vallée : il y a une église, 12 à 13 habitants et une fabrique de fer, à 1 heure du signal *h*, à 4 heures de Savone et 1 heure du Cairo.

Depuis Maison Bru au chemin près le signal, les montagnes comprises entre l'Ellero et Rio de la Vota, quelques parties cultivées ou non cultivées sont toutes couvertes de bois.

La montagne Saint-Georges, celle de Forque et tout ce qui s'étend vers Montenotte inférieur également boisés.

Je ne parlerai pas des positions avantageuses que présente le terrain que je viens de parcourir M. le commandant Martinel les a vues et les aura jugées mieux que je ne pourrais le faire.

Je trouve trois points sur lesquels on peut placer le monument que je veux faire élever à Sa Majesté I. et R. en c, d et d' ; j'ai dit plus haut que toutes les montagnes sont boisées, hors une très petite partie en c. Ce point conviendra peut-être mieux que les autres, en ce que là s'est porté le fort de l'action : on y découvre Traversine, le signal, la tour de Cadibone, Ferania et beaucoup plus de pays, je pense que ce point est plus avantageux que les deux autres.

d' est un peu moins élevé, d'ailleurs il est plus loin du lieu de combat, du reste les arbres m'ont empêché de voir les objets que l'on peut y découvrir.

Si l'on se détermine pour d, j'estime qu'il faut couper les arbres dont il est couvert, et, comme d' est à peu près aussi haut, pour lui ôter l'air de le dominer, il conviendrait de le découvrir aussi.

On peut se procurer des briques dans les endroits environnants ; mais sur les lieux il n'y a aucuns matériaux propres à la construction, du moins l'indicateur n'en connaît pas. Les chemins qui conduisent à d sont bons pour les bêtes de somme.

Tous ces renseignements m'ont été donnés par l'aubergiste de Montenotte inférieur.

TABLE

LAVAL. — IMPRIMERIE L. BARNÉOUD & Cie.

RÉPUBLIQUE FRANÇAISE.

ARMÉE D'ITALIE.

Armée de Piémont le lieut général COLLI commandt

Armée de France BONAPARTE général en chef

BATAILLE
DE MILLESIMO OU DE COSSERIA

la garnison du vieux château commandée par le major Provera
se rendit prisonnière de guerre le lendemain matin

TABLE II

LÉGENDE
pour l'armée Piémontaise.

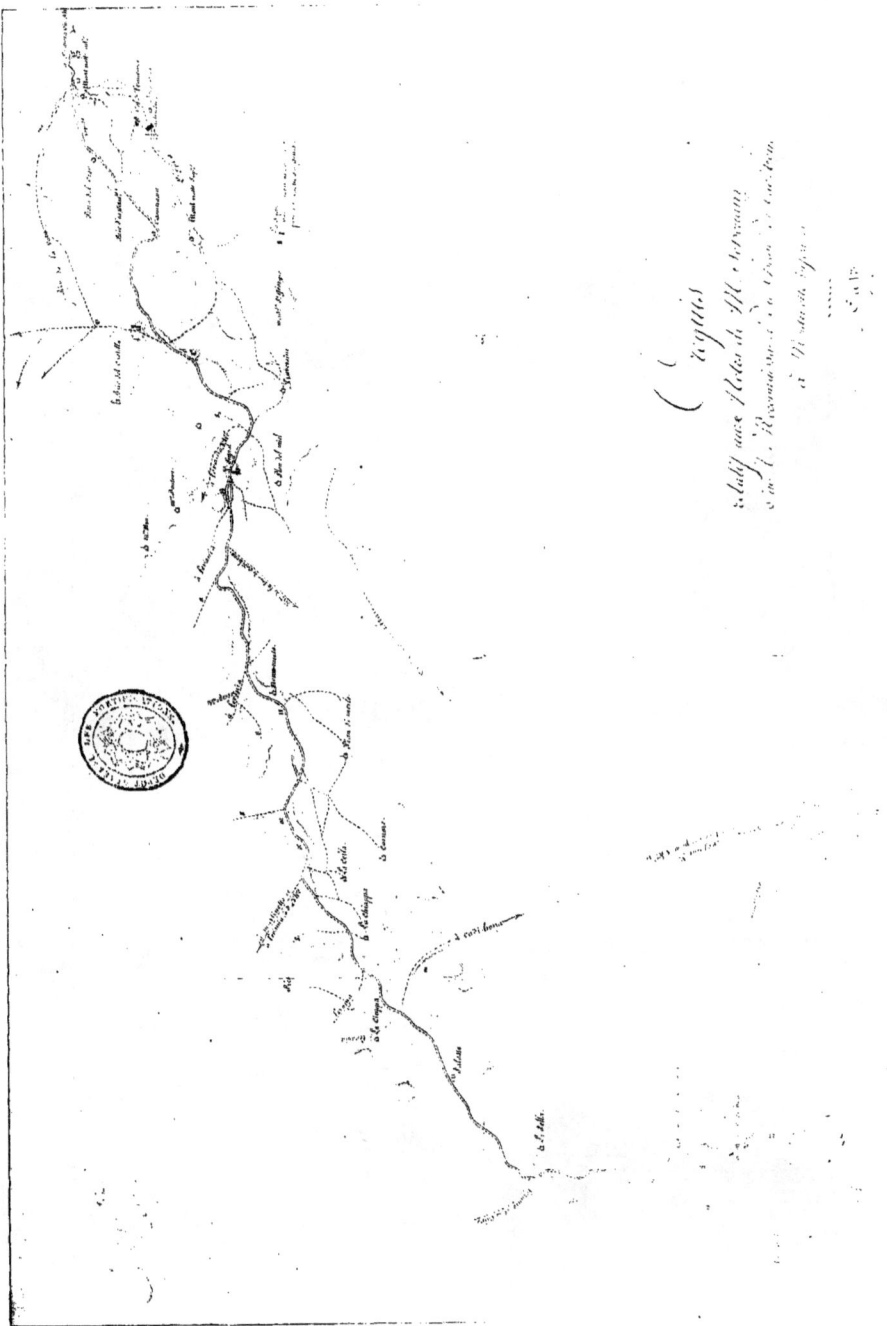

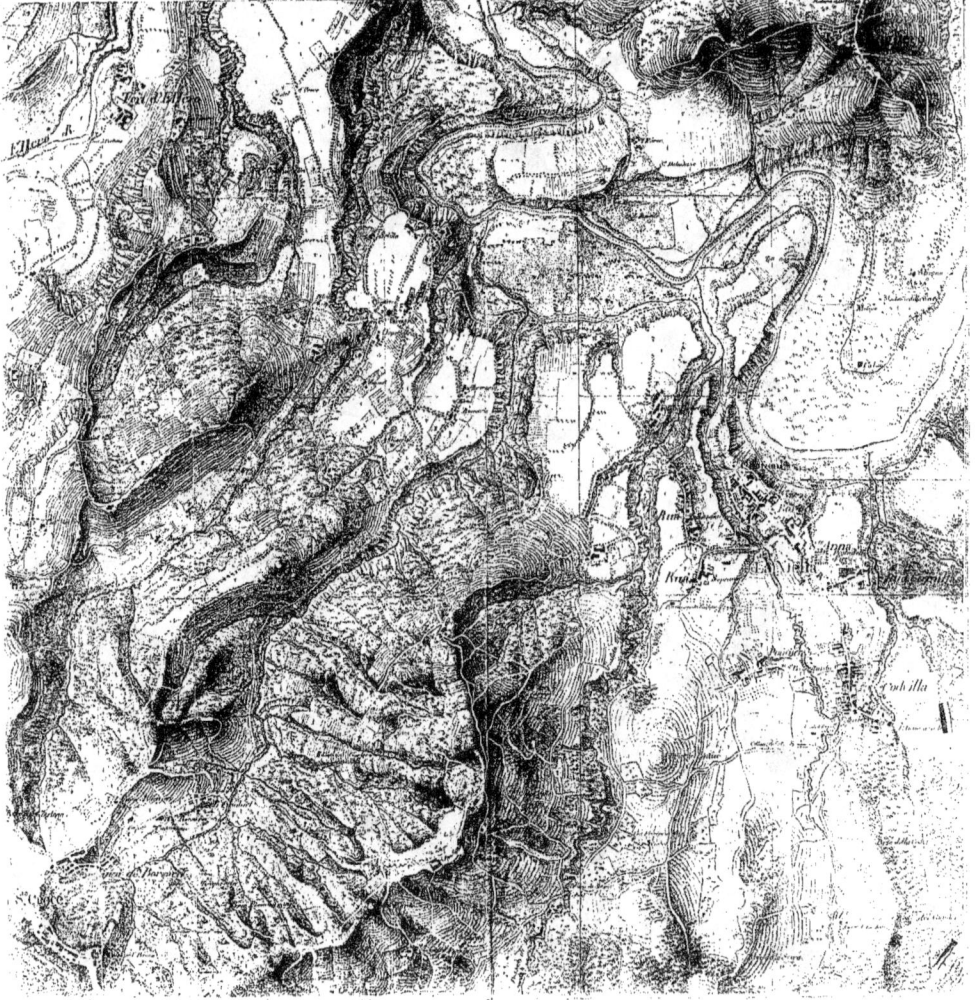

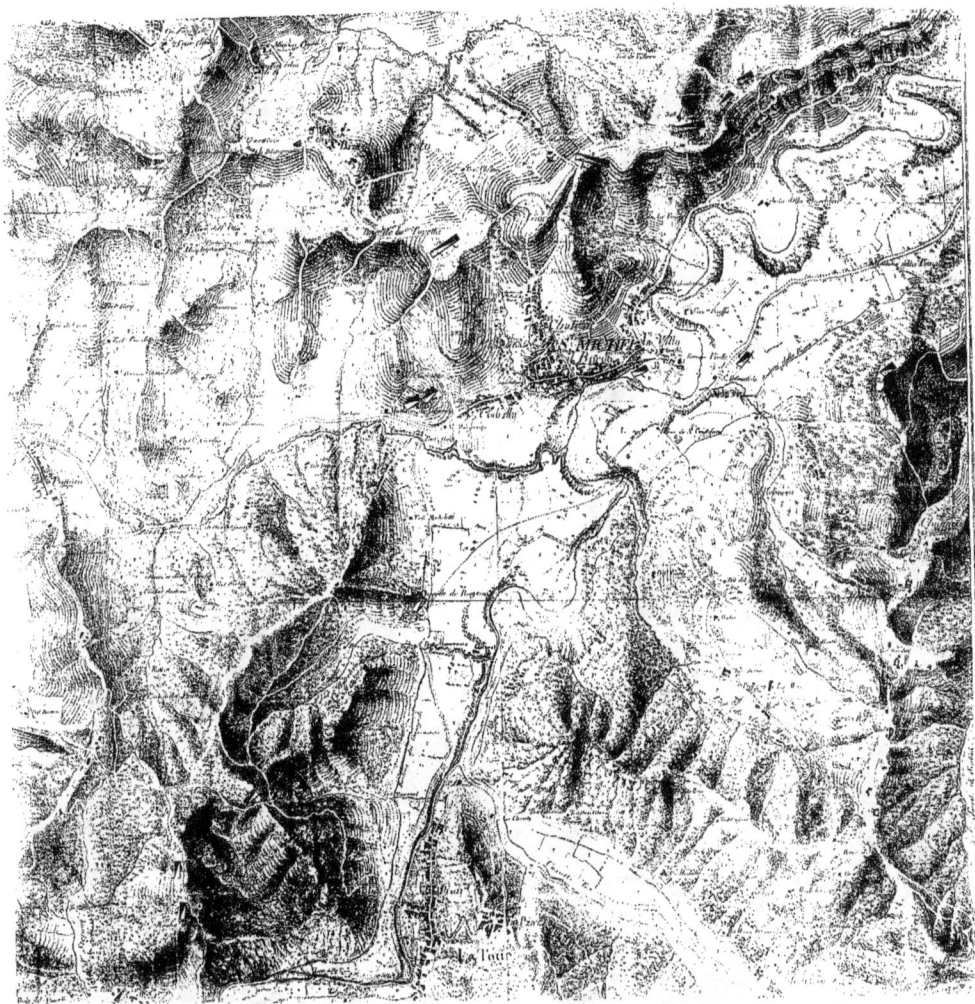

BATAILLE DE MONDOVI.

(Chaud an 4 (21 Avril 1796).)

Armée de France BON. APARTE général en chef.   Armée de Piémont le lieut-général COLLI com.

la colonne du terrain.

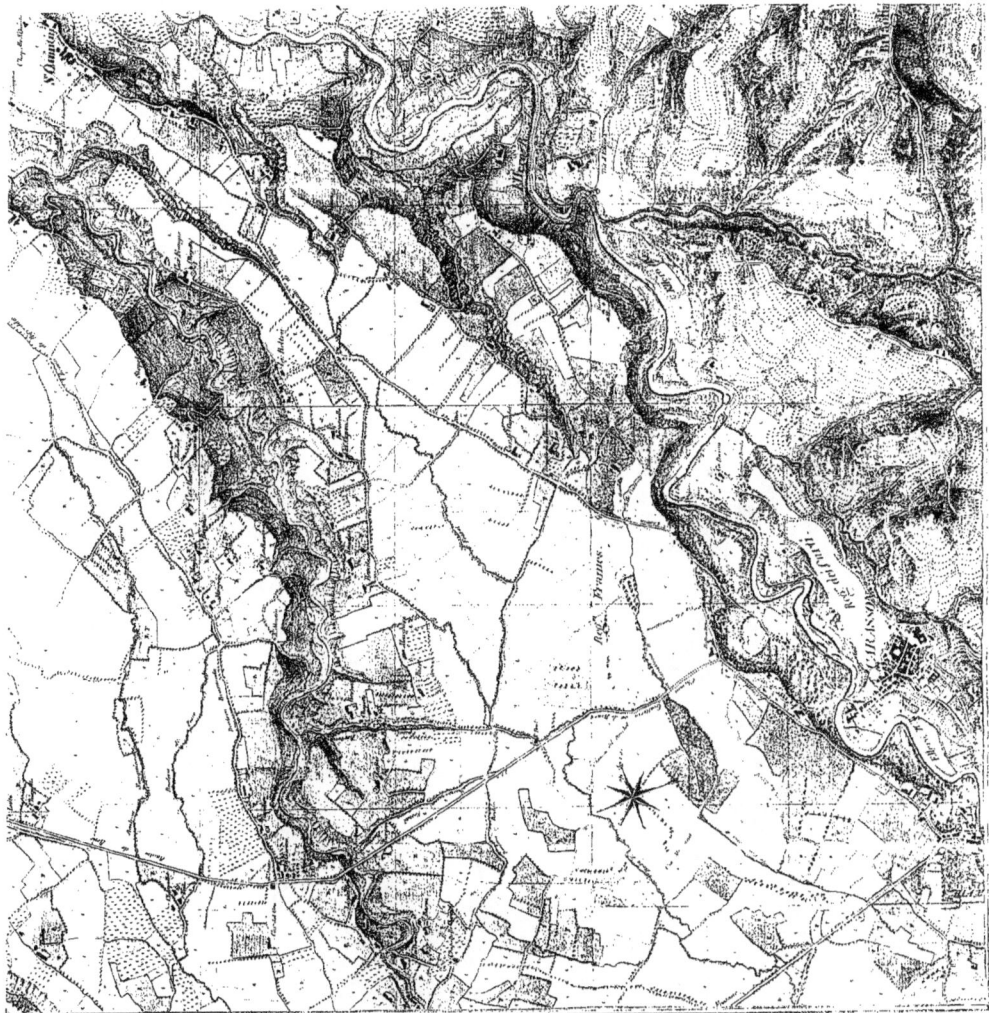

www.ingramcontent.com/pod-product-compliance
Lightning Source LLC
Chambersburg PA
CBHW070402090426
42733CB00009B/1500